1.江苏省高等教育教改重点课题：大中小学思政课一体化视域下高校思政课实践教学模式改革研究（2023JSJG119）；2.江苏省社科应用研究精品工程高校思想政治教育专项课题：中国共产党百年伟大精神融入高校"大思政课"的教学模式创新研究（22SZB-002）；3.南京航空航天大学教改重点项目：领航扬帆思政教创微平台建设（22JF-JC1701）。

思想政治研究文库

"中国近现代史纲要"课程教与学

潘银良

缪国龙◎主编

光明日报出版社

图书在版编目（CIP）数据

"中国近现代史纲要"课程教与学 / 潘银良，缪国龙主编．-- 北京：光明日报出版社，2022.11

ISBN 978 - 7 - 5194 - 7016 - 6

Ⅰ．①中… Ⅱ．①潘…②缪… Ⅲ．①中国历史—近现代—教学研究—高等学校 Ⅳ．①K25

中国版本图书馆 CIP 数据核字（2022）第 244782 号

"中国近现代史纲要"课程教与学
"ZHONGGUO JINXIANDAISHI GANGYAO" KECHENG JIAOYUXUE

主　　编：潘银良　缪国龙

责任编辑：史　宁　陈永娟　　　　责任校对：许　怡　贾　丹

封面设计：中联华文　　　　　　　责任印制：曹　净

出版发行：光明日报出版社

地　　址：北京市西城区永安路 106 号，100050

电　　话：010-63169890（咨询），010-63131930（邮购）

传　　真：010-63131930

网　　址：http://book.gmw.cn

E - mail：gmrbcbs@gmw.cn

法律顾问：北京市兰台律师事务所龚柳方律师

印　　刷：三河市华东印刷有限公司

装　　订：三河市华东印刷有限公司

本书如有破损、缺页、装订错误，请与本社联系调换，电话：010-63131930

开　　本：170mm×240mm

字　　数：260 千字　　　　　　　印　　张：14.5

版　　次：2024 年 5 月第 1 版　　　印　　次：2024 年 5 月第 1 次印刷

书　　号：ISBN 978 - 7 - 5194 - 7016 - 6

定　　价：95.00 元

《"中国近现代史纲要"课程教与学》

分工如下：
主　编：潘银良　缪国龙
副主编：王　霞　徐　坤　孙少艾

各章分工：
第一章：潘银良
第二章：潘银良
第三章：缪国龙
第四章：李　信
第五章：王　霞
第六章：孙少艾
第七章：孔潮丽
第八章：刘俊平
第九章：徐　坤
第十章：韩军垚

目　录
CONTENTS

第一章

进入近代后中华民族的磨难与抗争

一、教学目的和要求

1. 通过了解资本—帝国主义入侵中国，及其与中国封建势力相结合给中华民族和中国人民带来的深重苦难，认识近代中国社会落后贫困的根本原因，懂得只有首先争取民族独立，才能为实现国家富强创造前提。

2. 了解近代中国人民抵御外国侵略斗争的历史，认识近代中国反侵略斗争的意义，继承、发扬以爱国主义为核心的民族精神。

3. 了解近代中国历次反侵略战争失败的根本原因，认识社会制度腐败必然导致失败的深刻历史教训，认识正是严重的民族危机激发了中华民族的觉醒，促使中国人民去努力探索救亡图存、振兴中华的道路。

二、知识点和重点导读

主要知识点

中国封建社会　殖民扩张　虎门销烟　鸦片战争　南京条约　第二次鸦片战争　边疆危机　中法战争　甲午战争　八国联军战争　北京条约　马关条约　辛丑条约　半殖民地半封建社会　近代中国的主要矛盾　两大历史任务　军事侵略　政治控制　经济掠夺　文化渗透　三元里抗英　反割台斗争　义和团运动　民族意识觉醒

重点导读

正确理解马克思关于殖民主义具有"双重使命"的论断

习近平总书记在庆祝中国共产党成立100周年大会上的讲话中说："1840年

鸦片战争以后，中国逐步成为半殖民地半封建社会，国家蒙辱、人民蒙难、文明蒙尘，中华民族遭受了前所未有的劫难。"① 之所以如此，其根本原因就是近代中国受到了资本—帝国主义的侵略和压迫。

如何看待列强对中国的侵略是学习研究中国近现代史首先遇到的问题，也是正确认识中国近代历史和国情以及进行爱国主义教育的重要内容。这是当代大学生容易感到困惑和疑问较多的问题。国内外的某些言论曾引起一些学生思想上的混乱和困惑。

有些人往往还以马克思论述英国在印度的殖民主义"充当了历史的不自觉工具"和殖民主义具有"双重使命"的提法，作为自己的理论根据。

那么怎样正确理解马克思关于殖民主义具有"双重使命"的论断呢？

首先让我们简单回顾一下殖民主义的历史。西方冒险家远渡重洋的环球旅行和随之而来的征服、掠夺，揭开了近代殖民扩张的序幕，宣告了殖民主义的产生。在资本原始积累时期，殖民主义者主要是通过海盗式的土地和财物掠夺、欺诈性的贸易和奴隶贩卖等方式，从美洲、非洲、亚洲、大洋洲的许多国家和地区攫取巨额财富。在西方实现工业革命以后，由于资产阶级要求更广阔的国外市场和原料供应地，推动了西方列强向世界急剧扩张，殖民主义世界体系开始形成。在资本主义制度确立之后，殖民主义者运用各种手段对一些国家和地区进行了军事、政治、经济、文化等方面的侵略，使它们在不同程度上沦为殖民地和半殖民地，成为其垄断商品的倾销市场、原料供应基地和投资场所。在19世纪末西方资本主义国家进入帝国主义阶段以后，资本输出成为殖民剥削的重要形式，瓜分世界的狂潮出现，殖民主义进一步发展成为一个由少数帝国主义强国主宰世界的更完整的体系。可见，殖民主义的历史就是一部资本—帝国主义侵略和掠夺压迫包括印度和中国在内的国家和地区的"血与火的历史"。正如教材所说的：殖民主义是适应西方资本主义的发展要求而产生的，它随着资本主义生产方式的演进而发展，是西方列强对亚洲、非洲、美洲、大洋洲等地人民的剥削、掠夺和压迫、奴役。它是为资产阶级剥削国内外人民、建立资本主义的世界体系服务的。

我们再来读读马克思的几段话，领会其精神和内涵。马克思在《不列颠在印度的统治》一文中谈到殖民主义充当了"历史的不自觉的工具"。他说："的确，英国在印度斯坦造成社会革命完全是受极卑鄙的利益所驱使，而且谋取这

些利益的方式也很愚蠢。……它造成这个革命毕竟是充当了历史的不自觉的工具。"①

马克思在《不列颠在印度统治的未来结果》一文中则谈到了殖民主义的"双重使命"。他说："英国在印度要完成双重的使命：一个是破坏的使命，即消灭旧的亚洲式的社会；另一个是重建的使命，即在亚洲为西方式的社会奠定物质基础。"② 马克思在这篇文章中还指出："英国资产阶级将被迫在印度实行的一切，既不会使人民群众得到解放，也不会根本改善他们的社会状况，因为这两者不仅仅决定于生产力的发展，而且还决定于生产力是否归人民所有。但是，有一点他们是一定能够做到的，这就是为这两者创造物质前提。难道资产阶级做过更多的事情吗？难道它不使个人和整个民族遭受流血与污秽、蒙受苦难与屈辱就实现过什么进步吗？"③

我们应该认真研读马克思的原著，全面准确地领会和理解马克思著作的原意和精神，学习马克思分析历史问题的立场、观点、方法。

第一，主观动机与客观效果关系的角度。英国侵略印度的目的是把印度变成其殖民地，英国发动鸦片战争和资本—帝国主义列强侵略中国的主观动机也是要掠夺、压迫中国，企图把中国变成其殖民地或半殖民地。这完全是由他们"极卑鄙的利益所驱使的"，而绝不是为了给中国带来"近代文明"，帮助中国变成独立富强的现代化国家的。但是同时，我们也应该承认它在实现其利益和目的的过程中带来的客观效果，如瓦解中国的封建自然经济，把中国卷入世界市场和世界资本主义经济体系中，传播了西方资本主义的生产方式和物质文明，并客观上为中国资本主义的发展和中国资产阶级、无产阶级、新型知识分子的产生创造了物质前提。这就是马克思所说的殖民主义充当了"历史的不自觉的工具"并具有破坏性和建设性的"双重使命"。

第二，正义和非正义、是非善恶的道德判断角度。英国发动鸦片战争以及资本—帝国主义列强侵略中国是非正义的。它们向中国走私毒品鸦片，贩卖人口，发动战争，运用各种手段掠夺、屠杀、压迫、剥削中国人民，这些都是极其野蛮的、可耻的、不道德的罪行。马克思在著作中愤怒揭露和谴责了殖民主义的这些侵略罪行。因此决不能因其有"双重使命"客观效果而替资本—帝国主义侵略辩护、美化甚至评功摆好。

---

① 马克思恩格斯选集：第一卷［M］. 北京：人民出版社，1995：766.
② 马克思恩格斯选集：第一卷［M］. 北京：人民出版社，1995：768.
③ 马克思恩格斯选集：第一卷［M］. 北京：人民出版社，1995：771.

第三，生产力和生产关系的角度。殖民主义即使有所谓的"建设性使命"，为中国资本主义创造了物质前提，但这也使中国人民付出了痛苦的代价，使中华民族遭受了"流血与污秽"、蒙受了"苦难与屈辱"。资本—帝国主义的侵略正是近代中国落后贫困的根源，也是中国实现独立、民主、富强和现代化的最大障碍。资本—帝国主义为了其自身利益，在把西方资本主义生产方式传入中国的同时，又有意保留中国的封建生产关系，扶植中国封建势力，阻碍中国民族资本主义的发展，并使中国走上半殖民地经济畸形发展的道路。更重要的是中国采用资本主义生产方式和物质文明所产生的成果和利益，绝大多数中国人民是享受不到的。正如马克思指出的因为这"不仅仅决定于生产力的发展，而且还决定于生产力是否归人民所有"。因此，中国人民必须首先通过革命，推翻帝国主义和封建主义的统治，争取独立和民主，否则是不可能真正实现中国的富强和现代化的。

真正理解资本—帝国主义对中国的侵略究竟给中国带来了什么，除了先要正确理解马克思关于殖民主义具有"双重使命"的论断，最重要的还是要了解"国家蒙辱、人民蒙难、文明蒙尘"的历史事实。教材第一章第二节"西方列强对中国的侵略"，从军事侵略、政治控制、经济掠夺、文化渗透四方面，概括了资本—帝国主义侵华的主要方式、表现及其特点。

三、案例解析

案例 1

马戛尔尼使团访华①

1792 年 9 月 26 日，英国政府正式任命乔治·马戛尔尼为正使，以祝贺乾隆帝 80 大寿为名出使中国，这是西欧国家政府首次向中国派出正式使节。携随员 175 人，其中包括天文数学家、艺术家、医生、95 名卫兵，并由军船护送。……为展示大英帝国的文明，携带了价值约 13124 磅的礼品，包括天文地理仪器、图书、毯毡、军用品、车辆、船式，总计 600 箱，可谓费了一番心思。

1793 年 8 月，马戛尔尼一行抵达北京。1793 年 8 月 5 日，也就是清乾隆五十八年六月廿三，英国使团乘坐一艘 60 门炮舰"狮子"号和 2 艘英国东印度公司提供的随行船只抵达天津白河口，之后换小船入大沽。奉命在此等候的天津

---

① 吴燕. 通商还是觐见——马戛尔尼使团访华事件 [J]. 传承，2008（2）：28-30.

道道员乔人杰和通州协副将王文雄上船迎接，并备菜蔬酒肉为使团接风洗尘。

1793 年 8 月 9 日，使团赴京途中在通州停留时，与中国礼部官员发生礼仪争执。1793 年 9 月 2 日，又离北京赴承德避暑山庄晋见乾隆帝，途中参观了长城。1793 年 9 月 13 日，使团抵达热河，向中国政府代表和珅递交了国书，并同其就礼仪问题再度发生争执。最终双方达成协议，英国作为独立国家，其使节可行单膝下跪礼，不必叩头。

1793 年 9 月 14 日（八月初十），乾隆帝正式接见使团，马戛尔尼代表英国政府向其提出了六个请求，要求签订正式条约。

一是请中国允许英国商船在舟山、宁波、天津等处登岸经营商业。二是请中国按照从前俄国商人在中国通商之例子，允许英国商人在北京设一洋行买卖货物。三是请于珠山附近划一未经设防之小岛归英国商人使用，以便英国商船存放一切货物且可居住。四是请于广州附近划出一块地方，任英国人自由来往不加禁止。五是凡英国商货自澳门运往广州者，请特别优待赐予免税。如不能尽免，请依 1782 年之税率从宽减税。六是请允许英国商船按照中国所定之税率切实上税，不在税率之外另外征收。

同时，英国使团向清政府赠送了一批国礼，其中包括：武器、望远镜、地球仪等天文学仪器，钟表和一艘英国最先进的 110 门炮舰模型。对于英国人在大型礼物上的摆谱，清朝工匠、官员认为天球、地球之类的与清宫陈列的并无差别，装饰反而不如中国，玻璃挂灯也与圆明园中者无异，所谓需要专人装配的钟表，其方法也并无奇巧之处，和北京城内钟表匠的做法相同。乾隆在看到礼物之后，觉得英使不过是夸大其词。

乾隆帝要马戛尔尼跪拜，他坚持不肯行三跪九叩之礼，乾隆帝大为不悦。看到国书后，乾隆帝就觉得英使来访，贺寿是假，另有所图是真，所以决定要使团早日离开中国。马戛尔尼书面提出的请求，都涉及割地和免税，因此清政府一律严正拒绝。

1793 年 9 月 21 日，使团从热河回到北京。1793 年 10 月 7 日，和珅向使团呈交了乾隆帝的回信和回礼。使团离开北京，经京杭大运河往杭州等地参观。在游历了中国东部之后。1793 年 11 月 9 日，使团抵达杭州。1793 年 12 月 9 日抵达广州，两广总督在广州送行。

之后，使团在澳门停留了一段时间，并于 1794 年 3 月 17 日离开中国，1794 年 9 月 6 日回到英国朴茨茅斯军港。马戛尔尼的随员安德逊说："我们的整个故事只有三句话：我们进入北京时像乞丐；在那里居留时像囚犯；离开时则像小偷。"

马戛尔尼和他的随员后来撰写了大量的回忆录，成为欧洲研究清朝的珍贵资料。在总结自己失败的原因时，他认为是翻译水平过低。

乾隆对马戛尔尼使团总体印象不好，主要原因有二：其一，他们不是专门为祝寿而来的，他们另有所图；其二，在马戛尔尼到访中国时，清朝逮捕了一个廓尔喀间谍，得知英国东印度公司获得了印度孟加拉邦的统治权，乾隆意识到英国对喜马拉雅山外构成了威胁。所以，英使来访，乾隆的感受就是两个字：威胁！

评析与思考

马戛尔尼使团来中国的目的是显而易见的，其要求得不到满足也很自然。史学界一些观点认为这样的结局造成了1840年的鸦片战争。中国在鸦片战争后被迫签订了一系列不平等条约，五口通商也成为现实，而这些都是半个世纪前英国特使马戛尔尼来华提出的要求。这预示着中国近代的对外贸易必然是在不平等条约的框架下进行的。请大家思考两个问题：

1. 马戛尔尼认为清朝实质上是极其虚弱的，"好比是一艘破烂不堪的头等战舰"，要击败它并不困难。对此你怎么看？

2. 如何认识近代中国的中外贸易？

案例 2

孔祥熙包销煤油成买办①

孔祥熙携妻从日本回到中国，就是打算经营实业来发家致富。早在日本期间，当他看到孙中山的革命事业尚处于低潮，暂无胜利的可能时，就有了这一打算。宋霭龄认为，理想主义是糕饼上的糖霜，糕饼只有靠动力才能烘烤，而动力只有靠钱才能买到。因而两人只要一谈到钱便极为兴奋。

有人说，孔祥熙浑身上下充满经济细胞，具有经商的头脑和遗传因素，此话颇有几分道理。经商者最重要的便是善于捕捉市场信息，在这方面孔祥熙并不逊于旧中国任何商人。

他回国适逢第一次世界大战爆发，帝国主义交战，各国都急需军火。美国乘机大发军火财，到处求购铁矿石来制作枪炮。孔祥熙一下就认准了这一行情，一回到山西便去阳泉矿山交涉，以每吨1元银两的价格购进了一批铁砂。他把

---

① 徐矛. 中国十买办 [M]. 上海：上海人民出版社，1996：262-316.

铁砂运到天津,以每吨1美元的价格卖给了美国商人。当时1美元折合银圆1.5元,这样一转手,孔祥熙获得了一笔暴利。第一次买卖的成功意外给孔祥熙经商以很大的鼓舞和冲动。为了赚取更多的金钱,孔祥熙决心把买卖做得更大点。那时,美、英等国都正在大量向中国倾销煤油。在明清时代,中国人夜间照明靠的都是植物油,"注豆油或菜油于盏,引以草心,光荧荧如豆"。这种油盏灯耗油量大,效率又低。自从外国煤油销往中国后,因其价廉物美,煤油价格只为菜油的一半,且"灯明亮远胜油灯",于是,"上而缙绅之家,下至蓬户翁牖,莫不采用洋灯",而旧式油盏灯则渐被淘汰。这样一来,进口煤油的数量就大为增长。这就使帝国主义各国向中国倾销煤油的竞争加剧了。

美国的美孚石油公司、美国的德士古石油公司、英国的亚细亚火油公司纷纷改变营销策略。它们感到,仅由直接雇用的少数买办去推广业务,已日益不能适应需要了,于是逐步改进和发展了买办制度,使之更好地为它们的侵略和掠夺服务。因此,除了一部分外商企业仍然保持买办的名义外,很多外商企业采取了各种买办制度。主要的办法有4种:经销制、合伙制、雇佣中国人任外商企业的高级职员制、延揽捐客制。名义虽变,性质依旧。

孔祥熙经过一番运作,成立了"祥记公司"和"裕华银行"。祥记公司除经营煤油外,还经营碱面、白糖、洋腊、肥皂等杂货。这些货物从天津上岸后,先装火车运到榆次,再以榆次为中心,分销到山西各县。

这独家经营,使孔祥熙成了一个不小的买办商人,这种经营每年都给孔家带来可观的利润。不久,榆次人贾继英也包销美孚石油公司的煤油,祁县城内韩永考也开了福聚煤油公司,专销德士古石油公司的煤油,在太谷也设分支机构。这些人的买办活动始终未能动摇孔祥熙在山西全省包销亚细亚壳牌煤油的垄断地位。

包销英商亚细亚壳牌煤油是孔祥熙生平第一次独自进行的大规模经商活动,他从中获得了2条宝贵的经验:选准投资方向和垄断性经营。在以后的赚钱生涯中,孔祥熙始终没有放弃这2条原则。宋霭龄对丈夫的这套本领极为欣赏,称其"似乎天生有一种理财的本领"。

评析与思考

买办是西方掠夺者在殖民地半殖民地国家所创造的一种特殊职业,也是我国近代社会一个复杂的社会历史现象。在跨越世纪的百年岁月中,他们的活动曾渗透到中国政治、经济、社会生活的各个层面。对此,学术界进行了深入研究。西方国家的商人进入中国后,以他们本国的国家霸权为后盾,以少数中国人为中介和经理，从事包括贩运鸦片、掠夺人口（这主要是在早期）、倾销洋货、搜刮土产等活动，垄断市场，挤垮中国的民族工商业。买办们则从中获得佣金、回扣和其他酬劳。由于经济利益的驱动，有些买办为虎作伥，充当外国侵华的工具。买办们熟知中国国情民情，又有千丝万缕的社会关系，当他们甘于为西方掠夺者服务时，常能起到掠夺者自己所起不到的作用。有的买办深入各地搜集经济情报向外国雇主报告；有的托庇于外国人的治外法权，勾结中国反动军警，压迫自己的同胞；有的甚至组织武装，公然反叛。孔祥熙作为近代中国的大买办之一，跻身于"四大家族"，是国民党政权腐败不堪的一个缩影，对近代中国造成了极其严重的危害。请大家思考两个问题：

1. 近代中国为什么会出现买办制度？
2. 中国的民族资本主义发展为什么举步维艰？

四、知识拓展

经典文论

马克思：中国和英国的条约（节选）①

英国政府终于公布的关于英中条约的正式摘要，同由其他各种渠道已经传开的消息比较，大体上所增无几。第一款和最后一款实际上包括了条约中纯粹有关英国利益的各点。根据第一款，南京条约缔结以后所规定的"善后旧约并通商章程""作为废纸"。这一补充条约曾规定：驻香港和驻五个为英国贸易开放的中国口岸的英国领事，如遇装载鸦片的英国船只驶入其领事裁判权所辖地区，应与中国当局协同处理。这样，英国商人在形式上被禁止输入这种违禁的毒品，而且英国政府在某种程度上充当了天朝帝国的一个海关官吏角色。第二次鸦片战争以解除第一次鸦片战争还在表面上加于鸦片贸易的束缚而告终，看来是十分合乎逻辑的结果，是那些特别热烈鼓掌欢迎帕麦斯顿施放的广州焰火的英国商界殷切期望得到的成就。可是，如果我们以为英国正式放弃它对鸦片贸易的假惺惺的反对，不会导致与预期完全相反的结果，那就大错特错了。中国政府请英国政府协同取缔鸦片贸易，也就是承认了自己依靠本身的力量不能做到这一点。南京条约的补充条约是为了借助外国人的帮助来取缔鸦片贸易而作的最大的、也可以说是绝望的努力。既然这种企图遭到了失败——而且现在是公开宣布失败，

---

① 马克思恩格斯选集：第一卷 [M]. 北京：人民出版社，2012：815-820.

既然鸦片贸易就英国来说现在已经合法化了，那么毫无疑问，中国政府无论从政治上或财政上着想，都将会试行一种办法，即从法律上准许在中国种植罂粟并对进口的外国鸦片征税。不论当前的中国政府意向如何，天津条约给它造成的处境本身就给它指出了这条路。

这种改变一经实行，印度的鸦片垄断连同印度的国库一定会一起受到致命的打击，而英国的鸦片贸易会缩小到寻常贸易的规模，并且很快就会成为亏本生意。到目前为止，鸦片贸易一直是约翰牛用铅心骰子进行的一场赌博。因此，第二次鸦片战争的最明显的结果，看来就是它本身的目的落了空。

对俄国宣布了"正义战争"的慷慨的英国，在订立和约时没有要求任何军事赔款。另一方面，英国虽然一直声称同中国处于和平状态，却因此而不能不迫使中国偿付连英国现任大臣们都认为是由英国自己的海盗行为所造成的耗费。不管怎样，天朝人将偿付 1500 万或 2000 万英镑的消息一传来，对于最清高的英国人的良心起了安定作用。《经济学家》杂志以及一般撰写金融论文的作者们，都兴致勃勃地计算着中国的纹银对贸易差额和英格兰银行贵金属储备的状况将发生多么有利的作用。但是遗憾得很！帕麦斯顿派的报刊煞费苦心地制造和宣扬的那些最初印象太脆弱了，经不起真实消息的冲击。

……

"条约中的商务条款不能令人满意"——这就是帕麦斯顿最卑鄙的走卒《每日电讯》所得出的结论。但是这家报纸却欣赏"条约中最妙的一点"，即"将有一位英国公使常驻北京，同时也将有一位清朝大员常驻伦敦，他还可能会邀请女王参加在阿尔伯特门举行的舞会呢"。然而，无论约翰牛觉得这有多么开心，毫无疑问的是，如果有谁会在北京拥有政治影响，那一定是俄国，俄国由于上一个条约得到了一块大小和法国相等的新领土，这块领土的边境大部分只和北京相距 800 英里。约翰牛自己通过进行第一次鸦片战争，使俄国得以签订一个使它有权沿黑龙江航行并在陆上边界自由贸易的条约；而通过进行第二次鸦片战争，又帮助俄国获得了鞑靼海峡和贝加尔湖之间价值无量的地域——这是俄国无限垂涎的一块地方，从沙皇阿列克谢·米哈伊洛维奇到尼古拉，一直都企图把它弄到手。这一切对于约翰牛来说绝非愉快的回忆。伦敦《泰晤士报》为此感到很不是滋味，所以它在刊登来自圣彼得堡的过分渲染大不列颠占便宜的新闻时，特意将电讯中提到俄国依照条约获得黑龙江流域的那一部分删去了。

背景知识

1842 年英国迫使清政府签订《南京条约》之后调整对华政策，即由军事进攻逐步转向依据条约以"和平"手段来攫取中国经济利益为重点。与此同时，清政府内部主和派大臣一直起主导作用。因而表面上在鸦片战争后最初几年里，清政府同西方国家的关系基本上维持着"相安无事"的局面，但到1853年之后这种局面逐渐被打破了，英国联合法国要求清政府修订相关条约以增加侵略权益，结果被清政府拒绝。1856年便借"亚罗号事件"与"马神甫事件"发动了第二次鸦片战争。

马克思发表了一系列文章谴责这场战争，认为其本质上是鸦片战争的继续。这篇《中国和英国的条约》是针对战争第一阶段之后签订的《天津条约》进行的分析与评论。

学者新论

八国联军与 G7 的变与不变①
陈冰

1901年，中国被迫签订了丧权辱国的《辛丑条约》，中国坠入半殖民地半封建社会的深渊。中国早已不是以前那个中国了，世界似乎还是120年前的那个世界。

2021年5月，中国国内的爱国画手"乌合麒麟"在西方七国集团（G7）外长会召开之际，创作了一幅采用做旧艺术方式的老照片，把G7会议跟120年前的八国联军做了一个结合创作，将当年侵华的八国联军画成了"G7"，并说道："上次这帮家伙为了中国搞在一起还是1900年，120年了，还在做梦。"

120个春秋，世界百年之大变局再度到来。中国走在中华民族伟大复兴的康庄大道之上，主要以资本主义国家为代表的西方国家却企图通过各种手段打击中国，重演当年八国联军"屠龙"一幕。如果说当年的中国积贫积弱，只能成为帝国主义宰割的东方睡龙，那么，2021年的中国，谁也不能趾高气扬地对我们说话。

八国今昔实力对比

1900年，大英帝国、美利坚合众国、法兰西第三共和国、德意志帝国、俄罗斯帝国、日本帝国、奥匈帝国和意大利王国八个国家组成了八国联军，侵略中国。八国联军攻陷北京之后，犯下了滔天罪行，此后又逼迫清政府签订了丧权辱国的《辛丑条约》。

---

① 陈冰. 八国联军与 G7 的变与不变 [J]. 新民周刊，2021（33）：44-49.

那么，当年侵略中国的八个国家实力到底如何呢？

且看当年的大英帝国，号称是"日不落"帝国，从称号就可以知道英国的实力和地位。虽然在 19 世纪末，美国的 GDP 超过了英国。但是 1900 年的英国依然是世界霸主，哪怕是其要应对来自德国和美国的挑战。

八国联军侵华，英国共出动了 1.2 万名士兵，其中包含澳大利亚和印度的士兵。八国联军侵华是 1900 年 5 月 28 日开始的，1901 年 1 月 1 日澳大利亚联邦才正式成立，所以当时的印度和澳大利亚都属于英国的殖民地。

2021 年的英国已经今非昔比，虽然还是联合国五大常任理事国之一，但是今天的实力远远比不上当年。2020 年英国的 GDP 为 2.71 万亿美元，位居世界第五位，仅占到全球总量的 3.21%。受疫情影响，英国 2020 年 GDP 较 2019 年下降了 9.9%，这一数据创造有现代记录以来的年度最差纪录，也是自 1709 年英国遭遇"大霜冻"以来的最大跌幅。

2021 年新年开始的第一天，英国离开了欧盟，从此英国不能再参与欧盟的决策和投票，欧盟的法律和政策也不再约束英国。英国没有了欧盟市场的依托，未来的不确定性大大增加。唯一确定的是，当今的英国已经彻底沦为美国的"跟班"，实力进一步衰落。

当年的美国是帝国主义的"新贵"，经济快速发展。美国的 GDP 已经超过了英国，位居世界第一位。经过 1898 年的美西战争，美国从西班牙手中夺取了古巴、菲律宾等殖民地，跻身于帝国主义强国之列。当时，美国的国力蒸蒸日上，综合国力仅次于英国、德国，对外侵略的野心不断膨胀。

当时的美国总统西奥多·罗斯福（Theodore Roosevelt）是一个狂热的扩张主义者，他针对拉丁美洲的外交提出了以强大的军事力量为后盾的"大棒政策"，他认为维持世界秩序是一切"文明强国"义不容辞的责任。为此，他极力鼓吹，"说话要温和些，但手中握有大棒，这样就能达到目的"。他的继任者威廉·塔夫脱（William Taft）又提出"金元外交"，与"大棒政策"配合。

在外交上，美国也彻底摆脱了英国的影响，在门户开放政策的口号下，将以往的追寻英国的政策转变为积极扩张的政策，以新获得的殖民地菲律宾作为跳板，向中国乃至亚洲做战略的挺进。

2020 年美国的 GDP 总量为 20.93 万亿美元，全球占比为 24.77%，依旧是世界上最强大的经济体，人均 GDP 超过 6.3 万美元。据美国商务部 2022 年 1 月 28 日公布的数据，美国 GDP 在 2020 年下降了 3.5%。新冠肺炎疫情对美国经济造成的打击超过预期，失业率增加，消费需求大幅下降，但由于美国在科学技术研究和技术产品创新方面都是世界首屈一指，拥有世界上绝大多数的核心科技，企业竞争力强，经济复苏能力强。

除了经济实力和科技实力是世界第一之外，美国的军事实力也远超其他国家。不过现在的美国和当年的英国有类似之处，都面临着新兴大国的挑战。美国的绝对实力已经大大衰落，特别是在 21 世纪初发动了阿富汗和伊拉克两场对外战争后，让数以千万计的无辜平民陷入水深火热中，也让美国深陷泥潭。

美国前总统吉米·卡特（Jimmy Carter）在 2018 年时表示："美国 242 年的建国历史中，仅有 16 年没有打仗，堪称世界上最好战的国家。"如今，美国自身也因战争债台高筑。据"战争成本核算"项目，截至 2021 年 4 月，美国的阿富汗战争开支总计达到 2.261 万亿美元，光利息就大约 5300 亿美元。而截至 2020 年，美国发动伊拉克战争的总成本大约达到 19220 亿美元。

来自美联社 2021 年 8 月 14 日发布的报道称，截至 2020 年，美国通过举债为阿富汗战争和伊拉克战争的直接成本进行融资，估计高达 2 万亿美元。到 2050 年，估计利息成本高达 6.5 万亿美元。

美国这些战争花费什么时候达到峰值？美联社说，2048 年以后。

无疑，美国依然是世界上最强大的国家，只是它的国际信誉在不断下降。

再来看看剩下的几个国家。

当时的法国正处在法兰西第三共和国时期，综合实力在英国、德国、美国之后，实力也是不容小觑。现在的法国依然是欧洲强国，2020 年法国的 GDP 总值为 2.59 万亿美元，全球占比 3.07%，位居世界第七位。相比较于当年的法国，当今的法国也已经大大衰落。不过，法国依然是联合国五常之一，综合实力也位居世界前列。

当年的德国也是帝国主义新贵。完成统一之后的德国，经济快速发展，综合国力急剧增强。当年的德意志第二帝国 GDP 已经超过英国，位居世界第二位。德国在全球范围内与英国争霸，成为大英帝国最有力的挑战者。德国拉拢了奥匈帝国和意大利，组成了同盟国集团，蓄意挑起世界大战。

二战后德意志帝国被彻底摧毁。德国战后又恢复了往日的经济实力，政治、军事上却被美国"阉割"。2020 年，德国的 GDP 总值为 3.8 万亿美元，位居世界第四位，欧洲第一位。德国在欧盟中也处于领导地位，综合国力强于英国和法国。

…………

苏联解体之后，俄罗斯的实力大大削弱。2020 年俄罗斯的 GDP 为 1.47 万亿美元，位居世界第十一位，排在韩国之后。值得一提的是，中国的广东省（1.6 万亿美元）、江苏省（1.49 万亿美元）GDP 均完成了对俄罗斯的超越。

从总量上看，美国的 GDP 是俄罗斯的 14 倍，日本 GDP 也是俄罗斯的 3.3 倍。俄罗斯的经济实力并不强，军事实力特别是核实力却非常强大。以美国为首的西方国家虽然尽力打压俄罗斯，但俄罗斯坚强地"活了下来"。

当年的日本在各个国家中也算是比较虚弱的一个国家。八个国家中，当时的日本综合国力不算强，国际地位不算高。正是因为如此，日本才"急于表现自己"，希望通过"卖狠"赢得欧美强国的"尊重"。八国联军中，日本是出兵最多的国家，海军陆战队和陆军总人数达到了 20840 人。自此以后，日本走上了向中国大陆扩张之路。1937 年"七七事变"，日本出动的华北驻屯军，驻地就在北平、天津、塘沽、秦皇岛、山海关一线。其驻军权，就是通过《辛丑条约》确定的。

二战之后，日本也受到了美国的"阉割"，成为一个"不健全"的国家。此后日本的经济迅速发展，经济整体实力要超过当年。但因美国通过《广场协议》等压制日本，自 20 世纪 90 年代以来，日本的经济有停滞不前的倾向。2020 年日本的 GDP 为 5.04 万亿美元，位居世界第三位，这个数字和 1994 年的 GDP 非常接近。日本本来国内经济由于受到"老龄化，少子化"的影响，社会消费能力不足，长期处于通缩状态，这次再加上新冠肺炎疫情的冲击，日本经济出现进一步衰退也就在所难免了。

如今，日本受到美国方面的限制，是多方面的，特别是在外交上，与美国亦步亦趋。

当年的奥匈帝国也是欧洲强国之一，不过比英国、法国、德国、美国等国家的实力还是要弱不少。八国联军中，奥匈帝国的综合实力也就高于意大利。八国联军侵华期间，奥匈帝国仅仅出兵 394 人。

一战之后，奥匈帝国崩溃，匈牙利独立，奥地利的国际地位一落千丈。二战期间，奥地利被德国吞并。二战之后，奥地利也被盟国分区占领。现在的奥地利是永久中立国。

意大利的综合国力在当年的八国中最弱，出兵也最少，仅出兵 85 人。二战后，作为战败国的意大利，倒是受到盟国的限制较少。2020 年意大利 GDP 总量为 1.88 万亿美元，位居世界第八位。

时间已经过去了 120 年，国际局势也发生了翻天覆地的变化。当年耀武扬威的帝国主义，有的已经彻底沉沦，有的依然保持着强大。不管这八个国家发生了多少变化，现在的中国已经今非昔比。

贪婪基因　百年未变

如果从 1900 年至 2020 年 GDP 的排名来看，你会惊奇地发现：

1913年，清朝刚刚灭亡的第二年，世界GDP的前十名是组成联军侵华的八国。

1950年，新中国刚刚成立的第二年，世界GDP前十名也是这八国。

1973年，石油危机爆发的前一年，世界GDP前十名基本上就是七国集团。

20世纪70年代接连发生"美元危机""石油危机"，"布雷顿森林"体系瓦解，严重的经济危机使得西方主要资本主义国家的经济形势遭受了非常大的打击。为了巩固老牌资本主义国家的地位，重振经济，共同解决世界经济和货币危机，协调经济政策，1975年11月，法国倡议，在巴黎召开了西方主要工业国家首脑会议，资本主义国家经济最为发达的美国、日本、德国、法国、英国和意大利出席，这就形成了最早的"六国集团"。

1976年，因为加拿大经济总量与意大利接近，且加拿大拥有大量的英裔、法裔人口，在英法等国的支持下，加拿大加入了这次会议，同时，欧盟作为欧洲的主要组织，一开始就加入了峰会进行讨论。加入后的七国经济最高级会议决定，以后每年都要召开一次会议，且轮流在成员国召开，讨论世界经济、金融等问题，后期还延伸到政治和军事问题，这样，延续至今的七国集团正式成立了。

1997年，俄罗斯正式成为七国集团全权成员国，八国集团首脑会议宣告定型。随着2014年乌克兰爆发的武装冲突，俄罗斯被踢出八国峰会，八国峰会重新变为七国峰会。

1998年，亚洲金融危机爆发的第二年，七国集团加上俄罗斯，占据世界的GDP比例，从1913年的40%到1998年还是40%。看似世界在变化，这100年，这个世界终究还是没有改变的——资源和权力一直在不多的几个核心国家之间轮转。

不过从1998年开始，中国经济开始被世人愈加关注。

从1998年的全球GDP第七，中国一路飙升。2003年，中国超过了第六的意大利，2005年超过了第五的英国，2006年超过了第四的法国，2008年超过了第三的德国，2010年超过了第二的日本，直到2020年，一直保持全球经济第二位的大国地位！

中国的情况，引发G7国家的合围和打压，似乎成为一种必然趋势。

及至2021年5月在英国举办的七国集团外长会，一边说"遏制或压制中国不是目的"，一边又把中国议题置于议程表首位。当然，他们也不放过俄罗斯，路透社有一个归纳，这次的G7联合声明把俄罗斯称为"恶贯满盈"（malicious）——恶毒和心怀恶意的国家，极恶毒和心怀恶意的国家。俄罗斯现在在西方的打压下，也只能夹缝求生。

西方大国认为俄罗斯的种种做法恶贯满盈，那美、英、法绕过联合国去空袭叙利亚，美国为了石油霸权去入侵伊拉克、利比亚，然后制裁委内瑞拉，在阿富汗制造了 20 多年的战乱并屠杀平民……他们却称自己为"正义之师"？

西方大国的声明中把中国形容成一个"恃强凌弱者"（bully）——横行霸道，仗势欺人。中国与其他国家开展平等互惠的友好合作，西方管这个叫"恃强凌弱"；美国在海外有 374 个军事基地，分布在 140 多个国家和地区，搞各种长臂管辖，贸易霸凌，他们却称这个为"自由之盾"。

2021 年 G7 外长会之后，英国著名政治学学者马丁·雅克（Martin Jacques）发出"永别了，G7"的推文，意指曾经风光无限的 G7 如今地位下降，不但不尊重和正视中国，居然还一味地指责对方，G7 已然走在了"没落"的道路之上。

G7 也好，G8 也罢，曾经的西方列强如今抱团妄想继续主宰世界，让地球按照他们的规则旋转"团结起来，共同应对中国和俄罗斯的挑战"。但是正所谓"江山易改，本性难移"，如今的 G7 和 1900 年的"G7"成员国中，有的国家虽然政体发生了变化，但强盗的基因并未改变。

丛林法则　该变变了

面对 G7 等的围剿，中国和俄罗斯能坐以待毙吗？当然不会了。

著名的地缘政治专家、美国前国家安全事务助理兹比格涅夫·布热津斯基（Zbigniew Brzezinski）曾经说过，美国最大的潜在的危险是中国与俄罗斯，或许还有伊朗结成一个大联盟，结成这个联盟的原因不是意识形态，而是互相补充各自的不足……为了防止出现这种情况，美国必须在亚欧大陆的西部、东部和南部边缘巧妙地施展地缘政治手段。美国只有十分"短视"地同时对中国和伊朗采取敌对政策，才能使得中俄伊朗这个联盟搞得起来。

很显然，布热津斯基的这个预言如今已经被西方的统治者变成了现实。他们开始是拉拢日本制衡中国，但是日本常年搞"两头下注"的操作，后来又指使澳大利亚来跟中国对抗，但由于澳大利亚本身体量太小，不足以构成威胁，转而又开始拉拢印度制衡中国。

…………

回看历史，早在 18 世纪初期，随着美国棉花种植业迅速扩张，大量黑人被贩卖至南方采摘棉花。这段黑暗的历史是美国数百年奴隶制历史的一部分，也是当今美国全面性、系统性、持续性种族歧视的主要根源。

正如美国前陆军上校劳伦斯·威尔克森（Lawrence Wilkerson）曾公开承认，"所谓新疆维吾尔族问题，只不过是美国企图从内部搞乱中国、遏制中国的战略阴谋"。

哈佛大学教授史蒂夫·凯尔曼（Steven Kelman）一针见血地指出，美国的政客们不关心任何一个伊斯兰国家。美国以"反恐"为名在阿富汗、叙利亚、伊拉克发动战争，造成数千万穆斯林流离失所、家破人亡。新冠疫情期间，他们持续对伊朗等国进行极限施压，导致当地经济萧条、民众苦不堪言。

再回到乌合麒麟的 G7 老照片上。一个不容忽视的细节是在照片的左边角落里，印度打着吊瓶也要参加 G7 峰会。……

一些第三世界国家近几十年来发展之不顺畅，许多就是有意或者无意全盘照搬西方列强的模式，然而，生搬硬套不免产生各种"排异反应"，甚至入了"局"，入了"套路"而不自知。后发国家，如何借鉴先进国家经验，要结合本国国情，发展自身，强大自身。不得不说，得以根据国际环境和自身的特点，选择、设计适合本国的发展道路，才是正途。《辛丑条约》120 年来之中国，就是最好的明证。

只有自己真正强大，才可能避免被丛林法则的强国弱肉强食！

阅读推荐

1. 习近平. 在庆祝中国共产党成立 100 周年大会上的讲话［N］. 人民日报，2021-07-02（2）.

2. 徐矛. 中国十买办［M］. 上海：上海人民出版社，1996.

3. ［葡］裴昔司. 晚清上海史［M］. 孙川华，译. 上海：上海社会科学院出版社，2012.

五、知识训练

（一）单选题

1. 中国近代史的起点是（　　　）

A. 鸦片战争　　　　　　　　　B. 第二次鸦片战争

C. 林则徐禁烟　　　　　　　　D. 洋务运动

2. 近代中国诞生的新兴的被压迫阶级是（　　　）

A. 农民阶级　　　　　　　　　B. 工人阶级

C. 民族资产阶级　　　　　　　D. 小资产阶级

3. 中国工人阶级最早出现于（　　　）

A. 外国资本主义在华企业中　　　　　B. 洋务企业中

C. 手工业作坊中　　　　　　　　　　D. 官僚企业中

4. 近代中国社会最主要的矛盾是（　　　）

A. 农民阶级与地主阶级的矛盾　　　　B. 封建主义和人民大众的矛盾

C. 资产阶级与工人阶级的矛盾　　　　D. 帝国主义和中华民族的矛盾

5. 要争取民族独立和人民解放，必须首先（　　　）

A. 解决农民阶级与地主阶级的矛盾　　B. 进行反帝反封建的民主革命

C. 成立中国工人阶级的政党　　　　　D. 推翻帝国主义在中国的统治

6. 资本—帝国主义列强对中国的侵略，首先和主要的是进行（　　　）

A. 军事侵略　　　　　　　　　　　　B. 政治控制

C. 经济掠夺　　　　　　　　　　　　D. 文化渗透

7. 近代中国 1919 年前的反侵略战争失败的根本原因是（　　　）

A. 军事战略的落后　　　　　　　　　B. 敌强我弱

C. 社会制度的腐败　　　　　　　　　D. 经济技术的落后

8. 中国人民的民族意识的普遍觉醒开始于（　　　）

A. 鸦片战争　　　　　　　　　　　　B. 洋务运动

C. 中法战争　　　　　　　　　　　　D. 甲午战争

9. 近代中国睁眼看世界的第一人是（　　　）

A. 林则徐　　　　　　　　　　　　　B. 魏源

C. 李鸿章　　　　　　　　　　　　　D. 孙中山

10. 近代中国第一个喊出"振兴中华"口号的是（　　　）

A. 林则徐　　　　　　　　　　　　　B. 康有为

C. 陈独秀　　　　　　　　　　　　　D. 孙中山

答案：ABADB，ACDAD

（二）多选题

1. 近代中国工人阶级的主要来源是（　　　）

A. 城乡破产失业的农民　　　　　　　B. 手工业者

C. 城市贫民　　　　　　　　　　　　D. 小资产阶级

2. 最早出现中国工人阶级的外国资本主义在华企业有（　　　）

A. 船舶修造业　　　　　　　　　　　B. 铁路公司

C. 出口加工业　　　　　　　　　　　D. 口岸码头

3. 近代中国社会的主要矛盾是（　　　）

A. 农民阶级与地主阶级的矛盾　　B. 封建主义和人民大众的矛盾

C. 资产阶级与工人阶级的矛盾　　D. 帝国主义和中华民族的矛盾

4. 近代以来中华民族面临的历史任务是（　　　）

A. 争取民族独立和人民解放　　　B. 建立中华人民共和国

C. 全面建设小康社会　　　　　　D. 实现国家富强和人民富裕

5. 资本—帝国主义列强对中国的侵略的主要方式有（　　　）

A. 军事侵略　　　　　　　　　　B. 政治控制

C. 经济掠夺　　　　　　　　　　D. 文化渗透

答案：ABC、ACD、BD、AD、ABCD

（三）思考题

1. 为什么说独立的中国逐步变成了半殖民地半封建的中国？

因为鸦片战争以后，资本—帝国主义列强通过发动侵华战争，强迫中国签订一系列不平等条约，破坏中国的领土主权、领海主权、关税主权、司法主权等，并一步一步地控制中国的政治、经济、外交和军事。中国已经丧失了完全独立的主权，在相当程度上被殖民化了，但又保持着独立的形式，所以中国实际上已经沦为半殖民地国家。

与此同时，外国资本主义列强用武力打开中国的国门，把中国卷入世界资本主义经济体系和世界市场之中。随着外国资本主义的入侵，洋纱、洋布等商品在中国大量倾销，逐渐使中国的农业与家庭手工业分离，一方面，破坏了中国自给自足的自然经济的基础，破坏了城市的手工业和农民的家庭手工业；另一方面，则促进了中国城乡商品经济的发展，给中国资本主义的产生创造了某些客观条件。农民和手工业者成了产业工人的后备军，一批官僚、买办、地主、商人投资兴办新式工业，中国出现了资本主义生产关系。中国已经不是完全的封建社会了，是半封建社会。

因此，从鸦片战争到八国联军侵华战争，中国一步步从独立的封建社会沦为半独立的半殖民地半封建社会。

2. 如何理解近代中国的两大历史任务及其相互关系？

为了使中国在世界上站起来，为了使中国人民过上幸福、富裕的生活，就必须推翻帝国主义、封建主义联合统治的半殖民地半封建的社会制度，争得民族独立和人民解放，还必须改变中国经济技术落后的面貌，实现国家的富强和人民的富裕。近代以来中华民族面临这两大历史任务，追求实现中华民族伟大复兴的中国梦，就是这样被历史提出来的。无数的志士仁人，一代又一代的中国人，正是为此而进行了不屈不挠、英勇顽强的斗争。

争取民族独立、人民解放和实现国家富强、人民富裕这两个任务，是互相区别又互相紧密联系的。由于腐朽的社会制度束缚着生产力的发展，阻碍着经济技术的进步，首先必须改变这种社会制度，争得民族独立和人民解放，才能为实现国家富强和人民富裕创造前提，开辟道路。这是因为：不经过反帝反封建的斗争，争得民族独立和人民解放，就不可能推翻帝国主义对中国的反动统治，改变它们控制中国经济财政命脉，利用特权向中国大量倾销商品和输出资本，压迫中国民族工商业发展的局面，就不可能废除封建地主土地所有制和专制政治制度，解放农村生产力，改善农民的生活，扩大民族工商业的国内市场，就不可能达到国家的统一、民族的团结和社会的稳定，从而集中力量进行现代化建设，以实现国家的繁荣富强和人民的富裕幸福。

（四）实践题

近代资本—帝国主义列强对中国进行商品倾销和资本输出与当今我国大量引进外资、开放市场有何不同？

请以小组为单位，将历史与现实、理论与实际有机结合起来。通过社会调查进行研究性学习。

第二章

不同社会力量对国家出路的早期探索

一、教学目的和要求

1. 了解太平天国农民战争发生的历史原因、意义与农民阶级的历史局限性，认识《天朝田亩制度》《资政新篇》两大纲领的内容、作用，尤其是《资政新篇》对国家出路探索的积极作用。

2. 了解洋务运动兴办的主观动机与客观效果，认识其指导思想的落后性、运动的历史作用与失败原因。

3. 了解维新运动兴起的历史背景、百日维新的主要内容；认识维新运动的历史意义、失败原因与教训；深刻理解半殖民地半封建的中国；企图通过统治者走自上而下的改良道路是根本行不通的，必须用革命的手段寻找国家的出路。

4. 分析上述探索最终都不能为实现中国的独立和富强找到出路的根本原因，是没有先进的理论指导与先进的政党领导。

二、知识点和重点导读

主要知识点

太平天国农民战争　天朝田亩制度　资政新篇　洋务运动　洋务派　中体西用　戊戌维新运动　维新派与守旧派的论战　百日维新　戊戌政变　戊戌六君子

重点导读

正确评价戊戌维新运动

本章论述的对国家出路进行早期探索的太平天国农民战争、洋务运动、戊戌维新运动均未能如愿，正如习近平总书记在庆祝中国共产党成立 100 周年大会上的讲话中所说的："为了拯救民族危亡，中国人民奋起反抗，仁人志士奔走呐喊，太平天国运动、戊戌变法、义和团运动、辛亥革命接连而起，各种救国方案轮番出台，但都以失败而告终。"① 其中，19 世纪末的戊戌维新运动震惊中外，如何正确评价这场运动？

为什么说戊戌维新运动是一场资产阶级政治改良运动？以往有些学者认为戊戌维新运动是一场"改良主义运动"。在马克思主义经典作家的著作中，"改良主义"指欧洲一种反对社会主义的政治思潮和政治流派。列宁曾经在批判资产阶级自由派时说过"改良主义是资产阶级对工人的欺骗"，"改良主义，即使是非常真诚的改良主义，实际上变成了资产阶级腐蚀和剥削工人的工具"。② 然而，戊戌维新是新兴的中国民族资产阶级反对封建势力的一场斗争，与欧洲的改良主义不可相提并论，所以，教材没有采用"改良主义"的提法。

教材称"戊戌维新是一场资产阶级性质的政治改良运动"，主要是因为：

第一，这场政治运动反映了中国民族资产阶级的利益和要求，他们在郑观应等早期改良派的基础上前进了一步。第二，维新派不赞成推翻代表帝国主义、封建主义利益的清王朝，要求在保留清王朝的前提下自上而下进行政治改革。"百日维新"时期颁布的法令也并未触及封建制度的根本。第三，"改良"是相对"革命"而言的。虽然戊戌维新运动带有改变旧的上层建筑的性质，但维新派不主张以暴力的手段去改变它，反对自下而上的"乱民"暴动，对方兴未艾的资产阶级革命运动也是抵制的。戊戌维新运动失败后康有为、梁启超等坚持改良道路，成为资产阶级民主革命发展的阻力。

20 世纪六七十年代，戊戌维新运动一度被全盘否定。但在改革开放之后，戊戌维新运动重新得到肯定评价，人们对戊戌维新运动的研究也取得很多新成果。

---

① 习近平. 在庆祝中国共产党成立 100 周年大会上的讲话 [N]. 人民日报，2021-07-02 (2).

② 马克思主义和改良主义 [M] //列宁选集：第 2 卷. 北京：人民出版社，1995：327.

教材从爱国救亡运动、资产阶级政治改良运动、思想启蒙运动三方面说明戊戌维新运动的历史意义。

首先，戊戌维新运动是一场挽救国家危亡的政治运动。康有为等人希望通过这场运动使中国富强，免受外国欺凌，因此，这场运动带有一定的反帝爱国性质。戊戌维新运动又是一场资产阶级政治改革运动，康有为等人要求对封建君主专制制度进行改革，在经济上要求发展民族资本主义，在思想文化领域则宣传近代科学和资产阶级文化，因此，它带有反封建的性质，比洋务派的"中体西用"进步得多。这是我们肯定戊戌维新运动最主要的原因。

维新运动与洋务运动相比，最根本的区别，就是对封建君主专制制度的态度不同。洋务派不愿、不敢对清王朝的政治制度进行任何实质性的变革，办洋务也完全是为了维护封建主义的经济基础与上层建筑。戊戌维新却突破了"中体西用"的藩篱，提出了变革清王朝政治制度的要求，而且付诸实践，维新派最终的主张，是用资产阶级的君主立宪制度取代封建主义的君主专制制度。所以，我们说洋务运动代表地主阶级一部分当权派的利益和要求，而戊戌维新则是一场代表新兴的民族资产阶级的政治运动。维新运动虽然失败但在政治、经济、文化等领域都冲击了封建主义。戊戌维新运动也是使清王朝"不能照旧统治下去"的重要政治事件。

其次，戊戌维新运动在思想文化领域产生了很大的影响。维新派在思想文化方面的影响超过了他们在政治、经济等方面的影响。在维新运动期间，维新派大力传播西方资产阶级的社会政治学说和自然科学知识，宣传自由平等、社会进化观念，批判封建君权和封建纲常伦理，有利于民主思想在中国的传播，有利于人们的思想解放，从而掀起了近代中国第一次思想解放运动的潮流，推动了中华民族的觉醒。由于维新派的推动，"诗界革命""文体革命""小说界革命""戏剧改良""史学革命"等相继而起，梁启超、黄遵宪、谭嗣同、汪康年等人身体力行，掀起了广泛的文化革新运动。以维新运动为起点，资产阶级新文化开始打破封建文化独占文化阵地的局面。在教育方面，维新派主张采用西方近代教育制度兴办新式学堂，这对中国近代教育的发展起了积极的推动作用。京师大学堂的创设，更成为中国近代"国立"高等教育的发端。维新派不仅在思想启蒙和文化教育方面开创了新的局面，而且在改革社会风习方面也提出了许多新的主张。如主张革除妇女缠足等恶俗陋习，提出"剪辫易服"的主张，倡导讲文明、重卫生、反跪拜等。其移风易俗、开启社会新风的效用不可低估。

最后，维新运动对资产阶级革命运动也有一定的促进作用。康有为、梁启超等人后来曾不同程度地反对资产阶级革命运动，他们在维新运动兴起后的启蒙工作，点燃了爱国、民主的火种，促使大批知识分子觉醒，其中不少人后来走上反清革命的道路。当然，这并非维新派的初衷却是现实生活中存在的客观事实。特别是在19世纪末到20世纪初，以孙中山为首的资产阶级革命派虽然已经开始进行反清革命，但他们的宣传工作在全国的影响不大，因此，维新派的启蒙工作更显得重要。维新运动的失败也使大批爱国志士明白清王朝无法进行和平改革，从而放弃改良的道路转向革命。章太炎就是一个典型，章太炎曾加入康有为创办的强学会，参与梁启超创办的《时务报》的撰述，赞同康、梁的变法维新主张。戊戌变法的失败引起了章太炎对政治改良的怀疑，不久，他就和维新派决裂，走上了反清革命的道路。

戊戌维新运动最终失败也是必然的，原因有三：

一是新旧力量对比悬殊。民族资产阶级经济力量非常弱小，其政治代表维新派的社会基础薄弱，只是一度得到一个没有实权的皇帝的支持，光绪皇帝性格又极其软弱。他们不掌握军队，不掌握整个官僚机构，没有严密的组织，他们面对的是以慈禧太后为首的强大的守旧势力。多数官僚属于守旧阵营，只有少数人同情维新运动。阶级力量对比悬殊，是维新运动失败的客观原因。

二是对帝国主义、封建主义的妥协。面对民族危机，维新派认识到中国面临的民族危机，为救亡图存奔走呼号，但对帝国主义充满幻想。今天的我们当然不能要求维新派深刻认识帝国主义的本质，但问题在于维新派的一些认识，即使被放在当时的历史条件下看也显得非常不切实际。他们谈到民族危机时，通常着重强调原因在于中国不能振作，他们以为只要中国振作，外国就不会轻视中国，就会同意修改不平等条约。维新派对封建主义的妥协，反映在不敢否定君主专制制度，不敢触动封建土地私有制，把希望寄托在光绪皇帝身上。

三是缺乏群众基础。维新派多数人本身也还兼有地主、官僚、士绅的身份，同广大群众是天然隔膜的。康有为在给光绪皇帝的上书中一再提醒注意防备民众造反，充分反映了维新派对下层群众的态度。维新运动始终只是少数人进行的政治运动，不仅工农群众参加得少，而且城市的资产阶级以及一般知识分子参加得也非常少。等到守旧派要向维新派进攻时，维新派就极端被孤立了。

戊戌维新作为中国民族资产阶级登上政治舞台的第一次表演，竟失败得这么快，这不但暴露了这个阶级的软弱性，同时也说明在半殖民地半封建的旧中国，企图通过统治者走自上而下的改良道路，是根本行不通的。要想争取国家的独立、民主、富强，必须用革命的手段，推翻帝国主义、封建主义联合统治的半殖民地半封建的社会制度。

戊戌维新失败后，一些维新人士终于醒悟，转向了革命。而康有为等人则逐步走向保守，他们组织了保皇会抗拒的日益高涨的革命运动。以孙中山为代表的资产阶级革命派，吸取了戊戌维新失败的教训，坚定地发起推翻清王朝的革命，进而爆发了辛亥革命。

三、案例解析

案例 1

洪仁玕与《资政新篇》①

洪仁玕（1822—1864 年 11 月 23 日），小名谦益，号吉甫，广东花县（今广州市花都区）官禄布村人。洪仁玕自幼喜读经史、天文历数，参加科举考试失败后以村塾教学为生。洪秀全"出游天下"宣传教义时，洪仁玕的家人不许他同行，未得同去，后在清远一带一面教书，一面宣传教义，发展教徒。后来，洪、冯两姓族人在清兵围捕下在谷岭起义，洪仁玕赶到时，事已失败。他被乡人捉住，挣脱绳索逃亡，于咸丰二年（1852 年）四月到达香港。

在香港，他受洗入教，后任伦敦布道师，学习天文，留心西方文化，通过学习，洪仁玕的思想认识达到了新的飞跃，他再也不是过去那个仅有农民意识的人，他已成为具有近代意识的知识分子。在他脑海里，已经逐渐形成一个用发展资本主义来改造中国的方案，这就是日后他的《资政新篇》的由来。咸丰八年（1858 年），他离香港北上，于咸丰九年三月二十日（1859 年 4 月 22 日）到达天京。这时正值天京事变，早期的领袖或战死沙场，或在内讧中被戮，翼王石达开又率兵出走，天王洪秀全猜忌异姓，朝中无人。天王倚重洪仁玕，不出一月，累累加封而至"开朝精忠军师顶天扶朝纲干王"，命他总理朝政。

洪仁玕受天王重用，很想有所作为，根据他对世界大势、西方文明的了解，写了一部《资政新篇》，进呈天王，主张接受西方文明，走西方强国富民之路。《资政新篇》经天王批准刊行，成为天国后期的政治纲领和珍贵典籍。

在《资政新篇》中，洪仁玕把他的政治主张分为"设法""用人"两方面。《资政新篇》中体现了鲜明的资本主义特色和先进的近代观念，其思想来源可主要分为以下三个部分。

一是作者洪仁玕自身的交友对象。洪仁玕在《资政新篇》中列举了他交往

---

① 王辉. 洪仁玕与《资政新篇》[J]. 宁夏大学学报（社会科学版），1989（4）：111–115.

的23名西方人士，他们大多是著作等身的饱学之士。洪仁玕自身也在1853年从牧师领洗，成为一名正式的基督徒，其间他接触了大量的西方思想、知识及传教士独特的"基督教文明观"，这些都为他的《资政新篇》打上了鲜明的"基督教现代化"的烙印，是《资政新篇》内容与思想的核心来源。

二是作者洪仁玕流亡香港的经历。1853年，洪仁玕到达了当时受英国殖民统治的香港，他亲身接触了在英国统治下的香港的政治、司法制度、西方资本主义下的社会经济情形以及偏"西方化"的文化生活。在这个大环境下，洪仁玕对西方的社会制度、文化知识有了更深层次的体会与理解，为后来《资政新篇》中提出的政治构想提供了一个模板。很多香港的制度、管理方式都在《资政新篇》中有不同程度的体现，如《资政新篇》中对于各项制度乃至官职的设定都有当时香港的影子。

三是当时相关的一些文献资料。洪仁玕在香港和上海都有机会通过传教士接触到1811年后传教士所出的中文书籍与报刊，还广泛接触了国内出版的相关书刊，这些书刊都为洪仁玕编写《资政新篇》提供了思想来源。《资政新篇》中的用人察失思想、专利思想，就有参考、借用当时书刊的痕迹。

评析与思考

《资政新篇》是先进的中国人最早提出的在中国发展资本主义的方案，或者说是中国第一个近代化纲领。政治上，它主张"以法治国"、舆论监督和直接选举政府官员，提出了初步的民主法治思想；经济上，它鼓励发展工商业，奖励技术发明，提倡保险事业；文化思想上，它反对迷信，提倡新式教育；外交上，它主张自由往来、平等互利。其局限性也很明显，如：《资政新篇》中未提及列强侵略中国，反映作者认识的模糊性，未将发展资本主义与消灭封建制度联系起来，未将其提出的政治纲领与太平天国的现实斗争联系起来。

请思考：太平天国后期为什么未能真正实施《资政新篇》提出的一系列改革方案？

案例2

"中体西用"文化观①

"中学为体，西学为用"即"中体西用"，是洋务运动中兴起的旨在提倡西

---

① 张勇. 张之洞的"中体西用"文化观 [J]. 学习与实践，2016（9）：130-135.

学的独特的文化观念形态，主张以中国伦常经史之学为原本，以西方科技之术为应用。"中体西用"初由冯桂芬提出，后由张之洞在《劝学篇》中系统阐述，成为洋务派的指导思想。

1861 年（咸丰十一年），冯桂芬在《校邠庐抗议》中说"以中国之伦常名教为原本，辅以诸国富强之术"，最早揭示了这种思想，这是"中学为体，西学为用"思想的最初渊源。以后，谈洋务者以各种方式表达过。1895 年（光绪二十一年）4 月，南溪赘叟在《万国公报》上发表《救时策》一文，首次明确表述了"中学为体，西学为用"的概念。次年，礼部尚书孙家鼐《议复开办京师大学堂折》中再次提出，"自应以中学为主，西学为辅；中学为体，西学为用"。19 世纪七八十年代，早期资产阶级维新派提出学习西方议会，19 世纪 90 年代以后进一步抨击洋务派学习的思想是舍本求末，希望中国能像西方那样实行君主立宪。于是，张之洞在 1898 年 5 月出版了《劝学篇》，对洋务派的指导思想作了全面系统的阐述，重申"旧学为体，新学为用"，反对政治制度的改革。一些外国人如赫德、李提摩太等，从殖民主义者的立场出发，也鼓吹过这种论调。20 世纪初，清政府推行新政，仍然奉行这一主张。

张之洞在《劝学篇·设学》中提出，"中学为体"，是强调以中国的纲常名教作为决定国家社会命运的根本；"西学为用"，是主张采用西方资本主义国家的近代科学技术，效仿西方国家在教育、赋税、武备、律例等方面的一些具体措施，举办洋务新政，以挽回清王朝江河日下的颓势。

19 世纪七八十年代，早期改良派曾提出"主以中学，辅以西学"的口号，主要目的是鼓励人们向西方学习，反对顽固守旧。到了 19 世纪末，发生了尖锐激烈的旧学与新学、中学与西学之争。守旧的封建顽固派坚决反对西学，对西方资本主义国家的一切事物都采取仇视和排斥态度。资产阶级维新派则积极提倡西学，认为中国不但应当学习西方国家的科学技术，更要效仿它们的议院制，改革封建专制制度。张之洞强调"中学为内学，西学为外学；中学治身心，西学应世事"，表面上是要"新旧兼学"，实际上是站在旧学、中学一边，反对接受西方资产阶级政治理论学说。

洋务运动时期，封建传统教育仍然处在中国教育的主体地位。洋务派提出的"中体西用"，在不危及"中体"的前提下侧重强调采纳西学，这既是洋务派的文化教育观，也是洋务派应对守旧派的策略。在"中体西用"的形势下，"西学"教育规模不断扩大，层次不断深入，同时，"中体西用"理论为"西学"教育的合理性进行了有效论证，促进了资本主义在中国的传播。在此原理下实施的留学教育和举办新式学堂，给僵化的封建教育体制打开了缺口，改变了单一的传统教育结构。

中体西用思想早期对冲破封建顽固派的阻挠，引进西方自然科学，促进中国工业、军事的近代化和新式教育的产生发挥过积极作用，后期成为清统治者对抗资产阶级维新和资产阶级革命的思想武器。中体西用作为中西文化接触后的最初结合方式，有其历史合理性，但作为一种文化整合方案和教育宗旨，又是粗糙的，是在没有克服中、西之间固有的内在矛盾下的直接嫁接，必然会被历史所摒弃。

评析与思考

"中学为体，西学为用"是洋务运动的指导思想，对洋务派学习西方的器物和技术起到了积极作用，但它的局限性也是很明显的。关于中国文化与西方文化关系的问题，一直是中国近代史上的重大问题，从"中体西用"到"全盘西化"，不同时期的中国人提出了各种不同的解决方式。

请思考：结合中国近代史上对中西文化的不同解决方式，我们应该如何处理中西文化关系？该如何建设中国特色社会主义文化？

四、知识拓展

经典文论

卡·马克思：《中国革命和欧洲革命》（节选）①

有一位思想极其深刻但又怪诞的研究人类发展原理的思辨哲学家，常常把他所说的两极相联规律赞誉为自然界的基本奥秘之一。在他看来，"两极相联"这个朴素的谚语是一个伟大而不可移易地适用于生活一切方面的真理，是哲学家所离不开的定理，就像天文学家离不开开普勒的定律或牛顿的伟大发现一样。

"两极相联"是否就是这样一个普遍的原则姑且不论，中国革命对文明世界很可能发生的影响却是这个原则的一个明显例证。欧洲人民的下一次起义，他们下一阶段争取共和自由、争取廉洁政府的斗争，在更大的程度上恐怕要决定于天朝帝国（欧洲的直接对立面）目前所发生的事件，而不是决定于现存其他任何政治原因，甚至不是决定于俄国的威胁及其带来的可能发生全欧战争的后果。这看来像是一种非常奇怪、非常荒诞的说法，然而，这绝不是什么怪论，凡是

---

① 马克思恩格斯选集：第1卷［M］. 北京：人民出版社，2012：779—785.

仔细考察了当前情况的人，都会相信这一点。

中国的连绵不断的起义已经延续了约十年之久，现在汇合成了一场惊心动魄的革命；不管引起这些起义的社会原因是什么，也不管这些原因是通过宗教的、王朝的还是民族的形式表现出来，推动了这次大爆发的毫无疑问是英国的大炮，英国用大炮强迫中国输入名叫鸦片的麻醉剂。满族王朝的声威一遇到英国的枪炮就扫地以尽，天朝帝国万世长存的迷信破了产，野蛮的、闭关自守的、与文明世界隔绝的状态被打破，开始同外界发生联系，这种联系从那时起就在加利福尼亚和澳大利亚黄金的吸引之下迅速地发展起来。同时，这个帝国的银币——它的血液——也开始流向英属东印度。

在1830年以前，中国人在对外贸易上经常是出超，白银不断地从印度、英国和美国向中国输出。可是从1833年，特别是1840年以来，由中国向印度输出的白银，几乎使天朝帝国的银源有枯竭的危险。因此皇帝下诏严禁鸦片贸易，结果引起了比他的诏书更有力的反抗。除了这些直接的经济后果之外，和私贩鸦片有关的行贿受贿完全腐蚀了中国南方各省的国家官吏。正如皇帝通常被尊为全中国的君父一样，皇帝的官吏也都被认为对他们各自的管区维持着这种父权关系。可是，那些靠纵容私贩鸦片发了大财的官吏的贪污行为，却逐渐破坏着这一家长制权威——这个庞大的国家机器的各部分间的唯一的精神联系。存在这种情况的地方，主要正是首先起义的南方各省。所以几乎不言而喻，随着鸦片日益成为中国人的统治者，皇帝及其周围墨守成规的大官们也就日益丧失自己的统治权。历史好像是首先要麻醉这个国家的人民，然后才能把他们从世代相传的愚昧状态中唤醒似的。

中国过去几乎不输入英国棉织品，英国毛织品的输入也微不足道，但从1833年对华贸易垄断权由东印度公司手中转到私人商业手中之后，这两种商品的输入便迅速地增加了。从1840年其他国家特别是我国也开始参加和中国的通商之后，这两项输入增加得更多了。这种外国工业品的输入，对本国工业也发生了类似过去对小亚细亚、波斯和印度所发生的那种影响。中国的纺织业者在外国的这种竞争之下受到很大的损害，结果社会生活也受到了相应程度的破坏。

……

所有这些同时影响着中国的财政、社会风尚、工业和政治结构的破坏性因素，到1840年在英国大炮的轰击之下得到了充分的发展；英国的大炮破坏了皇帝的权威，迫使天朝帝国与地上的世界接触。与外界完全隔绝曾是保存旧中国的首要条件，而当这种隔绝状态通过英国而为暴力所打破的时候，接踵而来的必然是解体的过程，正如小心保存在密闭棺材里的木乃伊一接触新鲜空气便必然要解体一样。可是现在，当英国引起了中国革命的时候，便发生一个问题，即这场革命将来会对英国并且通过英国对欧洲产生什么影响？这个问题是不难解答的。

……

欧洲从 18 世纪初以来没有一次严重的革命事先没发生过商业危机和金融危机。1848 年的革命是这样，1789 年的革命也是这样。不错，我们每天都看到，不仅称霸世界的列强和它们的臣民之间、国家和社会之间、阶级和阶级之间发生冲突的迹象日趋严重，而且现时的列强相互之间的冲突正在一步步尖锐，乃至剑拔弩张，非由国君们来打最后的交道不可了。在欧洲各国首都，每天都传来全面大战在即的消息，第二天的消息又说和平可以维持一星期左右。但是我们可以相信，无论欧洲列强间的冲突怎样尖锐，无论外交方面的形势如何严峻，无论哪个国家的某个狂热集团企图采取什么行动，只要有一丝一毫的繁荣气息，国君们的狂怒和人民的愤恨同样都会缓和下来。战争也好，革命也好，如果不是来自工商业普遍危机，都不大可能造成全欧洲的纷争，而那种危机到来的信号，总是来自英国这个欧洲工业在世界市场上的代表。

现在，英国工厂空前扩充，而官方政党都已完全衰朽瓦解；法国的全部国家机器已经变成一个巨大的从事诈骗活动和证券交易的商行；奥地利则处于破产前夕；到处都积怨累累，行将引起人民的报复；反动的列强本身利益互相冲突；俄国再一次向全世界显示出它的侵略野心——在这样的时候，上述危机所必将造成的政治后果是毋庸赘述的。

背景知识

《中国革命和欧洲革命》是马克思创作的一部政治著作，于 1853 年 6 月 14 日首次发表于《纽约每日论坛报》第 3794 号。19 世纪四五十年代，经历 1848 年革命后的欧洲进入发展期，而从封建社会向半殖民地半封建社会转变过来的中国则爆发了规模大、影响深远的太平天国起义。马克思和恩格斯十分关注东方被压迫民族的斗争，他们在《纽约每日论坛报》上先后发表了 10 篇关于中国问题的评论，揭露西方列强对华鸦片贸易的实质，评价中国社会变迁以及中国革命对欧洲革命的影响，其中包括《中国革命和欧洲革命》。

《中国革命和欧洲革命》的主要观点有：第一，揭露英国鸦片输入对中国的祸害，谴责帝国主义对中国的侵略。马克思指出，英国为了改变中英贸易中的入超地位，将万恶的鸦片引入中国，不仅使英国迅速成为中英贸易的出超国，掠夺了大量白银，而且毒害了中国人民，腐蚀了清王朝的统治。同时，鸦片输入也打破了中国与外界隔绝的状态，促进了旧中国的解体。

第二，剖析太平天国起义的原因，正确评价太平天国运动的历史意义。马克思坚持内外矛盾对立统一的视角，对中国的农民起义做了科学的分析评判，指出封建专制的压迫和欧洲列强的侵略是中国农民起义的根本原因，认为"推动了这次大爆发的毫无疑问是英国的大炮"，并指出持续 10 多年之久的太平天国运动最终发展成为推翻清王朝的一场惊心动魄的革命，具有反侵略的正义性和重要的历史意义。

第三，阐述中国革命和欧洲革命之间的相互作用关系，预言中国革命必将对欧洲产生重要影响。马克思认为，太平天国运动既推动中国封建社会解体，又将引发欧洲的普遍危机和各国政治革命。马克思把中国革命比喻为"火星"，把充满危机的欧洲比喻为"现今工业体系这个火药装得足而又足的地雷"，预言中国革命把"火星"抛到这个"地雷"上，势必会引爆欧洲酝酿已久的普遍危机，继而引发整个欧洲大陆的政治革命。

《中国革命和欧洲革命》分析了中国农民运动的原因及其历史功绩，揭示了中国革命与欧洲革命的联系，引起了国际共产主义运动对被压迫民族解放斗争的关注，对全世界无产阶级运动的深入发展具有重要启示意义。

学者新论

太平天国再评价——金田起义 170 周年之反思（节选）①

2021 年是金田起义 170 周年。北京天安门广场人民英雄纪念碑建于 20 世纪 50 年代，镶嵌于其基座的十幅汉白玉浮雕按时序以八大事件为题材，勾勒出从鸦片战争到新中国成立这段历史的主线，其第二幅浮雕为"金田起义"。这代表了国家对太平天国的定位和评价。太平天国研究在新中国成为一门显学，取得巨大成绩，但也有偏差，主要表现为在运用唯物史观时存在简单化、公式化、教条化倾向，一味美化太平天国。进入改革开放历史新时期后，学界出现不同声音，有学者把洪秀全和太平天国"妖魔化"，一味美化曾国藩和湘军。这种声音日渐增多，形成一股社会思潮。关于太平天国和洪秀全的评价如此大起大落，在中国近代史各专题和人物研究中绝无仅有。何以会出现这种情况？如何正确认识和评价这段历史？学界以往曾从不同角度对此进行解析。随着时下太平天

① 夏春涛. 太平天国再评价——金田起义 170 周年之反思［J］. 中国社会科学，2021（7）：186-203，208.

国研究日趋寥落，相关思考和研究亟待加强。笔者尝试结合太平天国史学史和有关史实，对相关历史思潮、社会思潮的演变及最新动态进行梳理评析，谈点一得之见。

一、金田起义之真相

清政府指斥洪秀全等人"金田倡乱"。太平天国刊刻的书籍中提出并广泛使用了"金田起义"这一概念。《太平救世歌》《建天京于金陵论》《天情道理书》《行军总要》等书均采用这一概念，如《太平救世歌》有云："故自扶真主金田起义以来，万民响应，四方乐从。"据时人记述，太平军攻克南京并在此建都后，不时搭台聚众"讲道理"，通常会讲到金田起义等开国史："我辈金田起义始，谈何容易乃至斯。寒暑酷烈，山川险峨，千辛万苦成帝基。尔辈生逢太平日，举足便上天堂梯；夫死自有夫，妻死自有妻，无怨无恶无悲啼；妖魔扫尽享天福，自有天父天兄为提携。"新中国沿用"金田起义"概念，肯定洪秀全等人起兵造反的正义性。

然而，近年来，不断出现否定金田起义的声音，认为洪秀全是"野心家"，聚众造反不是举义旗、起义兵，纯属发泄私愤。上海某大学中文系潘旭澜教授写了本随笔《太平杂说》，其中《科举怪胎》一文说，洪秀全1837年（道光十七年）第三次科考落榜，"已在内心深处做了造反的准备"；1843年第四次落榜，"失意的老童生洪火秀，就成了激烈的造反领袖洪秀全"，"十七年里四次挫折，给他留下了刻骨铭心的仇恨。使他仇恨的不是科举制度，而是他的落榜"。此说得到不少人附和，至今仍有人指斥洪秀全是"骗子"、彻头彻尾利欲熏心的"政治野心家"。这是釜底抽薪，从源头上否定了太平天国。

20世纪五六十年代曾流行一种观点，认为洪秀全在第四次科考落榜后，受基督教布道手册《劝世良言》影响，从此断了科举仕进念头，转而皈依上帝，毅然走上反清革命道路。这与"泄愤"说、"野心"说立论相反而预设前提一致，均认为洪秀全在对科考绝望后便确立了反清政治立场。但核诸史实可发现，此说并不能成立。

洪秀全的思想是渐变而不是骤变，其转折点在二次入桂。广西是道光末年华南社会问题最复杂、社会矛盾最尖锐的一个省份，山多地少，耕作粗放，素称"地瘠民贫"，财政不能自给，需清廷拨款或外省接济。随着耕地开发接近极限而人口仍持续增加，地少人多问题日趋突出。据统计，清顺治年间广西全省人均耕地约14亩，乾隆后期锐减至1.5亩左右，到咸丰元年（1851）已不及1.2亩，低于全国1.78亩的人均耕地数。为扩大耕地，人们开垦河滩、砍伐森林，使生态环境越发脆弱，水旱灾害频发。例如，道光初年（1821），宜北县连续两年干旱，五谷无收，人民饿殍。道光十四年（1834）起，宾州在五年内迭遭蝗灾、地震、旱灾和水灾，哀鸿遍野。这是天灾，更是人祸，与官府不关心民瘼有直接关联。广西吏治腐败包括两个层面，一是官员不作为。广西穷，县的辖境大、官员少，且官员队伍不稳定，外省人一般不愿到所谓"瘴乡"做官，来了也想调走。广西巡抚邹鸣鹤在1851年9月8日奏报说，广西吏治之坏，"由于庸劣牧令自甘暴弃者，十仅二三；由于边荒地瘠困苦异常，吏役稀少有呼无应，牧令以官为传舍且以官为桎梏，相率苟安、旦夕畏避思去者，十之六七。此弊积渐甚久"。二是官员贪墨成风，残民以逞。以贵县为例，"清道光间，吏治日偷，闾阎疲弊。知县杨曾惠恬嬉贪黩，又复久于其任"。官府横征暴敛加之土地兼并，大量自耕农破产，沦为佃农或游民、流民。此外，广西还存在民族问题……广西官员少、驻军少、经费少，官府控制力弱，却集民生、民族、土客三大问题于一身，这在南方各省极为罕见。围绕耕地的争夺是民族、土客纷争的焦点。因此，民族问题、土客问题说到底也是民生问题，是其特殊表现形式。民不堪命，必然铤而走险，主要表现为民间秘密拜会结盟现象屡禁不止，天地会迅速滋蔓，啸聚山林行劫掳掠者增多，社会秩序大乱。洪秀全1847年夏二次入桂期间便在途中遇劫。社会矛盾激化，民不聊生，导致民变蜂起。同年秋，湖南新宁县瑶民雷再浩聚众起事，在湘桂边境与清军交战两月。次年春，壮民陈亚贵在广西武宣县率众起事，联合天地会首领覃香晚攻打修仁、荔浦县城。以此为标志，广西下层民众从原先的打家劫舍向攻城劫狱过渡。全省天地会起事此起彼伏，纷纷打出"反清复明""替天行道""杀官留民"等旗号。反清武装多达数十支，人数从数百到数千人不等，"有自行旋起旋散者，有兵勇击败而散、兵勇撤而复起者，有此股甫经扑灭、彼股又另起事者，几于无地无之，无时无之"。正是在此形势刺激下，洪秀全萌生反清之意，断然表示："过于忍耐或谦卑，殊不适用于今时，盖将无以管镇邪恶之世也。"

　　现今教科书及相关工具书有种流行说法，说林则徐奉旨赴广西镇压太平军。《太平天国大辞典》"林则徐"词条即云："1850年10月中旬，咸丰帝起用林则徐为钦差大臣，令驰往广西弹压洪秀全等人领导的农民起义军。"《太平杂说》沿袭此说并加以铺陈，说林则徐"受命去消弭洪秀全等人的造反"；为其在赴任途中病逝扼腕，认为"如果老天爷给林则徐以必要的时间，太平军公开造反就不一定发生，即使发生了也会较快被瓦解或击败"，这纯属误解。此时，把广西官府冲击得七零八落的是天地会武装，金田村根本不在清政府视野之内。洪秀全等人为避免过早惊动官府，刻意保持低调。金田团营进入高潮时，萧朝贵特意以天兄下凡名义叮嘱洪秀全："千祈秘密，不可出名先，现不可扯旗，恐好多兄弟不得团圆矣。"无论是林则徐,还是其继任者、前两江总督李星沅,其目标都是天地会。1850年12月8日,广西巡抚郑祖琛奏报:"查桂平县属之金田村、白沙、大洋,并平南县属之鹏化、花洲一带及郁林州属,现据该州县禀报,均有匪徒纠聚,人数众多。"这是清方文书中首次提到金田村。1851年1月21日,即起义群众在金田庆贺洪秀全38岁生日、正式誓师起义10天后,李星沅奏称:"广西贼势披猖,各自为党。如浔州府桂平县之金田村贼首韦正、洪秀全等私结尚弟会,擅帖伪号、伪示,招集游匪万余,肆行不法。……近日恃众抗拒,水陆鸱张,实为群盗之尤,必先厚集兵力,乃克一鼓作气,聚而歼之。"文中"上帝会"写作"尚弟会"。清政府直到此时才明白,金田村会众"实为群盗之尤",是比天地会威胁更大、更难对付的对手。

金田起义前夕,广西社会矛盾空前激化,天地会暴动此起彼伏,先后攻破14座城池,全省已成一片"火海",社会近乎解体。官、绅、民均感到朝不谋夕,即所谓"民不聊生,官亦不聊生"。这在南方各省中是绝无仅有的现象。在籍翰林院侍讲、奉旨协办全省团练事务的龙启瑞叹曰:"窃念粤西近日情事,如人满身疮毒,脓血所至,随即溃烂。非得良药重剂,内扶元气,外拔毒根,则因循敷衍,断难痊愈,终必有溃烂不可收之一日。"广西之所以成为太平天国策源地,其根源在于它是长江以南社会矛盾最尖锐、清政府统治力量最薄弱的一个省份。

关于广西民变蜂起的局面,鸿胪寺卿吕贤基分析说:"今日胁从之民,皆前日之赤子也,其势迫于无可奈何,遂苟且以延残喘耳。"钦差大臣赛尚阿在密访广西官习民情后亦云:"州县各官,胆大贪婪,任听家丁者,十居八九。百姓受其欺凌,终无了期,往往铤而走险。奴才日接呈词数十张,多系控告书差家丁舞弊者。……粤西之匪蓄谋已非一日,缘大吏因循、州县逼迫所致。"二人均承认官逼民反这一事实。忠王李秀成就此回忆说:"自教人拜上帝之时,数年未见动静。自道光廿七八年之上下,广西贼盗四起,扰乱城镇,各居户多有团练。团练与拜上帝之人两有分别。拜上帝人与拜上帝人一和(伙),团练与团练一和(伙),各争自气,各逞自强,因而逼起。"一个"逼"字,勾勒得十分传神。

总之,广西局面失控、金田起义爆发绝不是洪秀全蓄意"煽动"的结果,而是官逼民反,有着深层次的社会政治根源。正如罗尔纲所说:"十九世纪五十年代的中国,没有洪秀全、冯云山,肯定同样要发生大革命。但如果不是洪秀全、冯云山领导这次革命,可能不是这个面貌。"金田起义的正义性不容否定。

二、百余年来关于太平天国的评价

关于金田起义和太平天国的评价,百余年来屡有变化,其起伏之大着实出人意表。

太平天国败亡后，清政府从宣扬"皇清武功"角度刊行《钦定剿平粤匪方略》《湘军志》等著述，斥洪秀全等人为"匪""贼""逆"，竭尽攻击诬蔑之能事，民间正面谈论太平天国成为一大禁忌。

辛亥革命前夕，这一禁区终被打破，革命党人在海外刊印《太平天国战史》等书籍，重新评价太平天国，借此宣传反清思想。孙中山自命为"洪秀全第二"，在其著述中使用"广西金田村起义""金田军起义""广西起义"等概念。他赞许朱元璋、洪秀全"各起自布衣，提三尺剑，驱逐异胡，即位于南京"。正面评价金田起义，替太平天国正名，这是孙中山的贡献。不过，他认为太平天国纯为民族革命，仅看到历史表象，未能对洪秀全反清的实质作出正确解释。

进入民国后，洪秀全等人被正式尊崇为民族革命的先驱。1930年，南京国民政府采纳学者罗邕提议，针对一些报刊及新修县志仍轻蔑太平军的现象，明确宣布"禁止沿用粤贼诸称，而代以太平军或相等名称，以保民族革命之光荣"。蒋介石为罗邕、沈祖基编辑的《太平天国诗文钞》作序曰："往者，洪杨诸先民，崛起东南，以抗满清，虽志业未究，遽尔败亡，而其民族思想之发皇，轰轰烈烈，在历史上足以留一重大之纪念焉。"学界普遍沿用"金田起义"概念，但对太平天国的具体评价仍存有分歧，褒贬不一。有学者零星受唯物史观影响，对民族革命说提出疑问。例如，罗尔纲著《太平天国史纲》，认为太平天国是"贫农的革命"；朱谦之著《太平天国革命文化史》，认为"太平天国自始至终只是反封建的农民革命"。不过，由于当时马克思主义遭排斥和禁锢，上述新观点并未引起重视。相反，罗尔纲遭其师胡适面斥，说他带有主观性，没有写太平天国的破坏性，是"学时髦"。萧一山、简又文同为研究太平天国的第一代学者，均持民族革命说。简又文明确反对运用马克思主义理论来研究这段历史。在他看来，"一般地言之，马克思的唯物史观，经济定命论，或经济史观，实为不健全的学理，尤其不能施用于太平天国史之解释"。他认为太平军与湘军之战是"农民打农民"，并得出太平天国"大破坏"论："以余观之，在吾国全部历史中，若连内乱外患合计，以破坏性及毁灭力论，太平天国革命运动仅亚于现今日本侵略之一役耳，其前盖无匹也。"但他在1943年撰成的《太平军广西首义史》中，仍赞许太平军伸张民族大义，扉页赫然题曰"谨献此书于为国族生存而抗战的全体忠勇将士"。总体上说，民国时期对太平天国运动性质的认识已有民族革命与农民革命之分歧，但仍以"民族革命"说占主流，与辛亥革命时期并无实质性变化。

1949年新中国成立后，太平天国研究迎来重大转折，唯物史观居于指导地位。范文澜是中国科学院哲学社会科学部（今中国社会科学院）近代史研究所创始人，所著《中国近代史》上册 1946 年在延安刊印初版，到 1954 年 8 月已刊印第九版，畅销一时。该书第三章以"太平天国革命"为题，否定太平天国是民族革命一说，明确指出："太平革命最大的意义，就在于它是中国历史上第一次提出政治、经济、民族、男女四大平等的革命运动。自从太平革命揭开了中国旧民主主义革命的序幕，陈胜、吴广以下数千百次的旧式农民起义，面目为之大变。"1951 年 1 月 11 日为金田起义一百周年纪念日，《人民日报》发表胡绳撰写的社论《纪念太平天国革命百周年》，开篇即云："整整一百年前，以洪秀全为首的太平天国起义在广西紫荆山前金田村爆发了。"文章高度颂扬太平天国抗击内外敌人的光辉业绩，指出"太平天国是旧式的农民战争——没有先进阶级领导的农民战争所发展到的最高峰"，其失败的根本原因在于它"仍旧只是一个没有工人阶级领导的单纯农民战争"。胡绳随后论及中国近代史分期问题，力主"用阶级斗争的表现来做划分时期的标志"，提出"三次革命高潮"说，认为"太平天国的革命运动是中国近代史中第一次革命运动的高涨"，其特征表现为"地主阶级和农民阶级的矛盾展开为巨大的爆发"。以上论述奠定了新中国评价太平天国的基调，澄清了若干重大理论问题。与此相呼应，1950 年 12 月，太平天国纪念馆（今太平天国历史博物馆）开始在南京筹建。北京天安门广场人民英雄纪念碑于 1952 年开工。这些都具有导向意义，明确反映了新中国对太平天国的态度和定位。

在此背景下，太平天国研究在新中国受到空前重视。中国史学会在组织、统筹研究上发挥了重要作用，其建树之一是编辑出版了《中国近代史资料丛刊》第二种《太平天国》，计 8 册约 200 万字，分太平天国史料、清方记载、外人记载、专载四部分编排，1952 年出版。这种大规模搜集、整理、编纂资料工作在民国时期是无法展开的，为太平天国研究提供了前所未有的便利。史学界以唯物史观为指导，全面考察清朝道咸时期中国社会经济状况和阶级关系的变化，围绕太平天国性质展开热烈讨论，内容涉及太平天国的起因、动力、纲领、任务等，涵盖诸多问题，包括金田起义的源起，太平天国统治区的土地制度、土地关系和工商政策，政治制度及乡官的阶级成分，《天朝田亩制度》《资政新篇》及相关人物评价，太平天国的军事战略、对外观念和文化政策，太平天国抗击内外敌人的业绩，与各地各民族反清起义（两广天地会、上海小刀会、淮河流域捻军以及贵州苗民、云南回民起事等）的关系等。太平天国研究的广度与深度远远超过民国时期，客观上大大推进了研究。

作为研究热点，太平天国史在社会上备受关注，乃至吸引部分群众参与研究。浙江某中学教师吴良祚依据《天父诗》研究洪秀全的宫廷生活，撰成《关于〈天父诗〉》一文，发表在《历史研究》1957 年第 9 期，成为自学成才的一个范例。新中国成立后的十余年间，太平天国研究空前活跃，其队伍之壮大、成果之丰富、研究之深入，在中国近代史各专题研究中首屈一指；以太平天国为主体的农民战争史研究被誉为中国大陆史学界的"五朵金花"之一。此外，日本及我国港台地区均有学者专治太平天国史，简又文在香港先后推出《太平天国典制通考》《太平天国全史》两部多卷本专著。同期太平天国研究在欧美也达到高潮，陆续有多种专著问世；太平天国与美国内战、法国大革命构成历史专业博士论文的三个热门选题。太平天国研究由此成为一门世界性学问。

新中国的太平天国研究取得骄人成绩，主要得益于唯物史观的正确指导，进而打开了研究新天地。但研究中也有偏差，主要表现为理解和运用唯物史观时存在简单化、教条化倾向，一味美化太平天国，说了一些过头话，认为太平天国提出政治、经济、民族、男女四大平等的口号便是一例。再如，唯物史观为正确认识历史提供了科学遵循，打破了过去将整理、考订史料等同于历史研究的局限，但学界也存在对史料作简单化处理的缺陷：凡正面记述太平天国的文字便视为真实史料，甚或随意编造民间传说或史料；反之则当作"地主阶级的污蔑"而加以排斥。《苏南日报》1951 年 7 月 29 日刊登一首太平天国时期的民歌："毛竹笋，两头黄，农民领袖李忠王。地主见了他像见阎王，农民见了他赛过亲娘。"试问，当时的老百姓怎会产生"地主""农民"之类的阶级概念？该民歌显然是伪造的，却被研究者一再引用，以论证太平天国的历史意义。围绕忠王李秀成被俘后所写供词的评价问题则掀起波澜。1964 年，戚本禹借此大做文章，指斥忠王不"忠"，号召揪"叛徒"、彰"气节"。有学者认为李秀成晚节不保但功大于过，结果被扣上"叛徒李秀成辩护士"的大帽子，视作"站错了立场"，学术问题被无端上升为政治问题。批判李秀成，意在为后来借"叛徒"罪名打倒党内功勋卓著的老干部制造舆论。"文化大革命"期间，影射史学泛滥成灾，给历史人物贴政治标签成为人物研究风行的模式——洪秀全被塑造成完美无缺的农民革命领袖，杨秀清被定性为"野心家"，韦昌辉为"阶级异己分子"，石达开为"分裂主义者"，李秀成为"叛徒"，曾国藩为"汉奸""刽子手"。极"左"思潮泛滥给研究造成极大混乱和危害，严重败坏了学术风气。

中共十一届三中全会揭开改革开放的序幕，实现党和国家历史上具有深远意义的伟大转折，给太平天国研究注入蓬勃活力。以对外开放为契机，中外学术交流日益紧密。对社会科学理论的借鉴、研究视野的拓展、新研究领域的开拓、新史料的大量发现和整理出版，都与这种交流、对话有关，极大促进了学术发展。最重大的变化则是学界解放思想，努力消除"左"的影响，纠正过去一味美化太平天国的偏向。戴逸1979年5月为《太平天国史论文选》撰写的"前言"指出："目前，'四人帮'的流毒正在进一步肃清，太平天国史的研究已初步活跃起来，各项工作有所进展，各种不同的学术观点正在进行讨论。实事求是、踏实钻研、生动活泼、民主讨论的好风气正在逐步形成。"例如，王庆成对太平天国倡导"四大平等"这一传统主流观点提出疑问。他通过考订史实，仔细梳理洪秀全的早期思想及其发展脉络，认为《原道救世歌》等诗文根本不含有政治平等、经济平等思想，"如果相信洪秀全已经提出了这种平等思想，并且竟成了太平天国革命的理论基础，那我们就无法解释洪秀全和太平天国的历史，也不能解释太平天国迄今的一百多年历史"。该观点随后被几种较重要的中国近代史著作所采用。随着以唯物史观为指导走上正轨，大多数学者都能够本着实事求是态度，不再为尊者讳，力求客观公正地研究这段历史，包括对太平天国的消极面、阴暗面进行剖析，从而大大推进了研究、深化了认识。

然而，有人无视这一事实，以"还原历史真相"名义大搞"翻案"，把洪秀全和太平天国"妖魔化"，一味美化曾国藩和湘军，走向另一个极端，明显矫枉过正。

冯友兰对太平天国没有研究，难免立论粗率，断言太平天国宗教即西方基督教便是一例。因此，他的观点虽引起关注，但附和者寥寥，且遭到历史学者质疑。时隔11年，《太平杂说》问世。该书不是研究专著，潘旭澜也承认该书是"写历史题材的散文集"，但他声称该书的"每篇文章，每一个见解，都是史实的自然而然的解读和生发"，揭开了"被冷藏的真相"。一些读者也信以为真，以为该书揭示了真相，说出了真话。事实上，潘旭澜所读史料有限，对学术史及学界最新研究成果缺乏了解，书中史实错讹之处比比皆是。譬如，说洪秀全早期诗文借上帝名义鼓动造反，洪宣娇是洪秀全干妹、奉命嫁给萧朝贵搞"政治联姻"，洪秀全因湘军攻城甚急而服毒自杀；甚至把野史传说当作信史，说洪宣娇是杨秀清姘妇，陈玉成是洪仁玕亲戚。该书提出的所谓新见解，与史学界在新时期正本清源取得的新突破新进展根本无法比拟，遑论仅读一点史料就下很大结论，不免牵强。至于说太平天国造成"大破坏""大灾难"，清政府及民国时期的简又文等人早就说过了，了无新意。区别在于，简又文等学者虽有批评和责难，但总体上仍对太平天国持肯定态度。潘氏彻底否定太平天国和洪秀全，还不如民国学者客观，在历史观上已倒退到晚清时期。然而，该书却得以堂而皇之出版，书中辑录的35篇文章此前已在各地报刊公开发表。这说明其否定洪秀全和太平天国的决绝态度有人喝彩，获得认同。有学者赞赏潘旭澜的胆识和"启蒙精神"，认为其文字具有"拨乱反正"的意义。某中文系教授还以此讥讽正统史学家显得"怯懦和虚伪"。

三、决不能把太平天国妖魔化

如前所述，民国时期的中国学界虽对太平天国评价不一，对其性质有民族革命与农民革命之认识分歧，但都赓续辛亥革命时期的传统，对太平天国总体上持肯定态度。新中国成立后，太平天国研究的最大变化是明确了唯物史观的指导地位，澄清了若干重大理论问题。不料时至今日，那些诋毁和否定太平天国的陈词旧说摇身一变，居然又作为新成果、新观点炫人耳目且大受追捧。这着实令人嘘唏不已。

彻底否定洪秀全和太平天国、一味美化曾国藩和湘军，这不是对历史的正确解释，混淆了是非曲直。

曾国藩确实才识过人，锐意改革，讲求忠义血性，给咸丰朝颓靡之官场带来生气，但他站在民众对立面，竭力维护病入膏肓的清政府，功过早有定论。曾氏声称"书生好杀，时势使然耳"，镇压民变心狠手辣，故在民间落得"曾剃头"恶名。在清廷眼里，扑灭太平天国、使清政府躲过灭顶之灾是曾国藩等人的"功业"，故推许其为"中兴名臣"。然而，曾国藩等人挽救了清政府，同时又给它埋下隐患，终究无法也无意从旧体制中突围，无法使清朝真正走向"中兴"。就连曾氏本人很快也感到渺茫。1867年夏，即攻陷太平天国都城天京三年后，曾氏某夜与幕僚赵烈文秉烛交谈，为"民穷财尽，恐有异变"而忧心忡忡。赵烈文推测，"异日之祸，必先根本颠仆，而后方州无主，人自为政，殆不出五十年矣"。曾氏怆然表示，"吾日夜望死，忧见宗祏之陨"。结果一语成谶，44年后，辛亥革命爆发，各省纷纷宣布独立，清朝统治顷刻间土崩瓦解。以"洪秀全第二"自励的孙中山领导一个全新的运动，结束在中国延续几千年的君主专制制度，并亲手缔造了中华民国。

湘军系曾国藩本着别树一帜、改弦更张的理念创建，战斗力远在八旗、绿营之上，成为太平军的劲敌。但湘军终究逃脱不了旧军队的宿命，军纪败坏，暮气日深。譬如，湘军攻陷天京后，肆意烧杀抢掠、奸淫妇女，以致"哀号之声达于四远"，赵烈文也认为"其乱如此，可为发指"。更关键的是，主帅自募人马、就地筹饷，颠覆了兵权归中央执掌的世兵制度，使湘军几乎成为曾国藩的私家军，开近代"兵为将有"之先例。袁世凯编练新军、拥兵自重，以及民国初期军阀割据，湘军是始作俑者。正因为所面临的主要矛盾及政治格局与湘军十分相似，清末乃至民国的当政者才对曾国藩推崇备至，欲汲取其镇压民众反抗、维持统治的成功经验。说到底，湘军本质上是一支旧军队，根本代表不了"近代中国军事精神"。

对洪秀全、太平天国及曾国藩、湘军的不同态度，反映了不同的历史观或立场。蒋介石为表示恪守孙中山遗训，对太平天国大加褒扬，称洪秀全为"民族革命"先驱。但他骨子里更推崇曾国藩，主持黄埔军校时特意手订增补本《曾胡治兵语录》并作序，不吝称颂曾国藩，认为"其苦心毅力，自立立人、自达达人之道，盖已足为吾人之师资矣"，赞许曾氏之言"不惟治兵者之至宝，实为治心治国者之良规"。"围剿"长征至大渡河畔的中央工农红军时，蒋介石扬言要让红军成为"石达开第二"。形成鲜明对比的是，井冈山时期，中共中央曾提议用太平军编制改造"朱毛红军"。在1949年6月末撰写的《论人民民主专政》一文中，毛泽东谈到自鸦片战争到中国共产党出世之前，经过千辛万苦向西方国家寻找真理的先进的中国人，共列举4人，洪秀全排在第一位。天安门广场人民英雄纪念碑巍然矗立至今，其第二幅浮雕为"金田起义"。2021年2月20日，习近平总书记在党史学习教育动员大会上发表讲话，谈到自鸦片战争起，为了改变被奴役、被欺凌的命运，无数仁人志士前赴后继，努力探寻救亡图存的出路，首先便列举了太平天国运动。这说明党和政府对太平天国始终持肯定态度，未曾改变。

太平天国是近代中国人民反帝反封建斗争的开篇。尽管太平天国是一次失败的尝试，无力超越旧思想旧制度，但它的兴亡轨迹对后来者起到积极的激励和警示作用。以"洪秀全第二"自励的中国民主革命先行者孙中山，以及扭转乾坤、发起工农革命的中国共产党人，都是从正反两方面来反思这段历史，都认为太平天国是一场正义的事业，都把洪秀全等人视为先驱者，从中寻找到探索救国救民道路的精神源泉，并重视以太平天国败亡的惨痛教训作为殷鉴。孙中山叹曰："嗟乎！洪氏之覆亡，知有民族而不知有民权，知有君主而不知有民主，此曾国藩诸人所以得奏满清中兴之绩也。"可谓一语破的。延安整风时期，毛泽东郑重地建议郭沫若写篇总结太平军历史的文章："你的《甲申三百年祭》，我们把它当作整风文件看待。小胜即骄傲，大胜更骄傲，一次又一次吃亏，如何避免此种毛病，实在值得注意。倘能经过大手笔写一篇太平军经验，会是很有益……"总之，美化太平天国也好，丑化太平天国也罢，都不是科学、严肃的态度。

中国大陆是世界太平天国史研究中心，但这一学术地位近年明显弱化，有分量的新研究成果少了。中国学者须奋发有为，保持中国大陆作为世界太平天国史研究中心的地位，从而牢牢掌握学术话语权，积极引领学术发展方向。

总之，要以科学态度研究和看待太平天国，摆脱神化或"妖魔化"的简单化模式。要着力改变太平天国研究沦为冷门绝学的尴尬状况。真正有志于从事该研究的学者应耐得住寂寞，继续推进研究。研究越深入，认识也就越深化，进而有助于引导人们树立正确的历史观。

阅读推荐

1. 罗荣渠. 现代化新论：增订版［M］. 北京：商务印书馆，2004.

2. 茅家琦. 太平天国通史［M］. 江苏：南京大学出版社，1991.

3. 夏春涛. 天国的陨落——太平天国宗教再研究［M］. 北京：中国人民大学出版社，2006.

4. 夏东元. 洋务运动史［M］. 上海：华东师范大学出版社，1992.

5. 汤志钧. 戊戌变法史：修订本［M］. 上海：上海社会科学院出版社，2003.

五、知识训练

（一）单选题

1. 1843 年，洪秀全撷取原始基督教教义中反映下层民众要求的平等思想和某些宗教仪式，从农民斗争的需要出发，加以改造，创立了（　　），并利用它发动和组织群众。

A. 太平军　　　　　　　　　　B. 拜上帝教

C. 天父团　　　　　　　　　　D. 太平天国

2. 1851 年 1 月洪秀全率拜上帝教教众在广西桂平市（　　）发动起义，建号太平天国。

A. 金田村　　　　　　　　　　B. 银田村

C. 天井村　　　　　　　　　　D. 太平村

3. 最能体现太平天国社会理想和这次农民起义特色的纲领性文件是（　　）

A.《资政新篇》　　　　　　　　B.《天演论》

C.《天朝田亩制度》　　　　　　D.《海国图志》

4. 洋务运动的指导思想是（　　）

A. 中学为体，西学为用　　　　B. 西学为体，中学为用

C. 求富　　　　　　　　　　　D. 自强

5. 洋务派首先兴办的企业是（　　）

A. 航运业　　　　　　　　　　B. 军用工业

C. 民用工业　　　　　　　　　D. 电信业

6. 洋务派兴办的国内最大的兵工厂是（　　　）

A. 江南制造总局　　　　　　　　B. 金陵机器局

C. 福州船政局　　　　　　　　　D. 天津机器局

7. 洋务派兴办的国内最大的造船厂是（　　　）

A. 江南制造总局　　　　　　　　B. 金陵机器局

C. 福州船政局　　　　　　　　　D. 天津机器局

8. 近代中国资产阶级思想与封建主义思想的第一次交锋是（　　　）

A. 维新派与洋务派的论战　　　　B. 改良派与革命派的论战

C. 早期改良派与守旧派的论战　　D. 维新派与守旧派的论战

9. 百日维新失败后，谭嗣同等维新派人士被杀害，史称（　　　）

A. 戊戌六君子　　　　　　　　　B. 戊戌政变

C. 六君子事件　　　　　　　　　D. 菜市口事件

10. 百日维新唯一被留下来的变法成果是（　　　）

A. 取消旗人特权　　　　　　　　B. 机构改革

C. 司法改革　　　　　　　　　　D. 京师大学堂

答案：BACAB，ACDAD

（二）多选题

1. 下列人物中哪些是洋务运动的代表人物（　　　）

A. 薛福成　　　　　　　　　　　B. 曾国藩

C. 李鸿章　　　　　　　　　　　D. 左宗棠

2. 洋务派举办的洋务事业主要包括（　　　）

A. 兴办近代企业　　　　　　　　B. 建立新式海陆军

C. 改革封建伦理纲常　　　　　　D. 创办新式学堂，派遣留学生

3. 百日维新的主要内容包括（　　　）

A. 政治改革　　　　　　　　　　B. 经济改革

C. 军事改革　　　　　　　　　　D. 文化教育改革

4. 戊戌维新运动是（　　　）

A. 一次爱国救亡运动

B. 一场资产阶级性质的政治改良运动

C. 一场思想启蒙运动

D. 一场比较完全意义上的革命运动

5. 维新派的主要代表人物有（　　　）

A. 康有为　　　　　　　　　　B. 梁启超

C. 谭嗣同　　　　　　　　　　D. 严复

答案：BCD、ABD、ABCD、ABC、ABCD

（三）思考题

1. 如何认识太平天国起义的历史教训？

太平天国后期无法制止和克服领导集团自身腐败现象的滋生，领导集团的一些人在生活上追求享乐，在政治上争权夺利。

太平天国军事战略上出现了重大失误，比如在天京被围困的情况下死守孤城，拒绝"让城别走"，导致太平天国的最后覆灭。

太平天国是以宗教来发动、组织群众的，但是，拜上帝教的教义不仅不能正确指导斗争，而且给农民战争带来了危害。

太平天国也未能正确地对待儒学。他们开始时把儒家经书笼统地斥之为"妖书"，后虽主张将"四书""五经"删改后加以利用，但原封不动地保留了儒学中的封建纲常伦理原则。

太平天国的领袖们不承认不平等条约，这是很正确的。他们不能把西方国家的侵略者与人民群众区别开来，而是笼统地把信奉天父上帝的西方人都视为"洋兄弟"，这说明他们对西方资本主义侵略者还缺乏理性的认识。

2. 如何认识洋务运动的历史作用及其失败原因？

洋务派提出"自强""求富"的主张，通过所掌握的国家权力集中力量优先发展军事工业，同时也试图"稍分洋商之利"，发展若干民用企业，在客观上对中国的早期工业和民族资本主义的发展起了某些促进作用。但是，洋务派兴办洋务新政，主要是为了维护封建统治，并不是要使中国朝着独立的资本主义方向发展。

洋务运动失败的原因主要有：

首先，洋务运动具有封建性。洋务运动的指导思想是"中学为体，西学为用"，企图以吸取西方近代生产技术为手段，来达到维护和巩固中国封建统治的目的，这就决定了它必然失败的命运。

其次，洋务运动对列强具有依赖性。洋务运动进行之时，清政府已与西方国家签订了一批不平等条约，西方列强正是依据种种特权，从政治、经济等各方面加紧对中国的侵略和控制，它们并不希望中国真正富强起来。而洋务派官员却一再主张对外"和戎"，其所兴办的企业一切仰赖外国，他们企图依赖外国来达到"自强""求富"的目的，无异于与虎谋皮。

最后，洋务企业的管理具有腐败性。洋务派所创办的一些新式企业虽然具有一定的资本主义性质，但其管理基本上仍是封建衙门式的。洋务派所办的军事工业完全由官方控制，经营不讲效益，造出的枪炮、轮船往往质量低下。企业内部极其腐败，充斥着营私舞弊、贪污受贿、挥霍浪费等官场恶习。

正因为如此，洋务运动不可能为中国摆脱贫弱找到出路，也不可能避免最终失败的命运。

（四）实践题

1853 年 3 月，太平军占领南京，定为首都，改名天京，正式宣告太平天国农民政权的建立。南京作为太平天国的首都，相关历史遗迹、纪念馆、爱国主义教育基地极为丰富。请以小组为单位，对此进行考察，并对工作人员及参观者进行访谈，形成实践成果并在翻转课堂环节进行展示。

第三章

辛亥革命与君主专制制度的终结

一、教学目的和要求

（一）正确认识辛亥革命发生的历史条件，坚信辛亥革命的必然性、正义性；了解资产阶级民主革命先行者孙中山先生思想转变的轨迹，掌握三民主义的形成过程，客观评价其内容、作用；了解资产阶级革命派的组织及其活动情况，从第一个革命小团体兴中会，到全国性的资产阶级革命政党中国同盟会；正确认识和评价资产阶级革命派和改良派的论战。

（二）了解资产阶级革命派领导的武装起义情况，如著名的"黄花岗起义"；理解武昌起义的直接原因，了解起义的过程，以及全国纷纷响应的情况；正确分析"中华民国临时政府"即南京临时政府的性质及其局限性；认识辛亥革命的历史意义。

（三）认识袁世凯窃取政权的原因，了解其过程；认识北洋军阀专制统治的性质及倒行逆施；了解资产阶级革命派挽救共和的继续斗争"二次革命"、护国运动和护法运动及其受挫；总结辛亥革命失败的原因和教训，理解资产阶级共和国方案在中国行不通。

二、知识点和重点导读

主要知识点

清末"新政"　上书李鸿章　兴中会　中国同盟会　三民主义　革命与改良的论战　黄花岗起义　保路风潮　武昌起义　南京临时政府　《临时约法》　北洋军阀　二次革命　护国战争　护法运动

重点导读

辛亥革命爆发的历史条件（2021 版教材 P67 ~ 70），通过学习这部分内容，深切理解辛亥革命发生的历史必然性。在三个子标题下分别阐述：一是民族危机加深，社会矛盾激化，正是在中外反动派的严重压迫下，20世纪初，各阶层人民的斗争风起云涌，遍及全国，说明人民群众已经不能照旧生活下去了；二是清末"新政"及其破产，不仅没有能够挽救清王朝，反而激化了社会矛盾，加重了危机，使立宪派大失所望，也使统治集团内部因满族贵族与汉族官僚之间矛盾和中央与地方矛盾的尖锐而分崩离析，表明清政府已陷入无法照旧统治下去的境地；三是资产阶级革命派的阶级基础和骨干力量，19世纪末20世纪初，中国民族资本主义得到初步发展，民族资产阶级及与它相联系的社会力量也有了明显的发展，这是资产阶级革命派形成的阶级基础，戊戌维新运动及20世纪初清政府兴学堂、派留学生的措施催生的新的知识分子，成为辛亥革命的骨干力量。根据伟大导师列宁对革命的经典论述，下层不愿照旧生活下去，统治阶级不能照旧不变地维持自己的统治，这是革命的客观条件，新的阶级基础和骨干力量的是革命的主观条件。两者都具备了，革命就会必然发生。

辛亥革命的历史意义（2021版教材P79~81）：首先，要正确认识辛亥革命的性质，它是资产阶级领导的以反对封建君主专制制度、建立资产阶级共和国为目的的革命，是一次比较完全意义上的资产阶级民主革命。其次，要正确评价辛亥革命的历史地位，在近代历史上，辛亥革命是中国人民为救亡同存、振兴中华而奋起革命的一座里程碑，它使中国发生了历史性的巨变（党的十五大报告把辛亥革命称为近代以来中华民族前进道路上发生的三次历史性巨变中的第一次）。最后，要正确把握辛亥革命五方面的伟大历史意义。一是推翻了封建势力的政治代表、帝国主义在中国的代理人清王朝的统治，沉重打击了中外反动势力，使中国反动统治者在政治上乱了阵脚；二是结束了中国延续两千多年的封建君主专制制度，建立了中国历史上第一个资产阶级共和政府，使民主共和的观念开始深入人心；三是推动了中国人民的思想解放；四是推动了中国的社会变革，促使中国的社会经济、思想习惯和社会风俗等方面发生了新的积极变化；五是不仅在一定程度上打击了帝国主义的侵略势力，而且推动了亚洲各国民族解放运动的高涨。

辛亥革命失败的原因和教训（2021版教材P86~88）：首先，要认识到辛亥革命有成功和失败两方面，正如毛泽东指出的，辛亥革命有它胜利的地方，也有它失败的地方。你们看，辛亥革命把皇帝赶跑，这不是胜利了吗？说它失败，是说辛亥革命只把一个皇帝赶跑，中国仍旧在帝国主义和封建主义的压迫之下，反帝反封建的革命任务并没有完成。其次，要理解辛亥革命失败的原因，又分客观原因和主观原因。客观原因是，在帝国主义时代，在半殖民地半封建的中国，资本主义的建国方案是行不通的，帝国主义与以袁世凯为代表的大地主、大买办势力以及旧官僚、立宪派一起勾结起来，从外部和内部绞杀了这场革命。主观原因是，中国民族资产阶级的软弱性和妥协性决定了领导革命的资产阶级革命派存在许多弱点和错误：一是没有提出彻底的反帝反封建的革命纲领；二是不能充分发动和依靠人民群众；不能建立坚强的革命政党，不能作为团结一切革命力量的强有力的核心。最后，要铭记深刻的历史教训。辛亥革命的失败表明，资产阶级共和国方案在中国行不通，先进的中国人需要进行新的探索，为中国谋求新的出路。

三、案例解析

案例 1

民主革命先行者孙中山为振兴中华屡挫屡奋

毛泽东曾经指出："中国反帝反封建的资产阶级民主革命，正规地说起来，是从孙中山先生开始的。"孙中山先生是中国资产阶级民主革命的先行者。

孙中山，名文，字载之，号逸仙，因在日本从事革命活动时曾化名中山樵，后以孙中山闻名于世。1866 年 11 月 12 日，孙中山出生在广东省香山县（今中山市）翠亨村一个贫苦农民家庭，十岁时，入村里私塾读书，接受传统教育。当时，村中有个曾经参加过太平天国的老人，时常向孩子们讲述太平军反清斗争的故事，孙中山对此很感兴趣，对洪秀全等农民领袖十分崇拜，称洪秀全为"反清第一英雄"。

1879 年，孙中山随母亲赴檀香山。在长兄孙眉资助下先后在檀香山、广州、香港等地比较系统地接受了西方式的近代教育。中法战争爆发后，孙中山目睹清政府的卖国、专制和腐败，经常和同学、好友陈少白、尤列、杨鹤龄一起聚谈，抨击清朝，倡言革命，被人称为"反清四大寇"。孙中山后来在回顾自己革命历程的《有志竟成》一文中这样写道："予自乙酉（1885 年）中法战败之年，始决倾覆清廷、创建民国之志"，并称"此为予革命言论之时代也"。孙中山这时有了革命的言论，但还没有付诸实际的革命行动。同时，他与早期的改良主义者何启、郑观应等人有所交往，思想在改良和革命之间摇摆。

1894 年春，孙中山和好友陈少白一起北上天津，向时任清政府直隶总督、北洋大臣李鸿章上书，提出"人能尽其才，地能尽其利，物能尽其用，货能畅其流"的主张。可见，孙中山这时还寄希望于进行自上而下的改革，并把发展工业、教育等，当作"治国之大经""富强之根本"。但是，李鸿章并没有重视他的意见。孙中山在北上京津的过程中，发现清朝的腐败比他原先了解的要严重得多。这一年，甲午战争爆发，清政府的军队在海陆战场都节节败退，后方，朝廷却歌舞升平，君臣百官都在为慈禧太后60大寿庆贺。孙中山确信"和平方法，无可复施"，"积渐而知和平之手段不得不稍易以强迫"，决心以革命的方式推翻清朝的统治。

1894年11月，孙中山到檀香山组建了近代中国第一个革命团体——兴中会，取"振兴中华"之意，立誓"驱除鞑虏，恢复中国，创立合众政府"，民族主义和民权主义初具雏形。1895年孙中山在广州起义失败后流亡国外。在欧洲多年，他认真研读了许多资产阶级社会政治学说著作，实地考察了资本主义社会现实，看到贫富悬殊，劳资矛盾，工人罢工，"余欲为一劳永逸之计，乃采取民生主义，以与民族、民权问题同时解决"，民生主义思想产生。

1905年8月，中国同盟会在日本东京成立，孙中山为同盟会拟定了"驱除鞑虏，恢复中华，创立民国，平均地权"十六字纲领。同年11月，他在为同盟会机关报《民报》写的发刊词中，把十六字纲领概括为民族主义、民权主义和民生主义。1906年12月孙中山在东京演讲《三民主义与中国民族之前途》中正式提出三民主义和五权宪法的主张，比较完备的资产阶级民主革命纲领至此形成。

孙中山作为资产阶级革命派的领袖，为革命描绘了一幅资产阶级共和国的理想蓝图。辛亥革命后，他被选为"中华民国临时政府"第一任临时大总统。为反对北洋军阀的倒行逆施和专制统治，维护民主共和，孙中山发起二次革命，参与护国运动，领导护法运动，屡挫屡奋，直到晚年完成一生中最伟大的转变，把旧三民主义发展成新三民主义。他领导的国民党和共产党合作，虽然未见到革命成功就逝世，但终于找到了革命正确的方向。

评析与思考

孙中山是主导近代以来第一次历史巨变——辛亥革命的历史伟人。出生在贫苦农民家庭的孙中山，对下层劳动人民的疾苦有亲身体验，比同时代中国人更早接受系统的西方近代教育，这是他思想转变的基础。孙中山由爱国出发，也曾经希望通过自上而下改良的方式改变中国贫弱的面貌，但他认识到改良的道路是行不通的，只有革命推翻清政府，才能振兴中华，为此屡挫屡奋，直到终生。请大家思考以下问题：

为什么孙中山先生能够成为中国资产阶级民主革命的先行者？他的思想经

历了怎样的转变轨迹？他究竟是什么时候确立推翻清王朝封建统治、创立民主共和政府的志向，并为之奋斗终生的？

案例 2

南京临时政府的建立过程和人员构成

武昌起义的胜利和各省纷纷独立，使全国出现了各自为政、互不统属的各省军政府。为了把独立的各省联合起来，集中力量对付盘踞北方的清朝反动势力，需要有一个革命的临时中央政府。

最早提出这个问题的是首义的湖北省。1911 年 11 月 9 日，湖北都督黎元洪通电各省，请派全权委员到武昌，会商组织临时政府事宜。1911 年 11 月 11 日，江苏都督程德全、浙江都督汤寿潜联名致电沪军都督陈其美，提议各省派代表（各省谘议局各派一人，都督府各派一人）到上海设立议事机关。1911 年 11 月 13 日，沪军都督陈其美致电独立各省，请派代表到上海开会，讨论建立临时政府问题。1911 年 11 月 15 日，各省代表在上海举行第一次会议，决定会议的名称为各省都督府代表联合会。

湖北都督黎元洪坚持各省代表会应设在武昌。1911 年 11 月 24 日，各省都督府代表联合会议决，各省代表到武昌讨论组织临时政府问题，又决定各省留一人在上海，作为会议的通信机关，代表会遂一分为二。

各省代表到武昌，正值汉阳失守，武昌城遭受北洋军炮火轰击的时候，所以代表们只得假借汉口英租界顺昌洋行作为会议地点，议决先制定《临时政府组织大纲》，又议决如袁世凯反正，当公举为临时大总统，为袁世凯以后篡权留下隐患。1911 年 12 月 4 日，即江（苏）浙（江）沪（上海）革命联军占领南京后两天，议决南京为临时政府所在地。

留在上海的代表却另有打算，他们在 1911 年 12 月 4 日选举黄兴为大元帅，黎元洪为副元帅。次日，又议决由大元帅主持组建"中华民国临时政府"。黎元洪立即通电各省表示反对。1911 年 12 月 16 日，各省代表为了迎合黎元洪，又改选黎元洪为大元帅，黄兴为副元帅。黎元洪不到南京，黄兴也辞而不任，临时政府组建比较困难。1911 年 12 月下旬，孙中山从海外回国，由于革命领袖的崇高威望，被独立各省代表选为"中华民国临时政府"第一任临时大总统。1912 年元旦，孙中山在南京就职，"中华民国临时政府"建立。

组成南京临时政府的人员，包括当时加入革命营垒的各派政治力量，包括革命派、立宪派、旧官僚等。革命派人士掌握了大部分实际权力。

行政权方面，临时大总统孙中山为革命领袖，总统府秘书长胡汉民、法制局局长宋教仁、印铸局局长黄复生、公报局局长冯自由等都是革命党人，临时副总统黎元洪是旧军官，没有到南京就任。行政九部，陆军部总长黄兴、外交部总长王宠惠、教育部总长蔡元培是革命党人，其他六部总长虽然由立宪派、旧官僚担任，但临时政府有一项原则——"总长取名，次长取实"，各部实权由次长行使，而各部次长大多为革命党人。

立法权方面，南京临时参议院正副议长林森、王正廷都是革命党人，参议员大多数是革命派人士。

评析与思考

革命的根本问题是政权问题。武昌起义后，全国许多地方响应，宣布独立，脱离清政府加入革命阵营，但不少省份政权由旧军官、立宪派与旧官僚掌握。在筹建临时的革命中央政府的过程中，各派政治力量都希望达成有利于自己的方案。南京临时政府成立宣告"中华民国"建立，是辛亥革命成功的地方。教材写到南京临时政府，比较详细地介绍其制定的政策、颁布的《临时约法》，而对其建立过程基本没写，人员构成写得也很简单。本案例补充这些内容，对更好理解南京临时政府的性质，认识辛亥革命胜利的方面是有帮助的。请大家思考以下问题：

如何理解南京临时政府的建立过程与人员构成的复杂性？南京临时政府的实权掌握在什么人手里？

四、知识拓展

经典文论

列宁：《中国的民主主义和民粹主义》（1912 年 7 月 15 日）[①]

中华民国临时大总统孙中山的一篇文章使我们俄国人非常感兴趣。

俗话说：旁观者清。孙中山是一位非常有意思的"旁观"者，因为他虽然是个受过欧洲教育的人，但是显然完全不了解俄国。可是这位受过欧洲教育的人，这位代表已经争得了共和制度的、战斗的和胜利的中国民主派的人，在完全不管俄国、不管俄国经验和俄国文献的情况下，提出了一些纯粹俄国的问题。

---

① 列宁选集：第二卷［M］. 北京：人民出版社，1995：423-428.

这位先进的中国民主主义者简直像一个俄国人那样发表议论。他同俄国民粹主义者十分相似，以至基本思想和许多说法都完全相同。

旁观者清。伟大的中国民主派的纲领（孙中山的文章正是这样的纲领），迫使我们，同时也给我们一个方便的机会再一次根据新的世界事态来研究亚洲现代资产阶级革命中民主主义和民粹主义的相互关系问题。这是俄国在从1905年开始的俄国革命时期所面临的最重大问题之一。从中华民国临时大总统的纲领中，特别是这个纲领同俄国、土耳其、波斯、和中国的革命事态的发展对照一下，就可以看出不仅俄国面临这个问题，整个亚洲也面临这个问题。俄国在许多重要方面无疑是一个亚洲国家，而且是一个最野蛮的、中世纪式的、丢人地落后的亚洲国家。

俄国资产阶级民主派，从它早期的单枪匹马的先驱者贵族赫尔岑起到它的群众性的代表——1905年农民协会会员和1906—1912年的头三届杜马中的劳动派代表止，都具有民粹主义色彩。现在我们看到，中国资产阶级民主派也具有完全同样的民粹主义色彩。这里我们试就孙中山的例子来考察一下，目前已经完全卷入全世界资本主义文明潮流的几万万人的深刻革命运动所产生的思想的"社会意义"究竟在什么地方。

孙中山的纲领的字里行间都充满了战斗的、真诚的民主主义。它充分认识到"种族"革命的不足，丝毫没有忽视政治问题，或者说，丝毫没有轻视政治自由或容许中国专制制度与中国"社会改革"、中国立宪改革等等并存的思想。这是带有建立共和制度的完整的民主主义。它直接提出群众生活状况及群众斗争问题，热烈地同情被剥削劳动者，相信他们是正义的和有力量的。

我们现在看到的是真正伟大的人民的真正伟大的思想；这样的人民不仅会为自己历来的奴隶地位而痛心，不仅会向往自由和平等，而且会同中国历来的压迫者作斗争。

人们自然可以把亚洲这个野蛮的、死气沉沉的中国的共和国临时大总统与欧美各先进文明国家的共和国总统比较一下。那里的共和国总统都是受资产阶级操纵的生意人、是他们的代理人或傀儡，而那里的资产阶级则已经腐朽透顶，从头到脚都沾满了污垢和鲜血——不是国王和皇帝的鲜血，而是为了进步和文明在罢工中被枪杀的工人们的鲜血。那里的总统是资产阶级的代表，那里的资产阶级则早已抛弃了青年时代的一切理想，已经完全变得寡廉鲜耻了，已经完全把自己出卖给百万富翁、亿万富翁和资产阶级化了的封建主等等了。

这位亚洲的共和国临时大总统则是充满着崇高精神和英雄气概的革命的民主主义者，这种精神和气概是一个向上发展而不是衰落下去的阶级所固有的；

这个阶级不惧怕未来，而是相信未来，奋不顾身地为未来而斗争；这个阶级憎恨过去，善于抛弃过去时代的麻木不仁和窒息一切生命的腐朽东西，决不为了维护自己的特权而硬要保存和恢复过去的时代。

这是怎么一回事呢？这是不是说唯物主义的西方已经腐朽了，只有神秘的、富有宗教色彩的东方才光芒四射呢？不，恰恰相反。这是说，东方已完全走上了西方的道路，今后还会有几万万人为争取西方已经实现的理想而斗争。西方资产阶级已经腐朽了，在它面前已经站着它的掘墓人——无产阶级。在亚洲却还有能够代表真诚的、战斗的、彻底的民主派的资产阶级，他们不愧为法国 18世纪末叶的伟大宣传家和伟大活动家的同志。

这个还能从事历史上进步事业的亚洲资产阶级的主要代表或主要社会支柱是农民。农民旁边还有一个自由派资产阶级，它的活动家如袁世凯之流最善于变节：他们昨天害怕皇帝，匍匐在他面前；后来看到了革命民主派的力量，感觉到革命民主派就要取得胜利时，就背叛了皇帝；明天则可能为了同某个老的或新的"立宪"皇帝勾结而出卖民主派。

没有真诚的民主主义的高涨，中国人民就不可能摆脱历来的奴隶地位而求得真正的解放，只有这种高涨才能激发劳动群众，使他们创造奇迹。在孙中山纲领的每一句话中都可以看出这种高涨。

但是在这位中国民粹主义者那里，这种战斗的民主主义思想首先是同社会主义空想、同使中国避免走资本主义道路即防止资本主义的愿望结合在一起的，其次是同宣传和实行激进的土地改革的计划结合在一起的。后面这两种思想政治倾向正是构成具有独特含义的（即不同于民主主义的、超出民主主义的）民粹主义的因素。

这两种倾向是怎样产生的？它们的意义如何？

如果没有群众的革命情绪的蓬勃高涨，中国民主派不可能推翻中国的旧制度，不可能争得共和制度。这种高涨以对劳动群众生活状况的最真挚的同情和对他们的压迫者及剥削者的最强烈憎恨为前提，同时又反过来产生这种同情和憎恨。先进的中国人，所有经历过这种高涨的中国人，从欧美吸收了解放思想，但在欧美，提到日程上的问题已经是摆脱资产阶级而求得解放，即实行社会主义的问题。由此必然产生中国民主派对社会主义的同情，产生他们的主观社会主义。

他们在主观上是社会主义者，因为他们反对对群众的压迫和剥削。但是中国这个落后的、农业的、半封建国家的客观条件，在将近 5 亿人民的生活日程上，只提出了这种压迫和这种剥削的一定的历史独特形式——封建制度。农业生活方式和自然经济占统治地位是封建制度的基础；以这种或那种方式把中国农民束缚在土地上，这是他们受封建剥削的根源；这种剥削的政治代表就是封建主，以皇帝为整个制度首脑的封建主整体和单个的封建主。

因此，这位中国民主主义者的主观社会主义思想和纲领，事实上仅仅是"改变不动产的全部法权根据"的纲领，仅仅是消灭封建剥削的纲领。

孙中山的民粹主义的实质，他的进步的、战斗的、革命的资产阶级民主主义土地改革纲领以及他的所谓社会主义理论的实质就在这里。

从学理上来说，这个理论是小资产阶级反动"社会主义者"的理论。这是因为认为在中国可以"防止"资本主义，认为中国既然落后就比较容易实行"社会革命"等等的看法，都是极其反动的空想。孙中山可以说是以其独特的少女般的天真粉碎了自己反动的民粹主义理论，承认了生活迫使他承认的东西："中国处在大规模的工业（即资本主义）发展的前夜"，中国"商业（即资本主义）也将大规模地发展起来"，"再过50年，我们将有许多上海"，即拥有几百万人口的资本家发财和无产阶级贫困的中心城市。

试问，孙中山有没有用自己反动的经济理论来捍卫真正反动的土地纲领呢？这是问题的全部关键所在，是最重要的一点，被掐头去尾和被阉割的自由派假马克思主义面对这个问题往往不知所措。

没有，——问题也就在这里。中国社会关系的辩证法就在于：中国的民主主义者真挚地同情欧洲的社会主义，把它改造成为反动的理论，并根据这种"防止"资本主义的反动理论制定纯粹资本主义的、十足资本主义的土地纲领！

孙中山在文章的开头谈得如此娓娓动听而又如此含糊其词的"经济革命"归结起来究竟是什么呢？

就是把地租转交给国家，即通过亨利·乔治式的某种单一税来实行土地国有化。孙中山所提出和鼓吹的"经济革命"，绝没有其他实际的东西。

穷乡僻壤的地价与上海的地价的差别，是地租量上的差别。地价是资本化的地租。使地产"价值的增值额"成为"人民的财产"，也就是说把地租即土地所有权交给国家，或者说使土地国有化。

在资本主义范围内实行这种改革有没有可能呢？不但有可能，而且是最纯粹、最彻底、最完善的资本主义。马克思在《哲学的贫困》中指出了这一点，在《资本论》第3卷中详尽地证明了这一点，在《剩余价值理论》中与洛贝尔图斯论战时非常清楚地发挥了这一点。

土地国有化能够消灭绝对地租，只保留级差地租。按照马克思的学说，土地国有化就是：尽量铲除农业中的中世纪式的垄断和中世纪关系，使土地买卖有最大的自由，使农业最容易适应市场。历史的讽刺在于：民粹派为了"防止"农业中的"资本主义"，竟然实行一种土地纲领，它的彻底实现会使农业中的资本主义得到最迅速发展。

是什么经济上的必要性使得最先进的资产阶级民主主义土地纲领能够在亚洲一个最落后的农民国家中得到推行呢？是把各种形式各种表现的封建主义摧毁的必要性。

中国愈落在欧洲和日本的后面，就愈有四分五裂和民族解体的危险。只有革命人民群众的英雄主义才能"振兴"中国，才能在政治方面建立中华民国，在土地方面实行国有化以保证资本主义最迅速的发展。

能不能做到这一点，能做到什么程度，——这是另一个问题。不同的国家通过自己的资产阶级革命所实现的政治方面和土地方面的民主主义，在程度上是不同的，而且情况是错综复杂的。这要看国际形势和中国各种社会力量的对比而定。看来皇帝大概会把封建、官僚、僧侣联合起来，准备复辟。刚刚从自由主义君主派变成自由主义共和派（能长久吗？）的资产阶级代表袁世凯，将在君主制和革命之间实行随风倒的政策。以孙中山为代表的革命的资产阶级民主派，正在发挥农民群众在政治改革和土地改革方面的高度主动性、坚定性和果断精神，从中正确地寻找"振兴"中国的道路。

最后，由于在中国将出现更多的上海，中国无产阶级也将日益成长起来。它一定会建立这样或那样的中国社会民主工党，而这个党在批判孙中山的小资产阶级空想和反动观点时，大概会细心地挑选出他的政治纲领和土地纲领中的革命民主主义内核，并加以保护和发展。

毛泽东：《纪念孙中山先生》（1956 年 11 月 12 日）[①]

纪念伟大的革命先行者孙中山先生！

纪念他在中国民主革命准备时期，以鲜明的中国革命民主派立场，同中国改良派作了尖锐的斗争。他在这一场斗争中是中国革命民主派的旗帜。

纪念他在辛亥革命时期，领导人民推翻帝制、建立共和国的丰功伟绩。

纪念他在第一次国共合作时期，把旧三民主义发展为新三民主义的丰功伟绩。

他在政治思想方面留给我们许多有益的东西。

现代中国人，除了一小撮反动分子以外，都是孙先生革命事业的继承者。

---

① 毛泽东. 纪念孙中山先生 [N]. 人民日报，1956-11-12.

我们完成了孙先生没有完成的民主革命，并且把这个革命发展为社会主义革命。我们正在完成这个革命。

事物总是发展的。一九一一年的革命，即辛亥革命，到今年，不过四十五年，中国的面目全变了。再过四十五年，就是二千零一年，也就是进到二十一世纪的时候，中国的面目更要大变。中国将变为一个强大的社会主义工业国。中国应当这样。因为中国是一个具有九百六十万平方公里土地和六万万人口的国家，中国应当对于人类有较大的贡献。而这种贡献，在过去一个长时期内，则是太少了。这使我们感到惭愧。

但是要谦虚。不但现在应当这样，四十五年之后也应当这样，永远应当这样。中国人在国际交往方面，应当坚决、彻底、干净、全部地消灭大国主义。

孙先生是一个谦虚的人。我听说过他多次讲演，感到他有一种宏伟的气魄。从他注意研究中国历史情况和当前社会情况方面，又从他注意研究包括苏联在内的外国情况方面，知道他是很虚心的。

他全心全意地为了改造中国而耗费了毕生的精力，真是鞠躬尽瘁，死而后已。

像很多站在正面指导时代潮流的伟大历史人物大都有他们的缺点一样，孙先生也有他的缺点方面。这是要从历史条件加以说明，使人理解，不可以苛求于前人的。

背景知识

列宁是继马克思、恩格斯之后全世界无产阶级革命的伟大导师。他把马克思主义基本原理同俄国实际结合，创建了列宁主义，领导取得十月革命的胜利，建立了第一个社会主义国家苏联。他十分关注中国的情况，对孙中山领导的辛亥革命给予高度评价，称赞"孙中山的纲领的字里行间都充满了战斗的、真诚的民主主义"，同时也指出其空想的民粹主义、经济理论和土地纲领的本质缺陷，预言中国无产阶级将日益成长起来。

列宁文中提到了孙中山的一篇文章，指的是孙中山《中国革命的社会意义》一文，是孙中山1912年4月1日《在南京中国同盟会会员饯别会的演说》的前半部分，先译成法文刊载于比利时工人党的《人民报》，又从法文转译成俄文，同列宁的《中国的民主主义和民粹主义》一起发表在1912年7月15日（俄历，公历28日）的《涅瓦明星报》上。

列宁有关近代中国社会、中国革命、孙中山等的论述是经典的。他在《中国的民主主义和民粹主义》一文中谈到近代中国是"半封建国家"，在《帝国主义是资本主义的最高阶段》，通常简称为《帝国主义论》的著作中又说近代中国是"半殖民地国家"，这对中国共产党人以后认识、分析近代中国社会性质有指导意义。他称孙中山"是充满着崇高精神和英雄气概的革命的民主主义者"，中国共产党成立以后，列宁首倡第一次国共合作，支持中国革命。1924 年 1 月列宁逝世，正值中国国民党一大召开期间，孙中山写了"国友人师"的挽联深切悼念。

毛泽东是伟大的马克思主义者，中国共产党第一代领导集体的核心。他对辛亥革命和孙中山的评价也是经典的。他在 1956 年 11 月为纪念孙中山诞辰 90 周年写的《纪念孙中山先生》一文，《人民日报》于 1981 年 10 月为纪念辛亥革命 70 周年又加以刊载。

毛泽东在文中称孙中山是"中国革命民主派的旗帜"，"全心全意地为了改造中国而耗费了毕生的精力，真是鞠躬尽瘁，死而后已"；总结了孙中山"在辛亥革命时期，领导人民推翻帝制、建立共和国"、"在第一次国共合作时期，把旧三民主义发展为新三民主义"的两大丰功伟绩；指出孙中山在"政治思想方面留给我们许多有益的东西"，"现代中国人，除了一小撮反动分子以外，都是孙先生革命事业的继承者"；最后提到孙先生也有他的缺点，这是要从历史条件加以说明，使人理解，不可以苛求于前人的。文章篇幅不长，简明、客观地评价了孙中山，为我们进一步学习、研究孙中山先生提供了原则指引。

权威新论*

在纪念辛亥革命 110 周年大会上的讲话①

同志们，朋友们：

110 年前，以孙中山先生为代表的革命党人发动了震惊世界的辛亥革命，推翻了清朝政府，结束了在中国延续几千年的君主专制制度，近代以来中国发生的深刻社会变革由此拉开了序幕。这是中国人民和中国先进分子为实现民族独立、人民解放进行的一次伟大而艰辛探索。

今年是辛亥革命 110 周年，是中国共产党成立 100 周年，中国人民正意气风发向着全面建成社会主义现代化强国的第二个百年奋斗目标迈进。在这个重要时刻，我们在这里隆重集会，缅怀孙中山先生等革命先驱的历史功勋，就是要学习和弘扬他们为振兴中华而矢志不渝的崇高精神，激励和团结海内外全体中

---

① 习近平. 在纪念辛亥革命 110 周年大会上的讲话［N］. 新华社，2021-10-09.

华儿女为实现中华民族伟大复兴而共同奋斗。

同志们、朋友们！

辛亥革命的发生，有着深刻的社会历史背景，是近代以来中国社会矛盾激化和中国人民顽强斗争的必然结果。中华民族是世界上古老而伟大的民族，有着5000多年源远流长的文明历史，为人类文明进步作出了不可磨灭的贡献。1840年鸦片战争以后，西方列强在中华大地上恣意妄为，封建统治者孱弱无能，中国逐步成为半殖民地半封建社会，国家蒙辱、人民蒙难、文明蒙尘，中国人民和中华民族遭受了前所未有的劫难。英雄的中国人民始终没有屈服，在救亡图存的道路上一次次抗争、一次次求索，展现了不畏强暴、自强不息的顽强意志。

从那时起，实现中华民族伟大复兴就成为中华民族最伟大的梦想。

孙中山先生是伟大的民族英雄、伟大的爱国主义者、中国民主革命的伟大先驱。孙中山先生大声疾呼"亟拯斯民于水火，切扶大厦之将倾"，高扬反对封建专制统治的斗争旗帜，提出民族、民权、民生的三民主义政治纲领，率先发出"振兴中华"的呐喊。在孙中山先生领导和影响下，大批革命党人和无数爱国志士集聚在振兴中华旗帜之下，广泛传播革命思想，积极兴起进步浪潮，连续发动武装起义，推动了革命大势的形成。

1911年10月10日，武昌城头枪声一响，拉开了中国完全意义上的近代民族民主革命的序幕。辛亥革命极大促进了中华民族的思想解放，传播了民主共和的理念，打开了中国进步潮流的闸门，撼动了反动统治秩序的根基，在中华大地上建立起亚洲第一个共和制国家，以巨大的震撼力和深刻的影响力推动了中国社会变革，为实现中华民族伟大复兴探索了道路。

孙中山先生和辛亥革命先驱为中华民族建立的历史功绩彪炳千秋！在辛亥革命中英勇奋斗和壮烈牺牲的志士们名垂青史！辛亥革命永远是中华民族伟大复兴征程上一座巍然屹立的里程碑！

同志们、朋友们！

历史发展总是螺旋式上升、波浪式前进的。由于历史进程和社会条件的制约，由于没有找到解决中国前途命运问题的正确道路和领导力量，辛亥革命没有改变旧中国半殖民地半封建的社会性质和中国人民的悲惨境遇，没有完成实现民族独立、人民解放的历史任务。辛亥革命之后，在这场革命中接受洗礼的中国人民和中国先进分子继续探寻救国救民道路。十月革命一声炮响，给中国送来了马克思列宁主义，促进了中国人民的伟大觉醒，在马克思列宁主义同中国工人运动的紧密结合中，中国共产党应运而生。中国共产党一经诞生，就把为中国人民谋幸福、为中华民族谋复兴确立为自己的初心和使命，点亮了实现中华民族伟大复兴的灯塔。

中国共产党人是孙中山先生革命事业最坚定的支持者、最忠诚的合作者、最忠实的继承者。中国共产党在成立之初就提出反帝反封建的民主革命纲领，并同孙中山先生领导的中国国民党携手合作，帮助国民党完成改组，建立最广泛的革命统一战线，掀起轰轰烈烈的大革命，给北洋军阀反动统治以沉重打击。

孙中山先生逝世后，中国共产党人继承他的遗愿，同一切忠于他的事业的人们继续奋斗，不断实现和发展了孙中山先生和辛亥革命先驱的伟大抱负。中国共产党团结带领中国人民浴血奋战、百折不挠，打败国内外一切反动势力，取得了新民主主义革命伟大胜利，建立了人民当家作主的中华人民共和国，完成了民族独立、人民解放的历史任务，开启了中华民族发展进步的历史新纪元。

新中国成立后，中国共产党团结带领中国人民，自力更生、发愤图强，创造了社会主义革命和建设的伟大成就；解放思想、锐意进取，创造了改革开放和社会主义现代化建设的伟大成就；自信自强、守正创新，统揽伟大斗争、伟大工程、伟大事业、伟大梦想，创造了新时代坚持和发展中国特色社会主义的伟大成就。

抚今追昔，孙中山先生振兴中华的深切夙愿，辛亥革命先驱对中华民族发展的美好憧憬，近代以来中国人民梦寐以求并为之奋斗的伟大梦想已经或正在成为现实，中华民族迎来了从站起来、富起来到强起来的伟大飞跃，中华民族伟大复兴进入了不可逆转的历史进程！

同志们、朋友们！

孙中山先生在《建国方略》中说："吾心信其可行，则移山填海之难，终有成功之日。"今天，经过长期奋斗，实现中华民族伟大复兴具备了更为完善的制度保证、更为坚实的物质基础、更为主动的精神力量。前景光明辽阔，但前路不会平坦。我们要以史为鉴、开创未来，在全面建设社会主义现代化国家新征程上继续担当历史使命，掌握历史主动，不断把中华民族伟大复兴的历史伟业推向前进。

——辛亥革命110年来的历史启示我们，实现中华民族伟大复兴，必须有领导中国人民前进的坚强力量，这个坚强力量就是中国共产党。中国共产党领导是历史的选择、人民的选择，是党和国家的根本所在、命脉所在，是全国各族人民的利益所系、命运所系。没有中国共产党，就没有新中国，就没有中华民族伟大复兴。

新的征程上，我们必须坚持和加强党的全面领导，充分发挥党总揽全局、协调各方的领导核心作用，提高党科学执政、民主执政、依法执政水平。要弘扬伟大建党精神，推进党的建设新的伟大工程，增强自我净化、自我完善、自我革新、自我提高能力，确保中国共产党始终成为中国人民和中华民族最可靠的主心骨。

——辛亥革命110年来的历史启示我们，实现中华民族伟大复兴，道路是最根本的问题。中国特色社会主义是实现中华民族伟大复兴的唯一正确道路。这条道路符合中国实际、反映中国人民意愿、适应时代发展要求，不仅走得对、走得通，而且也一定能够走得稳、走得好。

新的征程上，我们必须坚持和发展中国特色社会主义不动摇，继续推进马克思主义中国化时代化，坚定志不改、道不变的决心，牢牢把中国发展进步的命运掌握在自己手中。我们要统筹推进"五位一体"总体布局、协调推进"四个全面"战略布局，全面深化改革和扩大开放，推进国家治理体系和治理能力现代化，不断满足人民过上美好生活的新期待，不断推进全体人民共同富裕。

——辛亥革命110年来的历史启示我们，实现中华民族伟大复兴，必须依靠中国人民自己的英勇奋斗。历史发展从来不是风平浪静的，而是充满曲折和艰辛的。正如毛泽东同志所说的："我们的先人以不屈不挠的斗争反对内外压迫者，从来没有停止过"，"中国人民的不屈不挠的努力必将稳步地达到自己的目的"。

新的征程上，我们必须统筹中华民族伟大复兴战略全局和世界百年未有之大变局，抓住历史机遇，增强忧患意识、始终居安思危，保持革命精神和革命斗志，勇于进行具有许多新的历史特点的伟大斗争，以敢于斗争、善于斗争的意志品质，坚决战胜任何有可能阻碍中华民族复兴进程的重大风险挑战，坚决维护国家主权、安全、发展利益。

——辛亥革命110年来的历史启示我们，实现中华民族伟大复兴，中国人民和中华民族必须同舟共济，依靠团结战胜前进道路上一切风险挑战。孙中山先生说过："要恢复民族的地位，便先要恢复民族的精神。"近代以来，中国人民和中华民族弘扬伟大爱国主义精神，心聚在了一起、血流到了一起，共同书写了抵御外来侵略、推翻反动统治、建设人民国家、推进改革开放的英雄史诗。统一战线始终是中国共产党凝聚人心、汇聚力量的重要法宝。

新的征程上，我们必须大力弘扬爱国主义精神，树立高度的民族自尊心和民族自信心，铸牢中华民族共同体意识，紧紧依靠全体中华儿女共同奋斗，坚持大团结大联合，不断巩固和发展最广泛的爱国统一战线，广泛凝聚中华民族一切智慧和力量，形成海内外全体中华儿女万众一心、共襄民族复兴伟业的生动局面。

——辛亥革命110年来的历史启示我们，实现中华民族伟大复兴，不仅需要安定团结的国内环境，而且需要和平稳定的国际环境。孙中山先生曾经说过："中国如果强盛起来，我们不但是要恢复民族的地位，还要对于世界负一个大责任。"中华民族的血液中没有侵略他人、称王称霸的基因，中国人民不仅希望自己发展得好，也希望各国人民都能拥有幸福安宁的生活。

新的征程上，我们必须始终高举和平、发展、合作、共赢旗帜，推动构建人类命运共同体，推动完善全球治理体系，弘扬和平、发展、公平、正义、民主、自由的全人类共同价值，加强同世界各国人民的团结，共同反对霸权主义和强权政治，做世界和平的建设者、全球发展的贡献者、国际秩序的维护者，努力为人类作出新的更大贡献。

同志们、朋友们！

孙中山先生说过："'统一'是中国全体国民的希望。能够统一，全国人民便享福；不能统一，便要受害。"台湾问题因民族弱乱而产生，必将随着民族复兴而解决。这是中华民族历史演进大势所决定的，更是全体中华儿女的共同意志，正像孙中山先生所说："世界潮流，浩浩荡荡，顺之则昌，逆之则亡。"

以和平方式实现祖国统一，最符合包括台湾同胞在内的中华民族整体利益。我们坚持"和平统一、一国两制"的基本方针，坚持一个中国原则和"九二共识"，推动两岸关系和平发展。两岸同胞都要站在历史正确的一边，共同创造祖国完全统一、民族伟大复兴的光荣伟业。

中华民族具有反对分裂、维护统一的光荣传统。"台独"分裂是祖国统一的最大障碍，是民族复兴的严重隐患。凡是数典忘祖、背叛祖国、分裂国家的人，从来没有好下场，必将遭到人民的唾弃和历史的审判！台湾问题纯属中国内政，不容任何外来干涉。任何人都不要低估中国人民捍卫国家主权和领土完整的坚强决心、坚定意志、强大能力！祖国完全统一的历史任务一定要实现，也一定能够实现！

同志们、朋友们！

经过近代以来的长期艰苦奋斗，中国人民创造了令世界刮目相看的伟大成就，迎来了民族复兴的光明前景。实现中华民族伟大复兴是全体中华儿女的共同光荣，也是全体中华儿女的共同使命。孙中山先生说："惟愿诸君将振兴中国之责任，置之于自身之肩上。"我呼吁，海内外全体中华儿女更加紧密地团结起来，发扬孙中山先生等辛亥革命先驱的伟大精神，携手向着中华民族伟大复兴的目标继续奋勇前进！

讲话精神解读

习近平总书记在讲话中指出，辛亥革命的发生，有着深刻的社会历史背景，是近代以来中国社会矛盾激化和中国人民顽强斗争的必然结果；孙中山先生是伟大的民族英雄、伟大的爱国主义者、中国民主革命的伟大先驱；中国共产党人是孙中山先生革命事业最坚定的支持者、最忠诚的合作者、最忠实的继承者。为了以史为鉴，开创未来，习近平对辛亥革命110年来的历史启示作了全面、深刻的阐述，并郑重宣示了坚持一个中国原则和"九二共识"，坚决遏制"台独"等分裂活动，捍卫国家主权和领土完整的坚强决心与坚定意志。

习近平总书记总结的辛亥革命110年来的五大历史启示，是这次讲话的核心内容。

一是"实现中华民族伟大复兴，必须有领导中国人民前进的坚强力量，这个坚强力量就是中国共产党"。孙中山先生领导的辛亥革命作为资产阶级民主革命，推翻清王朝并不是其最终目的，他们也想实现民族复兴，但民族资产阶级的软弱性与妥协性使他们在革命的关键时刻总会动摇，从中国同盟会到国民党、中华革命党、中国国民党，始终是一盘散沙，因此辛亥革命、二次革命、护国战争、护法运动等均以失败而告终。五四运动之后，中华民族伟大复兴的历史重任必然落到了以李大钊、陈独秀为代表的马克思主义者肩上，中国共产党亦应运而生。中国共产党的百年历史也充分证明了习近平总书记在讲话中所说"没有中国共产党，就没有新中国，就没有中华民族伟大复兴"。

二是"实现中华民族伟大复兴，道路是最根本的问题"。辛亥革命及解放战争时期的第三条道路证明，资产阶级共和国道路在中国行不通。新民主主义革命的历史证明，只有农村包围城市、武装夺取政权的中国革命新道路才是中国民主革命胜利的唯一正确道路；社会主义革命、建设、改革的历史则充分证明了只有"中国特色社会主义是实现中华民族伟大复兴的唯一正确道路"。在百年未有之大变局的当代中国，我们要始终坚持走中国特色社会主义道路，正如习近平总书记在讲话中指出的"这条道路符合中国实际、反映中国人民意愿、适应时代发展要求，不仅走得对、走得通，而且也一定能够走得稳、走得好。"

三是"实现中华民族伟大复兴，必须依靠中国人民自己的英勇奋斗来实现"。辛亥革命及孙中山先生领导的其他革命运动之所以屡战屡败，相当重要的一个原因是中国民族资产阶级缺乏群众基础，而中国共产党从一成立就确立了"全心全意为人民服务"的宗旨，并牢牢坚持这一宗旨，依靠中国人民自己的奋斗取得了新民主主义革命的伟大胜利，取得了社会主义革命和建设的伟大胜利，更取得了建设中国特色社会主义的伟大胜利，从而获得人民群众的坚决拥护和爱戴。

四是"实现中华民族伟大复兴，中国人民和中华民族必须同舟共济，依靠团结战胜前进道路上一切风险挑战"。辛亥革命以来，中华民族的爱国主义精神在中华民族伟大复兴的历史进程中起到了巨大作用，而中国共产党人的宏大精神谱系更是中国革命、建设、改革事业不断取得胜利的不竭动力。中国共产党倡导的统一战线既是中国革命取得胜利的三大法宝之一，也是新中国成立以来中国共产党凝聚人心、汇聚力量的重要法宝。习近平总书记在讲话中指出："新的征程上，我们必须大力弘扬爱国主义精神，树立高度的民族自尊心和民族自信心，铸牢中华民族共同体意识，紧紧依靠全体中华儿女共同奋斗，坚持大团结大联合，不断巩固和发展最广泛的爱国统一战线，广泛凝聚中华民族一切智慧和力量，形成海内外全体中华儿女万众一心、共襄民族复兴伟业的生动局面。"

五是"实现中华民族伟大复兴，不仅需要安定团结的国内环境，而且需要和平稳定的国际环境。"辛亥革命时中国革命处在资产阶级革命时代，国内外形势对中国革命极为不利。中国共产党成立之后，把马克思主义与中国革命实际相结合，努力改善国内外环境，获得了国内最广大人民的支持，获得了苏联、共产国际及白求恩、斯诺等国际友人的帮助。中国特色社会主义的成功与良好的国内国际环境也密切相关。

习近平总书记阐述的辛亥革命110年来的这五点历史启示，高度总结了这110年中华民族伟大复兴历史进程中的历史经验，并提出了我们今后努力的方向。只要我们认真学习这一重要讲话，深刻领会讲话精神，在自己的学习和工作中充分发挥自己的主观能动性，奉献自己的力量，中华民族伟大复兴"中国梦"的实现必将在不久的将来成为现实！

阅读推荐

1. 孙中山 . 《民报》发刊词 ［N］. 民报，1905-10-20；孙中山 . 孙中山全集：第 1 卷 ［M］. 北京：中华书局，1981.

2. 孙中山 . 中国革命的社会意义 ［N］. 比利时布鲁塞尔社会党报，1912-07-11；孙中山 . 孙中山全集：第 2 卷 ［M］. 北京：中华书局，1982.

3. 章开沅，林增平 . 辛亥革命史 ［M］. 北京：人民出版社，1981.

4. 金冲及，胡绳武 . 辛亥革命史稿 ［M］. 上海：上海辞书出版社，2011.

5. 习近平 . 在纪念孙中山先生诞辰 150 周年大会上的讲话 ［N］. 新华社，2016-11-11.

五、知识训练

（一）单选题

1. 清末"新政"破产的标志是（　　　）

A. 裁撤绿营　　　　　　　　　　　B. 科举制度的废除

C. 预备立宪　　　　　　　　　　　D. "皇族内阁"出笼

2. 近代中国资产阶级革命派的阶级基础是（　　　）

A. 农民阶级　　　　　　　　　　　B. 小资产阶级

C. 民族资产阶级　　　　　　　　　D. 大资产阶级

3. 中国资产阶级民主革命的先行者是（　　　）

A. 孙中山　　　　　　　　　　　　B. 黄兴

C. 蔡元培　　　　　　　　　　　　D. 陶成章

4. 近代中国第一个资产阶级革命团体是（　　　）

A. 兴中会　　　　　　　　　　　　B. 华兴会

C. 科学补习所　　　　　　　　　　D. 光复会

5. 标志着中国资产阶级民主革命进入了一个新阶段的是（　　　）

A. 清末"新政"破产　　　　　　　B. 资产阶级革命派的产生

C. 民主革命思想传播　　　　　　　D. 中国同盟会的成立

6. 自称"革命军中马前卒"的资产阶级民主革命思想宣传者是（　　　）

A. 章炳麟　　　　　　　　　　　　B. 邹容

C. 陈天华　　　　　　　　　　　　D. 宋教仁

7. 三民主义的核心是（　　　）

A. 民族主义　　　　　　　　　　　B. 民权主义

C. 民生主义　　　　　　　　　　　D. 民粹主义

8. 资产阶级革命派与改良派进行论战的主要阵地是（　　　）

A.《苏报》　　　　　　　　　　　　B.《浙江潮》

C.《民报》　　　　　　　　　　　　D.《晨报》

9. 掀起辛亥革命高潮，打开清王朝统治缺口的是（　　　）

A. 安庆起义　　　　　　　　　　　B. 镇南关起义

C. 黄花岗起义　　　　　　　　　　D. 武昌起义

10. 中国历史上第一部具有资产阶级共和国宪法性质的法律是（　　　）

A.《中华民国临时约法》　　　　　B.《中华民国约法》

C.《中华民国临时宪法》　　　　　D.《中华民国宪法》

答案：DCAAD，BBCDA

（二）多选题

1. 宣传资产阶级民主革命思想的作品有（   ）

A.《驳康有为论革命书》 　　　　　B.《革命军》

C.《警世钟》 　　　　　　　　　　D.《猛回头》

2. 1904 年起中国国内出现的重要资产阶级革命团体有（   ）

A. 兴中会 　　　　　　　　　　　　B. 华兴会

C. 科学补习所 　　　　　　　　　　D. 光复会

3. 资产阶级革命派与改良派论战围绕的问题是（   ）

A. 要不要以革命手段推翻清王朝 　　B. 要不要推翻帝制实行共和

C. 要不要废除不平等条约 　　　　　D. 要不要进行社会革命

4. 辛亥革命失败的主观原因是（   ）

A. 没有提出彻底的反帝反封建的革命纲领

B. 没有建立革命的军队

C. 不能充分发动和依靠广大人民群众

D. 不能建立坚强统一的革命政党

5. 习近平总书记在纪念辛亥革命 110 周年大会上的讲话指出，中国共产党人是孙中山先生革命事业（   ）

A. 最坚定的支持者 　　　　　　　　B. 最忠诚的合作者

C. 最忠实的继承者 　　　　　　　　D. 最虔诚的信仰者

答案：ABCD、BCD、ABD、ACD、ABC

（三）思考题

1. 怎样理解辛亥革命发生的历史必然性、正义性？

辛亥革命的发生，是当时民族危机加深、社会矛盾激化的结果，具有历史的必然性；它是当时中国人民争取民族独立、振兴中华深切愿望的集中反映，是当时中国人民为救亡图存前赴后继、顽强斗争的集中体现，具有正义性。

正是在中外反动派的严重压迫下，20 世纪初，各阶层人民的斗争风起云涌，遍及全国，说明人民群众已经不能照旧生活下去了。清末"新政"不仅没有能够挽救清王朝，反而激化了社会矛盾，加重了危机，使立宪派大失所望，也使统治集团内部因满汉矛盾和中央与地方矛盾的尖锐而分崩离析，表明清政府已陷入无法照旧统治下去的境地。19 世纪末 20 世纪初，中国民族资本主义与民族资产阶级有了明显的发展，这是资产阶级革命派形成的阶级基础。戊戌维新运动及20世纪初清政府兴学堂、派留学生的措施催生的新的知识分子，成为辛亥革命的骨干力量。根据列宁对革命发生原因的经典论述，下层民众不愿照旧生活下去，统治阶级不能照旧不变地维持自己的统治，这是革命的客观条件，新的阶级基础和骨干力量是革命的主观条件。两者都具备了，革命就会必然发生。

以孙中山为代表的资产阶级革命派，在中国近代第一次喊出"振兴中华"的口号，提出民族、民权、民生的三民主义学说，为推翻清王朝的封建专制统治，举行几十次武装起义，前赴后继，屡挫屡奋，终于建立了资产阶级民主共和国——"中华民国"，结束了两千多年的封建帝制，打开近代中国进步的闸门。辛亥革命是近代以来中华民族前进道路上发生的第一次历史巨变，具有历史正义性。

2. 辛亥革命为什么失败？它的失败说明了什么？

辛亥革命的失败，有客观和主观两方面的原因。客观原因是，在帝国主义时代，在半殖民地半封建的中国，资本主义的建国方案是行不通的，帝国主义和以袁世凯为代表的大地主、大买办以及旧官僚、立宪派一起勾结起来，从外部和内部绞杀了这场革命。主观原因是，中国民族资产阶级的软弱性和妥协性，决定了领导革命的资产阶级革命派在领导革命的过程中存在许多弱点和错误，一是没有提出彻底的反帝反封建的革命纲领；二是不能充分发动和依靠广大人民群众；三是不能建立坚强统一的革命政党，作为团结一切革命力量的强有力的核心。

辛亥革命的失败表明，资产阶级共和国的方案在中国行不通，先进的中国人需要进行新的探索，为中国谋求新的出路。

（四）实践题

请同学们以5人左右为一个小组，研读习近平总书记《在纪念辛亥革命110周年大会上的讲话》，结合探访辛亥革命相关历史遗址、纪念馆、博物馆，完成一篇不少于2000字的实践报告，主题自定，题目自拟。

第四章

中国共产党成立和中国革命新局面

一、教学目的和要求

1. 了解中国先进分子对资产阶级民主主义产生怀疑的原因，了解他们在十月革命以后怎样经过比较、探究选择了马克思主义。认识举起马克思主义旗帜的重大意义以及五四运动的伟大历史意义。

2. 了解中国共产党的产生是近代中国社会发展和革命发展的客观要求，是马克思主义和中国工人运动相结合的产物，是中国人民在救亡图存斗争中顽强求索的必然产物，是实现中华民族伟大复兴的必然产物，是开天辟地的大事变。

3. 了解伟大建党精神是中国共产党的精神之源。正是对这一精神的坚守践行、发扬光大，构建起中国共产党人的精神谱系，激励中国共产党和中国人民创造了人间奇迹。

二、知识点和重点导读

主要知识点

新文化运动　《新青年》　德先生　赛先生　马克思主义　《共产党宣言》《我的马克思主义观》　五四运动　巴黎和会　中国共产党第一次全国代表大会　中国共产党第二次全国代表大会　党的最高纲领　党的最低纲领　伟大建党精神　香港海员大罢工　二七大罢工　中共三大　国民党一大　第一次国共合作　北伐战争　大革命　"四·一二"反革命政变　"七·一五"反革命政变

重点导读

伟大建党精神的深刻内涵

这是最新版教材第四章最重要的修订内容。习近平总书记在庆祝中国共产党成立 100 周年大会上的讲话中说:"一百年前,中国共产党的先驱们创建了中国共产党,形成了坚持真理、坚守理想,践行初心、担当使命,不怕牺牲、英勇斗争,对党忠诚、不负人民的伟大建党精神,这是中国共产党的精神之源。一百年来,中国共产党弘扬伟大建党精神,在长期奋斗中构建起中国共产党人的精神谱系,锤炼出鲜明的政治品格。历史川流不息,精神代代相传。我们要继续弘扬光荣传统、赓续红色血脉,永远把伟大建党精神继承下去、发扬光大!"①　教材非常及时地将"伟大建党精神"融入中国共产党成立的历史意义之中。

伟大建党精神的深刻内涵是什么?

坚持真理、坚守理想,就是坚持马克思主义的科学真理,坚守共产主义远大理想和中国特色社会主义共同理想。这是对中国共产党人理想信念和价值追求的集中表达。中国共产党从一开始就坚持以马克思主义为行动指南,在与反马克思主义思潮的斗争中始终坚持马克思主义的立场、观点、方法,旗帜鲜明地把社会主义和共产主义规定为自己的奋斗目标。历史与实践证明,正是因为马克思主义"行",才有了马克思主义与中国工人阶级的紧密结合,才会产生中国共产党,并以其强大的理论感召力奠定共产党人的信仰之基。也恰恰因为有了马克思主义的"真经",中国共产党才能带领中国人民创造了从站起来到富起来,再到强起来的伟大飞跃。站在新的历史起点,"坚持真理"就是要继续高举马克思主义的真理旗帜,在新的伟大征程中深刻领悟并把握 21 世纪马克思主义的内涵本质,努力将马克思主义转化为共产党人行稳致远的思想武器。"坚守理想"则是坚持共产主义的理想信念,通过赓续红色基因,传承信念火种,用 21 世纪马克思主义这一思想武器筑牢我们共产党人的信仰之基、补足精神之钙、把稳思想之舵。

践行初心、担当使命,就是坚持为中国人民谋幸福、为中华民族谋复兴的初心和使命。这是对中国共产党人历史责任和时代使命的集中表达。中国共产党作为中国最先进的阶级——工人阶级的政党,不仅代表着工人阶级的利益,而且代表着整个中国人民和中华民族的利益。党的二大指出,党的最高纲领是实现社会主义、共产主义,但在现阶段的纲领,即最低纲领是打倒军阀,推翻国际帝国主义的压迫,统一中国为真正的民主共和国。中国共产党始终将初心融入血脉,把使命扛在肩上,紧紧依靠人民,在腥风血雨中一次次绝境重生,

---

①　习近平. 在庆祝中国共产党成立 100 周年大会上的讲话［N］. 人民日报,2021-07-02
(2).

在攻坚克难中不断从胜利走向胜利。中国共产党人践行初心、担当使命，团结带领中国人民进行革命、建设、改革，中华民族迎来了从站起来、富起来到强起来的伟大飞跃，实现中华民族伟大复兴进入了不可逆转的历史进程。伟大建党精神是我们党团结带领人民不断从胜利走向胜利的强大精神动力。

不怕牺牲、英勇斗争，就是始终保持斗争精神、顽强意志、优良作风，毫无畏惧地面对一切困难和挑战，坚定不移地开辟新天地。这是对中国共产党人精神风范和意志品质的集中表达。在革命性锻造中，中国共产党人焕发出强大生机活力，始终走在时代前列，成为全国人民的主心骨，成为坚强领导核心。正是不怕牺牲、勇于奉献的斗争精神铸牢了中国共产党精神谱系的革命内核，凝聚成伟大建党精神的固本之源。"不怕牺牲"是中国共产党人无私奉献的深刻写照，体现了共产党人甘愿牺牲小我、成就大我的大无畏精神。尤其在危机与困难时刻要一马当先、冲锋在前、迎难而上，到党和人民最需要的地方去。"英勇斗争"则是共产党人不畏艰难、不惧险阻、迎难而上、锐意进取的鲜明写照，体现了共产党人勇于应对重大挑战、抵御重大风险、克服重大阻力、解决重大矛盾的政治品格。

对党忠诚、不负人民，就是无条件地对党的信仰忠诚、对党组织忠诚、对党的理论和路线方针政策忠诚，始终坚持全心全意为人民服务的根本宗旨。这是对中国共产党人政治担当和人民立场的集中表达。中国共产党人始终保持同人民群众最密切的联系，实现了由小到大、由弱到强的发展壮大，团结带领人民根本改变了中国人民和中华民族的前途和命运。对党忠诚、不负人民始终是共产党人融入血脉灵魂的本质要求，更是伟大建党精神得以永续流传的根本所在。"对党忠诚"体现于忠于党的信仰、党的事业、党的路线方针政策，始终与党和国家发展同向同行，永不叛党；"不负人民"则体现在不辜负人民的信任与依靠、不辜负人民的期待与支持，始终与人民群众同心同德，做好群众的贴心人、知心人、暖心人。

三、案例解析

案例 1

中国共产党上海发起组的成立与作用

1920 年 8 月，中国共产党上海发起组正式成立。它是在党的主要创始人之一陈独秀的筹划下，经过上海的早期共产主义者的共同努力，得到共产国际代表的帮助而成立的。

凝视上海老渔阳里2号石库门旁崭新的"中国共产党发起组成立地（《新青年》编辑部）旧址"文物保护标志牌，不禁令人回想起，在它的推动和指导下，从1920年秋至1921年春，李大钊、张国焘等在北京，董必武、陈潭秋、包惠僧、刘伯垂等在武汉，毛泽东、何叔衡等在长沙，王尽美、邓恩铭等在济南，谭平山、谭植棠、陈公博等在广州，都建立了共产党早期组织。施存统、周佛海在东京，赵世炎、张申府、陈公培、周恩来等在巴黎，也分别建立了旅日、旅法共产党早期组织。当年，各地共产党早期组织的名称并不统一，有的叫"共产党"，有的叫"共产党小组"，有的叫"共产党支部"。根据李大钊的建议，上海的党组织定名为"中国共产党"，北京共产党早期组织对北方建党工作也起过促进作用，但李大钊将其定名为"中国共产党北京支部"。对于"中国共产党发起组"，一些书刊现仍习惯称为上海共产党早期组织，这就把它混同于地方组织，与历史事实不符。

"中国共产党发起组"在推动和指导各地建立党组织的过程中作出卓越的贡献，并拟定了第一份《中国共产党宣言》，它无疑具有特殊地位。诚然，"中国共产党发起组"的称谓已凸显其重要作用，但在亲历者和知情者的回忆中，对它还有更进一步的诠释。

1922年5月22日，苏俄在华工作全权代表利金给了共产国际执行委员会远东部一份报告，其中"中国的共产主义小组"部分说："在中国的许多地方都有共产主义小组，与上海的共产主义小组有组织上的联系，上海小组被认为是中国共产主义组织中央局。"对于中国共产党早期组织，共产国际称为"共产主义小组"，利金提及的"中央局"，如实反映了"中国共产党发起组"的职能。

1953年9月20日，包惠僧的《共产党第一次全国代表会议前后的回忆（二）》中说："一九二〇年春，第二国际（按：即共产国际）的代表威基斯克（化名吴廷康）（按：即维经斯基）随苏俄大使优林来到中国""约在同年夏成立了中国共产党，在上海成立临时中央，推陈独秀为临时中央的书记""临时中央的通讯处是法租界大自鸣钟《新青年》发行部苏新甫转，重要的文件及工作地点，在法租界老渔阳里2号，在中央工作的同志除陈独秀外还有李汉俊、李达、俞秀松等。中央主要的工作是宣传鼓动，编印《新青年》杂志及新青年丛书，并与各地支部或小组取得联系"。1954年3月17日，包惠僧的《回忆渔阳里六号和中国劳动组合书记部（一）》中说："一九二一年一月间我带着武汉的三个青年团员马念一、丁勒生等到上海，即住在此。当时，李汉俊代理临时中央书记，由他负责。"1961年1月29日，《包惠僧的一封信》中说："各地党支部的成立都是由上海党发动组织起来的""工作方针的决定都由上海党负责，事实上它就形成了中央的作用"。1978 年 8 月 12 日，包惠僧的《中国共产党第一次全国代表大会的几个问题》中说："经李大钊介绍，威基斯克（按：即维经斯基）在上海会见了陈独秀""就这样，在上海成立了中国共产党，陈独秀任书记。后又相继成立了五个支部""上海组织起了临时中央作用"。包惠僧是中共一大代表，在 20 世纪 50 年代、60 年代、70 年代的 4 次回忆中，他均明确指出"中国共产党发起组"为党的"临时中央"或起到"中央的作用"，这显然不是突如其来的想法。

董必武于 1937 年撰写《创立中国共产党》，他在这篇回忆中说："一九二〇年，李汉俊这个从日本归国的学生、我的马克思主义老师，计划在上海帮助建立中国共产党，并到武汉来同我商量。我决定参加，并负责筹建党的武汉支部的基础……中国共产党中心建立于一九二〇年五月（按：应是 1920 年 6 月），那时陈独秀为此目的同李大钊到了上海（按：应是李大钊从北京护送陈独秀到天津，陈独秀坐船前往上海）。"老一辈革命家董必武是中共一大代表，他早年的回忆中把"中国共产党发起组"称为"中国共产党中心"，突出了它的领导地位。

1980 年 3 月，张申府的《中国共产党建立前后情况的回忆》中说："可以肯定，党的建立是在一九二〇年八月间，（因为）罗素到中国来，我到上海去接他，时间是一九二〇年九月。我在上海见了陈独秀，就住在他家里。陈独秀的家（环龙路渔阳里 2 号），也就是党的总部。"张申府曾于 1920 年 9 月在沪与陈独秀交谈，他认为那时老渔阳里 2 号是"党的总部"，这也概括了"中国共产党发起组"的中枢作用。

1920 年 11 月，为了统一思想并作为吸收党员的标准，由陈独秀在沪主持起草了第一份《中国共产党宣言》。

该宣言分成三个部分，第一，共产主义者的理想："主张将生产工具——机器工厂，原料，土地，交通机关等——收归社会共有，社会共用。"第二，共产主义者的目的："要按照共产主义者的理想，创造一个新的社会""共产党的任务是要组织和集中这阶级争斗的势力，使那攻打资本主义的势力日增雄厚""要是到了可以从资本家手中夺得政权的最后争斗的时机……宣布总同盟罢工"。第三，阶级斗争的最近状态："无产阶级专政的任务是一面继续用强力与资本主义的剩余势力作战，一面要用革命的方法造出许多共产主义的建设法。"它由陈独秀主持起草，起到了临时党纲的作用，虽离一份完整党纲尚有距离，但它首次明确规定了党的指导思想，比较系统地表达了中国共产主义者的主张和理想，为中国共产党第一次全国代表大会党纲的制定奠定了基础。

需要说明，该宣言得自1956年苏联移交的中国共产党驻共产国际代表团档案，如今所见的中文稿不是原件，而是在1921年12月10日由"Chang"（张）根据英译稿还原译成的，译者有附言："这个宣言是中国共产党在去年十一月间决定的。这宣言的内容不过是关于共产主义原则的一部分，因此没有向外发表，不过以此为收纳党员之标准。这个宣言之中文原稿不能在此地找到，所以兄弟把他从英文稿翻译出来。"据考，这位"Chang"应是当年出席远东各国共产党及民族革命团体第一次代表大会的中共代表张太雷，他不仅负责大会的组织工作，也负责英文翻译，曾翻译了不少文件。

1958年6月3日，该宣言曾在中共中央办公厅编印的《党史资料汇报》（第一号）上登载，毛泽东阅后作了批语："不提反帝反封建的民主革命，只提社会主义的革命，是空想的。作为社会主义革命的纲领则是基本正确的。但土地国有是不正确的。没有料到民族资本可以和平过渡。更没有料到革命形式不是总罢工，而是共产党领导的人民解放战争，基本上是农民战争。"这个批语指出了该宣言的不足之处。

史实证明，"中国共产党发起组"在建党工作中发挥主导作用，并负责筹备中共一大，完全不是一个地方组织。它与1921年3月的中国社会主义青年团（后更名中国共产主义青年团）情形相似，那时在沪已有团的临时中央执行委员会（机关设于渔阳里6号），而团的一大是在1922年5月才召开的。因此，对中国共产党发起组的历史作用还可进行更深入的研究。

评析与思考

1919年五四反帝爱国运动的爆发震惊中外，也引起了苏俄和共产国际的极大关注。为了了解中国革命的状况，求得世界无产阶级革命与亚洲民族解放运动的互相支援与结合，1920年4月，经共产国际同意，俄共（布）远东局派出维经斯基及其翻译杨明斋等人到中国。维经斯基一行的任务是了解中国的政治情况，与中国的进步力量建立联系，宣传俄国革命和俄共经验，条件成熟的话，研讨中国建党问题等。在这样的国内外大背景下，中国最早的共产党组织"中国共产党上海发起组"应运而生。请大家思考：中国共产党为什么能够在那样的历史条件下成立？如果你生活在那个年代，你会做何选择？

案例 2

李大钊《我的马克思主义观》(节选)①

一个德国人说过，五十岁以下的人说他能了解马克思主义的学说，定是欺人之谈。因为马克思的书卷帙浩繁，学理深晦。他那名著《资本论》三卷，合计两千一百三十五页，其中第一卷是马氏生存时刊行的，第二、第三卷是马氏死后他的朋友昂格思替他刊行的。这第一卷和第二、三两卷中间，难免有些冲突矛盾的地方，马氏的书本来难解，添上这一层越发难解了。加以他的遗著未曾刊行的还有很多，拼上半生的工夫来研究马克思，也不过仅能就他已刊的著书中，把他反复陈述的主张得个要领，究不能算是完全了解"马克思主义"的。

我平素对于马氏的学说没有什么研究，今天硬想谈"马克思主义"已经是僭越得很。但自俄国革命以来，"马克思主义"几有风靡世界的势子，德奥匈诸国的社会革命相继而起，也都是奉"马克思主义"为正宗。"马克思主义"既然随着这世界的大变动，若动了世人的注意，自然也招了很多误解。我们对于"马克思主义"的研究，虽然极其贫弱，而自一九一八年马克思诞生百年纪念以来，各国学者研究他的兴味复活，批评介绍他的很多。我们把这些零碎的资料，稍加整理，乘本志出"马克思研究号"的机会，把他转介绍于读者，使这为世界改造原动的学说，在我们的思辨中，有点正确的解释，吾信这也不是绝无裨益的事。万一因为作者的知能谫陋，有误解马氏学说的地方，亲爱的读者肯赐以指正，那是作者所最希望的。

…………

因为这个缘故，资本家的利益，就在增大余值。他们想了种种方法，达这个目的。解析这个方法，揭破资本主义的秘密，就是马氏学说特色之一。依马氏的解析，资本家增大剩余价值的方法有二要着：

一、尽力延长工作时间，以求增加余工时间的数目。假使工作时间的数目，可以由十小时增至十二小时。企业家常谋为此。虽有工厂立法，强制些产业限制工作时间，于阻止余值的增长多少有点效果，但推行的范围，究竟限于少数产业，所以"八小时工作"的运动，仍不能不纷纷四起。

二、尽力缩短生产工人必要生活费的时间。假令生产工人必要生活费的工作时间，由五小时缩短至三小时，那余工时间自然由五小时增至七小时了。此

---

①　中国李大钊研究会. 李大钊全集：修订本［M］. 北京：人民出版社，2013.

种缩短，是可以由生产组织的完全或由生活费的减少做得到的。生活费减少，常为由协力（Cooperation）的影响所产生的结果。资本家每依建立慈善院或雇佣比成人生活费较少的妇幼劳工以图此利益。妇幼离开家庭，那一切家事乃至煮饭洗衣等等，都留给男子去做。但若有维持女工工银与男工相等的方法或限制妇幼劳工的法律，此种战略，也是完全失败了。

马氏的论旨，不在诉说资本家的贪婪，而在揭破资本主义的不公。因为掠夺工人的并不是资本家，乃是资本主义，工银交易的条件，资本家已经全然履行。你得一分钱，他买一分货，也算是公平交易。既然许资本主义与自由竞争行于经济界，这种结果是必不能免的。资本家于此，固极愿购此便宜物品，因为他能生产比他自身所含价值还多的东西。唯有这般可怜的工人，自己把自己的工力象机械一般贱价给人家，所得的价格，仅抵自己生产价值之半，或且不及其半，在法律上经济上全没有自卫之道，而自己却视若固然。这不是资本家的无情，全是资本主义的罪恶！

评析与思考

《我的马克思主义观》是李大钊成为马克思主义者的标志，是五四新文化运动的重要转折点，也是马克思主义在中国开始广泛传播的重要标志。1919 年 9 月、11 月，李大钊在《新青年》"马克思研究号"连载发表了《我的马克思主义观》，这篇文章是中国人比较系统地介绍和分析马克思学说的开山之作。重温这篇文章，并且从中国共产党辉煌历史中发掘其深刻内涵，揭示其微言大义所在，有什么学术价值和现实意义？为什么说马克思主义"行"？

四、知识拓展

经典文论

习近平在纪念五四运动 100 周年大会上的讲话①

（2019 年 4 月 30 日）

共青团员们，青年朋友们，同志们：

100 年前，中国大地爆发了震惊中外的五四运动，这是中国近现代史上具有划时代意义的一个重大事件。

------

① 习近平．在纪念五四运动 100 周年大会上的讲话 [M]．北京：人民出版社，2019：5．

今年是五四运动100周年，也是中华人民共和国成立70周年。在这个具有特殊意义的历史时刻，我们在这里隆重集会，缅怀五四先驱崇高的爱国情怀和革命精神，总结党和人民探索实现民族复兴道路的宝贵经验，这对发扬五四精神，激励全党全国各族人民特别是新时代中国青年为全面建成小康社会、加快建设社会主义现代化国家、实现中华民族伟大复兴的中国梦而奋斗，具有十分重大的意义。

青年朋友们、同志们！

五四运动，爆发于民族危难之际，是一场以先进青年知识分子为先锋、广大人民群众参加的彻底反帝反封建的伟大爱国革命运动，是一场中国人民为拯救民族危亡、捍卫民族尊严、凝聚民族力量而掀起的伟大社会革命运动，是一场传播新思想新文化新知识的伟大思想启蒙运动和新文化运动，以磅礴之力鼓动了中国人民和中华民族实现民族复兴的志向和信心。

五四运动，以彻底反帝反封建的革命性、追求救国强国真理的进步性、各族各界群众积极参与的广泛性，推动了中国社会进步，促进了马克思主义在中国的传播，促进了马克思主义同中国工人运动的结合，为中国共产党成立做了思想上干部上的准备，为新的革命力量、革命文化、革命斗争登上历史舞台创造了条件，是中国旧民主主义革命走向新民主主义革命的转折点，在近代以来中华民族追求民族独立和发展进步的历史进程中具有里程碑意义。

——五四运动以全民族的力量高举起爱国主义的伟大旗帜。五四运动，孕育了以爱国、进步、民主、科学为主要内容的伟大五四精神，其核心是爱国主义。爱国主义是我们民族精神的核心，是中华民族团结奋斗、自强不息的精神纽带。五四运动时，面对国家和民族生死存亡，一批爱国青年挺身而出，全国民众奋起抗争，誓言"国土不可断送、人民不可低头"，奏响了浩气长存的爱国主义壮歌。

历史深刻表明，爱国主义自古以来就流淌在中华民族血脉之中，去不掉，打不破，灭不了，是中国人民和中华民族维护民族独立和民族尊严的强大精神动力，只要高举爱国主义的伟大旗帜，中国人民和中华民族就能在改造中国、改造世界的拼搏中迸发出排山倒海的历史伟力！

——五四运动以全民族的行动激发了追求真理、追求进步的伟大觉醒。五四运动前后，我国一批先进知识分子和革命青年，在追求真理中传播新思想新文化，勇于打破封建思想的桎梏，猛烈冲击了几千年来的封建旧礼教、旧道德、旧思想、旧文化。五四运动改变了以往只有觉悟的革命者而缺少觉醒的人民大众的斗争状况，实现了中国人民和中华民族自鸦片战争以来第一次全面觉醒。

经过五四运动洗礼，越来越多中国先进分子集合在马克思主义旗帜下，1921 年中国共产党宣告正式成立，中国历史掀开了崭新一页。

历史深刻表明，有了马克思主义，有了中国共产党领导，有了中国人民和中华民族的伟大觉醒，中国人民和中华民族追求真理、追求进步的潮流从此就是任何人都阻挡不了的！

——五四运动以全民族的搏击培育了永久奋斗的伟大传统。早在 80 年前，毛泽东同志就指出："中国的青年运动有很好的革命传统，这个传统就是'永久奋斗'。"通过五四运动，中国青年发现了自己的力量，中国人民和中华民族发现了自己的力量。中国人民和中华民族从斗争实践中懂得，中国社会发展，中华民族振兴，中国人民幸福，必须依靠自己的英勇奋斗来实现，没有人会恩赐给我们一个光明的中国。

历史深刻表明，只要中国人民和中华民族勇于为改变自己的命运而奋斗牺牲，我们的国家就一定能够走向富强，我们的民族就一定能够实现伟大复兴！

五四运动以来的 100 年，是中国青年一代又一代接续奋斗、凯歌前行的 100 年，是中国青年用青春之我创造青春之中国、青春之民族的 100 年。

100 年来，中国青年满怀对祖国和人民的赤子之心，积极投身党领导的革命、建设、改革伟大事业，为人民战斗、为祖国献身、为幸福生活奋斗，把最美好的青春献给祖国和人民，谱写了一曲又一曲壮丽的青春之歌。

实践充分证明，中国青年是有远大理想抱负的青年！中国青年是有深厚家国情怀的青年！中国青年是有伟大创造力的青年！无论过去、现在还是未来，中国青年始终是实现中华民族伟大复兴的先锋力量！

青年朋友们、同志们！

今天，在中国共产党领导下，我们开辟了中国特色社会主义道路，形成了中国特色社会主义理论体系，建立了中国特色社会主义制度，发展了中国特色社会主义文化，推动中国特色社会主义进入了新时代。中国人民拥有了前所未有的道路自信、理论自信、制度自信、文化自信，中华民族伟大复兴展现出前所未有的光明前景！

新时代中国青年运动的主题，新时代中国青年运动的方向，新时代中国青年的使命，就是坚持中国共产党领导，同人民一道，为实现"两个一百年"奋斗目标、实现中华民族伟大复兴的中国梦而奋斗。

青年是整个社会力量中最积极、最有生气的力量，国家的希望在青年，民族的未来在青年。今天，新时代中国青年处在中华民族发展的最好时期，既面临着难得的建功立业的人生际遇，也面临着"天将降大任于斯人"的时代使命。

新时代中国青年要继续发扬五四精神，以实现中华民族伟大复兴为己任，不辜负党的期望、人民期待、民族重托，不辜负我们这个伟大时代。

第一，新时代中国青年要树立远大理想。青年的理想信念关乎国家未来。青年理想远大、信念坚定，是一个国家、一个民族无坚不摧的前进动力。青年志存高远，就能激发奋进潜力，青春岁月就不会像无舵之舟漂泊不定。正所谓"立志而圣则圣矣，立志而贤则贤矣"。青年的人生目标会有不同，职业选择也有差异，但只有把自己的小我融入祖国的大我、人民的大我之中，与时代同步伐、与人民共命运，才能更好实现人生价值、升华人生境界。离开了祖国需要、人民利益，任何孤芳自赏都会陷入越走越窄的狭小天地。

新时代中国青年要树立对马克思主义的信仰、对中国特色社会主义的信念、对中华民族伟大复兴中国梦的信心，到人民群众中去，到新时代新天地中去，让理想信念在创业奋斗中升华，让青春在创新创造中闪光！

第二，新时代中国青年要热爱伟大祖国。孙中山先生说，做人最大的事情，"就是要知道怎么样爱国"。一个人不爱国，甚至欺骗祖国、背叛祖国，那在自己的国家、在世界上都是很丢脸的，也是没有立足之地的。对每一个中国人来说，爱国是本分，也是职责，是心之所系、情之所归。对新时代中国青年来说，热爱祖国是立身之本、成才之基。当代中国，爱国主义的本质就是坚持爱国和爱党、爱社会主义高度统一。

新时代中国青年要听党话、跟党走，胸怀忧国忧民之心、爱国爱民之情，不断奉献祖国、奉献人民，以一生的真情投入、一辈子的顽强奋斗来体现爱国主义情怀，让爱国主义的伟大旗帜始终在心中高高飘扬！

第三，新时代中国青年要担当时代责任。时代呼唤担当，民族振兴是青年的责任。鲁迅先生说，青年"所多的是生力，遇见深林，可以辟成平地的，遇见旷野，可以栽种树木的，遇见沙漠，可以开掘井泉的"。在实现中华民族伟大复兴的新征程上，应对重大挑战、抵御重大风险、克服重大阻力、解决重大矛盾，迫切需要迎难而上、挺身而出的担当精神。只要青年都勇挑重担、勇克难关、勇斗风险，中国特色社会主义就能充满活力、充满后劲、充满希望。青年要保持初生牛犊不怕虎、越是艰险越向前的刚健勇毅，勇立时代潮头，争做时代先锋。一切视探索尝试为畏途、一切把负重前行当吃亏、一切"躲进小楼成一统"逃避责任的思想和行为，都是要不得的，都是成不了事的，也是难以真正获得人生快乐的。

新时代中国青年要珍惜这个时代、担负时代使命，在担当中历练，在尽责中成长，让青春在新时代改革开放的广阔天地中绽放，让人生在实现中国梦的奋进追逐中展现出勇敢奔跑的英姿，努力成为德智体美劳全面发展的社会主义建设者和接班人！

第四，新时代中国青年要勇于砥砺奋斗。奋斗是青春最亮丽的底色。"自信人生二百年，会当水击三千里。"民族复兴的使命要靠奋斗来实现，人生理想的风帆要靠奋斗来扬起。没有广大人民特别是一代代青年前赴后继、艰苦卓绝的接续奋斗，就没有中国特色社会主义新时代的今天，更不会有实现中华民族伟大复兴的明天。千百年来，中华民族历经苦难，但没有任何一次苦难能够打垮我们，最后都推动了我们民族精神、意志、力量的一次次升华。今天，我们的生活条件好了，但奋斗精神一点都不能少，中国青年永久奋斗的好传统一点都不能丢。在实现中华民族伟大复兴的新征程上，必然会有艰巨繁重的任务，必然会有艰难险阻甚至惊涛骇浪，特别需要我们发扬艰苦奋斗精神。奋斗不只是响亮的口号，而是要在做好每一件小事、完成每一项任务、履行每一项职责中见精神。奋斗的道路不会一帆风顺，往往荆棘丛生、充满坎坷。强者，总是从挫折中不断奋起、永不气馁。

新时代中国青年要勇做走在时代前列的奋进者、开拓者、奉献者，毫不畏惧面对一切艰难险阻，在劈波斩浪中开拓前进，在披荆斩棘中开辟天地，在攻坚克难中创造业绩，用青春和汗水创造出让世界刮目相看的新奇迹！

第五，新时代中国青年要练就过硬本领。青年是苦练本领、增长才干的黄金时期。"青春虚度无所成，白首衔悲亦何及。"当今时代，知识更新不断加快，社会分工日益细化，新技术新模式新业态层出不穷。这既为青年施展才华、竞展风采提供了广阔舞台，也对青年能力素质提出了新的更高要求。不论是成就自己的人生理想，还是担当时代的神圣使命，青年都要珍惜韶华、不负青春，努力学习掌握科学知识，提高内在素质，锤炼过硬本领，使自己的思维视野、思想观念、认识水平跟上越来越快的时代发展。

新时代中国青年要增强学习紧迫感，如饥似渴、孜孜不倦学习，努力学习马克思主义立场观点方法，努力掌握科学文化知识和专业技能，努力提高人文素养，在学习中增长知识、锤炼品格，在工作中增长才干、练就本领，以真才实学服务人民，以创新创造贡献国家！

第六，新时代中国青年要锤炼品德修为。人无德不立，品德是为人之本。止于至善，是中华民族始终不变的人格追求。我们要建设的社会主义现代化强国，不仅要在物质上强，更要在精神上强。精神上强，才是更持久、更深沉、更有力量的。青年要把正确的道德认知、自觉的道德养成、积极的道德实践紧密结合起来，不断修身立德，打牢道德根基，在人生道路上走得更正、走得更远。面对复杂的世界大变局，要明辨是非、恪守正道，不人云亦云、盲目跟风。面对外部诱惑，要保持定力、严守规矩，用勤劳的双手和诚实的劳动创造美好生活，拒绝投机取巧、远离自作聪明。面对美好岁月，要有饮水思源、懂得回报的感恩之心，感恩党和国家，感恩社会和人民。要在奋斗中摸爬滚打，体察世间冷暖、民众忧乐、现实矛盾，从中找到人生真谛、生命价值、事业方向。

新时代中国青年要自觉树立和践行社会主义核心价值观，善于从中华民族传统美德中汲取道德滋养，从英雄人物和时代楷模的身上感受道德风范，从自身内省中提升道德修为，明大德、守公德、严私德，自觉抵制拜金主义、享乐主义、极端个人主义、历史虚无主义等错误思想，追求更有高度、更有境界、更有品位的人生，让清风正气、蓬勃朝气遍布全社会！

背景知识

中共中央总书记、国家主席、中央军委主席习近平在纪念五四运动100周年大会上的重要讲话，立意高远，在高度评价了五四爱国运动的历史意义与五四精神的丰富内涵后，明确提出了新时代发扬五四精神的重要要求，深情寄语当代青年，鼓舞了全国各界青年积极拥抱新时代、奋进新时代的坚定信心。广大青年纷纷表示，将继续发扬五四精神，让五四精神在新时代绽放更加绚丽的光彩。

学者新论

五四运动的历史意义和时代价值①

五四运动狂飙般的呐喊声早已散去，五四运动精神却一直沉浸在中华民族奋斗的血脉里。今年是五四运动100周年，我们回望那段历史，重温100年前那段激情燃烧的岁月，加深对五四运动历史意义和时代价值的认识，可以更好推动新时代中国青年继承五四精神，担负起实现中华民族伟大复兴的历史重任。

一

习近平总书记在中共中央政治局第十四次集体学习时指出，100年前爆发的五四运动，是一场以先进青年知识分子为先锋、广大人民群众参加的彻底反帝反封建的伟大爱国革命运动。五四运动对当代中国发展进步具有深远影响。

为什么会爆发五四运动呢？说白了，就是为着反对帝国主义和封建主义。

---

① 董学文. 五四运动的历史意义和时代价值［J］. 红旗文稿，2019（8）：4-8.

这一运动所带来的影响和效应，确是震天撼地、彪炳史册的。五四运动的功绩，倘用一句话来概括，那就是开启并推动中国反帝反封建的资产阶级民主革命进入了新阶段。"五四运动是在当时世界革命号召之下，是在俄国革命号召之下，是在列宁号召之下发生的。五四运动是当时无产阶级世界革命的一部分。五四运动时期虽然还没有中国共产党，但是已经有了大批的赞成俄国革命的具有初步共产主义思想的知识分子。五四运动，在其开始，是共产主义的知识分子、革命的小资产阶级知识分子和资产阶级知识分子（他们是当时运动中的右翼）三部分人的统一战线的革命运动。它的弱点，就在只限于知识分子，没有工人农民参加。但发展到六三运动时，就不但是知识分子，而且有广大的无产阶级、小资产阶级和资产阶级参加，成了全国范围的革命运动了。五四运动所进行的文化革命则是彻底地反对封建文化的运动，自有中国历史以来，还没有过这样伟大而彻底的文化革命。"

五四运动之所以能成为一场轰轰烈烈的文化革新运动，同它是中国反帝反封建资产阶级民主革命的一种新表现形式是密不可分的。那个时期，由于新的社会力量的生长和发展，致使资产阶级民主革命出现了由工人阶级、学生群众和新兴民族资产阶级组成的一个庞大阵营。尤其是十月革命后涌现出一批初具共产主义思想的知识分子，他们成为运动中的"关键少数"，成为运动中实际的发起者、鼓动者和组织者。数十万首先觉醒的爱国青年学生，英勇地站在运动的前头呼喊与抗争，起到了"先锋队的作用"和"带头作用"。觉悟了的无产阶级作为独立的政治力量第一次登上历史舞台，成为赢得斗争胜利的决定性力量。如果我们再联系到"五四运动是在思想上和干部上准备了一九二一年中国共产党的成立，又准备了五卅运动和北伐战争"的论断，联系到"建立中国共产党、成立中华人民共和国、推进改革开放和中国特色社会主义事业，是五四运动以来我国发生的三大历史性事件，是近代以来实现中华民族伟大复兴的三大里程碑"的论断，那么，我们就有理由在反观和比较五四运动与以往革命不同之处的时候，在深入梳理五四运动精神脉络的时候，充分认识到五四运动的确是比先前的所有革命都大大地前进了一步，充分认识到五四运动与其后百年间的重大历史性事件都是有着深刻的内在联系的。

二

那么，应该怎么看待五四运动的历史意义呢？

要回答这个问题，关键是要看它给中国现代思想史提供了哪些新的东西。五四运动从形式上看是学生的爱国运动，但从整个社会背景和社会发展状况来说，它的作用和影响远远不止于此。五四运动波及中国思想文化选择、政治发展方向、社会经济潮流、伦理道德教育等多个领域，尤其对中国共产党的建立和发展所起的作用是极为突出的。

五四精神的基本核心是爱国主义。五四运动所体现的爱国主义精神，既是中华民族百折不挠、自强不息精神的生动体现，也是注入了新的世界观因素的结果。"振兴中华"的口号，是孙中山先生于 1894 年在《兴中会宣言》中最早提出来的。从那以后，大多数爱国志士无不以此为终生奋斗的目标。可以说，中国自此之后的一切革命斗争，无一不是为了振兴中华民族；所取得的一切进步和成就，无一不是受它的催动和鼓舞。站在这个角度，我们也可以把五四精神概括为三点，即忧国忧民的爱国情怀，无私奉献的社会责任感，以及追寻时代潮流的科学民主精神。

五四精神形成以及它能够带来破天荒的变化和巨大影响，原因是多方面的。其中最重要、最根本的原因，就是五四运动的开展为马克思主义在中国的传播敞开了大门，从而为改变中国近代历史的航向与航程创造了前所未有的条件。这一点，是决定五四运动在中国现代思想史上树立开先河的地位、在整个中国思想史上竖起"现代"的明确界标的根源。

众所周知，自从国门洞开以来，中国的先进分子不断地向西方学习，追求进步，探索救国救民的真理。可是，无论是甲午中日战争还是戊戌维新变法，无论是义和团运动还是辛亥革命，都没能拯救中华民族于水火，中国仍处在半殖民地半封建社会的境地。究其原因，是前面这些运动都没有跨越旧思想的藩篱，都没有先进世界观的指导，因之，彻底地进行反对帝国主义和封建主义的斗争是不可能的。

五四运动就不同了。早在"五四"前夜，李大钊就第一个在中国的大地上举起了马克思主义大旗，撰写了《庶民的胜利》《我的马克思主义观》（《我的马克思主义观》连载发表于"五四运动"之后，材料引用者注。）等多篇振聋发聩的文章；五四运动期间，一批初具共产主义思想的知识分子，如邓中夏、张太雷、陈潭秋、瞿秋白、张闻天、周恩来、沈泽民、马骏等人，已经成为学生运动的中坚；"五四"过后，被誉为五四运动"总司令"的陈独秀，也宣布自己站到了马克思主义旗帜之下。随后，在"五四"影响下的新文化运动，更是令马克思主义学说在思想界和知识分子中得到广泛传播。虽然其传播过程并非风平浪静，但经过多次论战，马克思主义非但没有销声匿迹、偃旗息鼓，反而在中国以摧枯拉朽之磅礴之势迅速风行开来。

五四运动中涌现的一批具有进步思想的知识分子，迅速转变为马克思主义者，开始自觉地到工人群众中去宣传马克思主义，组织和领导工人运动。这促进了马克思主义与中国革命道路选择的结合，为中国共产党的诞生、为中国共产党在新民主主义时期的指导思想的确定，提供了极大的助力，实际地推进了中国迈入现代社会的步伐。

今天，当我们回顾百年前那场五四运动的时候，不难发现，以往研究得出的结论，是站得住脚的，是不容怀疑的。这个结论是：五四运动大大提高了中国人民的觉悟，特别是初具共产主义思想的知识分子，认识到无产阶级力量的强大，他们到工人群众中宣传马克思列宁主义并进行组织工作，促进了马克思列宁主义和中国工人运动的结合，从而为中国共产党的成立创造了阶级上、思想上和干部上的条件。这个结论的价值之一，在于它把五四运动的历史功绩和意义揭示了出来。

三

"在中国文化战线或思想战线上，'五四'以前和'五四'以后，构成了两个不同的历史时期。"这一判断的根据是，"五四"以前，中国文化战线上的斗争，是资产阶级领导的新文化同封建阶级的旧文化的斗争。这一时期的新文化是旧民主主义性质的文化，属于世界资产阶级的资本主义文化革命的一部分。"五四"以后情况就不然了。"五四"以后的新文化，是新民主主义性质的文化，属于世界无产阶级的社会主义文化革命的一部分。中国产生了完全崭新的文化生力军，而这个反帝反封建文化新军的"盟长"的资格，落到了无产阶级文化思想的肩上。这里的"无产阶级文化思想"，就是中国共产党人领导的共产主义文化思想，即共产主义的世界观和社会革命论。而"这支生力军在社会科学领域和文学艺术领域中，不论在哲学方面，在经济学方面，在政治学方面，在军事学方面，在历史学方面，在文学方面，在艺术方面（又不论是戏剧，是电影，是音乐，是雕刻，是绘画），都有了极大的发展。……这个文化新军的锋芒所向，从思想到形式（文字等），无不起了极大的革命。其声势之浩大，威力之猛烈，简直是所向无敌的。其动员之广大，超过中国任何历史时代。……这是铁一般的事实，谁也否认不了的"。尽管这时的资产阶级顽固派毫无常识又无比狂妄地叫嚣："收起"共产主义，可是，共产主义思想体系和社会制度以排山倒海之势，雷霆万钧之力，磅礴于全世界，而葆其美妙的青春。对此，毛泽东同志曾这样总结道："中国自有科学的共产主义以来，人们的眼界是提高了，中国革命也改变了面目。中国的民主革命，没有共产主义去指导是决不能成功的，更不必说革命的后一阶段了。这也就是资产阶级顽固派为什么要那样叫嚣和要求'收起'它……"从这里，我们可以清楚地看出，马克思主义（或曰共产主义）的世界观和革命论，对中国社会变革和文化发展具有何等突出的重要性。

自鸦片战争以来，中国的资产阶级民主革命经历了多个阶段，各个发展阶段也都有各自的若干特点。但各阶段"其中最重要的区别就在于共产党出现以前及其以后"。也就是说，共产党的出现，是中国民主革命从屡遭失败转折到胜利方向的起点，是旧民主主义革命和新民主主义革命的分水岭。换言之，只有中国共产党才能彻底推翻半殖民地半封建社会，建立独立的民主国家；只有中国共产党，才能实现中国通过完成新民主主义革命而迈向社会主义制度的"两步走"。这无疑就是中国共产党成为其"出现以前及其以后"民主革命各发展阶段特点中的"最重要的区别"。那么，究竟是什么原因使中国共产党人有了实践这种宏伟"两步走"纲领的勇气、信心和能力？按照毛泽东同志的说法，那就是因为有了马克思主义的指导，才能"走历史必由之路。"

四

严格说来，五四运动时代有两股潮流，一股是革命的潮流，一股是逆动的潮流。我们不妨从"五四"时期的文化论争中，看一看这两股潮流的较量以及中国现代文化发展方向选择的历史规定性。

一个时代文化方向的选择，不是哪位思想家灵机一动拍脑袋构想出来的，也不是哪位思想家移植照搬外国某种模式就可以奏效的。文化方向的选择，归根结底是经济、社会、历史变动的结果。"五四"时期的文化论争，本质上是从文化的角度就整个国家是否需要改革以及如何进行改革展开的一场大辩论。"五四"时期，为什么守旧派抵制新文化在中国的传播行不通呢？为什么以傅斯年、胡适等人为代表的资产阶级学者，虽也认为守旧派的观点是"闭眼瞎说"，极力主张文化上"全盘西化"，但在实践上也没能行得通呢？为什么像梁启超、张君劢等人那样既反对社会主义取代资本主义，又谴责资本主义腐朽与没落，而主张以中国古代文明和吸收一切西方文明，来构建一种所谓的"新文明"，这种折中主义的方案也成为一种泡影了呢？其根本原因就在于，这些文化方向的选择都没能跟中国当时社会和经济生活变化的大趋势取得内在的一致性。所以，尽管五四运动时期关于"救治中国""再造文明"的"方案"和现代文化发展方向选择的"路线图"很多，但真正触及痛处，真正切合中国国情，并真正在未来的社会变革和文化演进中发挥了实际作用的见解，还是出现在了那些以无产阶级世界观为主导的社会主义（它的前一步是新民主主义）新文化的思想家身上。

瞿秋白说："二十世纪以来，物质文明发展到百病丛生。'文明问题'就已经不单在书本上讨论，而且有无产阶级的社会主义运动实际上来求解决了。"他还说："只有世界革命，东方民族方能免殖民地之祸，方能正确的为大多数劳动平民应用科学，以破宗法社会封建制度的遗迹。方能得真正文化的发展。""所以必须以正确的社会科学的方法，自然科学的方法，为劳动平民的利益，而应用之于实际运动……如此，方是行向新文化的道路。"可见，文化问题上的革新主张，是作为政治和经济上变革的舆论准备和思想先导而存在的，它关乎国家的前途和民族的命运，马克思主义的主张是最为可行的。

从五四运动开始，中国思想界在中国现代文化发展方向的选择上发生了巨大变化。而这种变化中，最为亮眼的就是早期马克思主义者对中国社会发展出路和文化更新问题给出的答案。陈独秀开始摒弃"全盘西化"说的影响，在驳斥新旧道德调和论的同时，开始指出西方社会的一切不良现象正是由"私有制度之下的旧道德造成的"。"现在他们前途的光明，正是要抛弃私有制度之下的一个人一阶级一国家利己主义的旧道德，开发那公有、互助、富有同情心、利他心的新道德。"李大钊更是从唯物史观的高度，对新文化运动的历史必然性做出了科学的理性分析。他认为："直到十九世纪后半，这最高道德的要求之本质才有了正确的说明，为此说明的两位学者就是达尔文与马克思。"在《由经济上解释中国近代思想变动的原因》一文中，李大钊不仅剖析了中国新思想代替旧思想、新文化代替旧文化的客观必然性，而且明确指出了近代中国只有社会大变动一条路可走。并进而指出："晓得中国今日在世界经济上，实立于将为世界的无产阶级的地位。我们应该研究如何使世界的生产手段和生产机关同中国劳工发生关系。""新思想是应经济的新状态社会的新要求发生的。"尤为难能可贵地预示了社会主义文化和无产阶级的历史地位和光辉前景。

五

回顾历史我们可以清晰地看到，尽管五四运动前后关于东西方文化的论战经历了一些波折，尽管中国在文化更新问题上要比其他的国家来得复杂，也尽管在文化战线上冲锋陷阵的先进战士们其理论深度和广度还很不够，但五四运动之后，没有哪一派势力能像早期共产主义者那样拿出真正有价值的文化观点与主张，没有哪一派势力能像早期共产主义者那样对中国未来文化选择的蓝图做出如此高瞻远瞩又准确明了的勾勒与判断，这是无法抹杀的事实。这笔"先驱者的遗产"，是"革命史上的丰碑"，它代表着五四运动的方向，代表着当时文化战线最高的思想成就，代表着早期马克思主义者和中国共产党人的初心。

学界长期以来习惯把五四精神简单称为"科学""民主"精神,这在一般意义上讲是不错的。因为五四时期的代表人物,确实高举了"德先生"和"赛先生"两面旗帜。但就五四运动的全景来看,不难发现,同样是张扬"科学"和"民主",其内里,各派实际的含义是颇有分歧、很不一样的。实用主义、实证主义、进化论思想、西方民主等各种学说都有,五花八门。其中,唯有以李大钊等人为代表的早期共产主义者,操持的是新式的思想武器,并把目光投向了科学的唯物史观和工农劳动群众当家作主的社会主义民主上面,这才赋予了五四运动以真正的魂魄。

这个结论,是实事求是的。这个结论,不仅从五四运动的大量文献资料中可以得到查考,而且也为五四运动以来百年中国现代社会和思想文化波澜壮阔的历史所证明。

六

习近平总书记强调五四运动是我国近现代史上具有里程碑意义的重大事件,五四精神是五四运动创造的宝贵精神财富。五四运动倡导的爱国、进步、民主、科学思想对实现中华民族伟大复兴中国梦的重大意义,是新时代激励人民奋勇前进的精神力量。

我们总结和回顾五四运动100年的经验和教训,不难发现,处在中国历史变迁关节点上的五四运动,正是由于其核心有了先进的世界观和革命论指导,它才提出了对中国现代文化发展方向和现代社会制度选择的科学诉求,它才激励了新的阶级力量的代表勇敢地登上历史舞台,它才预示了古老而青春的中国将在革命的烈焰中诞生,它才宣告了不屈奋斗的中华民族将迎来伟大复兴。

历史的脚印摆在那里,历史的篇章摆在那里。五四运动两年之后,中国共产党诞生了;五四运动三十年之后,中华人民共和国成立了;五四运动六十年之后,中国又踏上了改革开放的民族伟大复兴的新征程。这些变革,说到底都是马克思主义在中国的胜利。习近平总书记说得好:"从五四运动到中国特色社会主义进入新时代,中华民族迎来了从站起来、富起来到强起来的伟大飞跃。这在中华民族发展史上、在人类社会发展史上都是划时代的。"这个飞跃的事实本身,证明了从五四运动发轫的中国现代文化,"只能由无产阶级的文化思想即共产主义思想去领导,任何别的阶级的文化思想都是不能领导了的"这一结论的极端正确性。同时,也证明了我国社会进步与"我国哲学社会科学坚持以马克思主义为指导,是近代以来我国发展历程赋予的规定性和必然性"这一结论的无比科学性。

中华民族伟大复兴，绝不是轻轻松松、敲锣打鼓就能实现的，我们必须准备付出更为艰巨和更为艰苦的努力。习近平总书记指出："当前，改革发展稳定任务之重、矛盾风险挑战之多、治国理政考验之大都是前所未有的。我们要赢得优势、赢得主动、赢得未来，必须不断提高运用马克思主义分析和解决实际问题的能力，不断提高运用科学理论指导我们应对重大挑战、抵御重大风险、克服重大阻力、化解重大矛盾、解决重大问题的能力，以更宽广的视野、更长远的眼光来思考把握未来发展面临的一系列重大问题，不断坚定马克思主义信仰和共产主义理想。"这是我们克敌制胜、永葆青春活力的看家法宝和基本经验。

当代青年是同新时代共同前进的一代。这代青年所面临的这个新时代，既是近代以来中华民族发展的最好时代，也是实现中华民族伟大复兴的关键时代。1939年5月，毛泽东在延安庆贺模范青年大会上曾说："中国的青年运动有很好的革命传统，这个传统就是'永久奋斗'。我们共产党是继承这个传统的，现在传下来了，以后更要继续传下去。"实现中华民族伟大复兴的中国梦，这是我们这代人难得的历史际遇。每个青年都应当珍惜这个伟大的时代，争做"永久奋斗"这一光荣革命传统的继承人。

正是基于此，习近平总书记在五四运动95周年的时候，曾经语重心长地说过这样一段话："广大青年对五四运动的最好纪念，就是在党的领导下，勇做走在时代前列的奋进者、开拓者、奉献者，以执着的信念、优良的品德、丰富的知识、过硬的本领，同全国各族人民一道，担负起历史重任，让五四精神放射出更加夺目的时代光芒。"我们应该把这一亲切的叮嘱牢牢地记在心里。

阅读推荐

1. 彭明. 五四运动史［M］. 北京：人民出版社，1998.
2. 任建树. 陈独秀大传［M］. 上海：上海人民出版社，1999.
3. 本书编写组. 中国共产党简史［M］. 北京：人民出版社，2021.

五、知识训练

（一）单选题

1. 新文化运动兴起的标志是（　　）

A. 李大钊发表《庶民的胜利》　　　B. "兼容并包"方针的提出

C. 陈独秀在上海创办《新青年》　　D. 鲁迅发表《狂人日记》

2. 五四运动标志着中国（　　）

A. 封建主义的寿终正寝   B. 新民主主义革命的开端

C. 共产党走上历史舞台   D. 资产阶级革命的转变

3. 五四运动与辛亥革命的最大不同在于（   ）

A. 斗争对象   B. 国情

C. 群众基础   D. 斗争方式

4. 1919 年 5 月 4 日，五四爱国运动爆发的直接导火索是（   ）

A. 巴黎和会上中国外交的失败   B. 日本制造"济南惨案"

C. 日本出兵占领青岛   D.《凡尔赛和约》的签订

5. 新民主主义革命与旧民主主义革命区别的主要标志是（   ）

A. 革命领导权   B. 革命前途

C. 革命对象   D. 革命主体

6.《共产党宣言》是无数中国共产党人走上革命道路的启蒙经典，第一个全文翻译成中文的是浙江金华人陈望道。习近平总书记在讲述陈望道翻译《共产党宣言》的故事时，很深情又意味深长地讲了一句话："真理的味道非常甜。"陈望道全文翻译的《共产党宣言》是从（   ）译本翻译过来的。

A. 德文   B. 英文

C. 俄文   D. 日文

7. 在五四运动以后的马克思主义传播中，起了主要作用的是（   ）

A. 陈独秀   B. 陈望道

C. 毛泽东   D. 李大钊

8. 中共一大的中心议题是（   ）

A. 正式建立中国共产党   B. 讨论马克思主义传播

C. 讨论与国民党合作   D. 讨论党的纲领

9. 中共一大通过了中国共产党的第一纲领，纲领确定党的名称是"中国共产党"。第一个提出党的名称为"中国共产党"的是（   ）

A. 蔡和森   B. 毛泽东

C. 陈独秀   D. 陈望道

10. 作为党公开领导工人运动机关的中国劳动组合书记部是在中共（   ）之后成立的。

A. 一大   B. 二大

C. 三大   D. 四大

答案：CBCAA，DDAAA

（二）多选题

1. 五四运动前的新文化运动的意义在于（　　）

A. 给封建的专制主义与伦理道德以前所未有的沉重打击

B. 大力宣扬了民主与科学，启发了人们的民主主义觉悟

C. 为外国的各种思想流派传入中国"开了闸门"

D. 成为中国新民主主义革命的开端

2. 关于五四运动，下列说法正确的是（　　）

A. 辛亥革命后资产阶级革命派的又一次奋斗

B. 近代中国第一次彻底的反帝反封建的革命运动

C. 标志着新民主主义革命的开端

D. 为中国共产党的成立做了思想上和干部上的准备

3. 关于中国共产党成立，下列表述正确的是（　　）

A. 作为党的创始人李大钊、陈独秀参加了一大

B. "中国共产党"的名称是一大就确定的

C. 一大成立了中央委员会，陈独秀是总书记

D. 中国共产党的成立是中国历史上开天辟地的大事件

4. 中国共产党第一次全国代表大会于 1921 年 7 月 23 日至 31 日在上海法租界望志路 106 号和浙江嘉兴南湖一条游船上召开，出席大会的各地代表共 13 人。下列属于参加一大的是（　　）

A. 李达　　　　　　　　　B. 毛泽东

C. 陈潭秋　　　　　　　　D. 周佛海

5. 促成 1922 年 7 月中共二大提出民主革命纲领的主客观因素有（　　）

A. 国内外时局的新变化

B. 列宁与共产国际的指导和帮助

C. 党开展了同"左"、右倾机会主义的斗争

D. 党开始懂得马克思主义要与中国实际相结合

答案：ABC、BCD、BD、ABCD、ABCD

（三）思考题

1. 中国的先进分子为什么和怎样选择了马克思主义？

新文化运动正处于第一次世界大战期间，资本主义制度的内在矛盾已经比较充分地暴露出来，先进知识分子中的一些人在宣传西方资产阶级民主主义时，就开始对它有所怀疑和保留。同时，新文化运动的开展，对马克思主义在中国

的传播有着重要的意义。

十月革命推动中国的先进分子从资产阶级民主主义转向社会主义。十月革命的胜利使中国人民看到民族解放的希望。中国人民在苦闷中摸索，在黑暗中奋斗，新文化运动与西方文明危机发生碰撞的时候，十月革命一声炮响，给中国送来了马克思主义，左右碰壁的知识分子忽然发现，高于资本主义文明的第三种文明就是马克思主义，就是科学社会主义。

五四运动促进了马克思主义在中国的传播及其与中国工人运动的结合。经过五四运动后，具有初步共产主义思想的知识分子不仅从理论上知道工人阶级的力量和历史地位，而且亲眼看到中国工人阶级的强大力量。

他们开始在工人阶级宣传马克思主义，组织工人运动，这就促进了马克思主义在中国的进一步传播，并同工人阶级结合，为中国共产党的成立准备了条件。

2. 中国共产党成立后，中国革命呈现了哪些新面貌？

中国共产党成立后，立即投身于中国革命的洪流中，使中国革命呈现出新面貌。

第一，第一次提出了反帝反封建的民主革命纲领，为中国人民指出了明确的斗争目标。

第二，发动工农群众开展革命斗争，在中国掀起了第一个工人运动高潮的同时，中国共产党也开始从事发动农民的工作，农民运动蓬勃发展。

第三，实行国共合作，并在合作中发挥主导作用，掀起大革命高潮，推翻了北洋军阀的统治。

（四）实践题

2021 年是实施"十四五"规划、开启全面建设社会主义现代化国家新征程的第一年，也是中国共产党成立 100 周年。中共中央决定，在全党开展中共党史学习教育，激励全党不忘初心、牢记使命，在新时代不断加强党的建设。党史学习教育不仅仅是 2021 年的事，要坚持长期进行，作为新时代的大学生，更要加强中共党史的学习教育。请以小组为单位，就"我眼中的中共党史"进行研究性学习，把党史与社会、南航、自我或自身家庭有机地结合起来，写一篇不少于 2000 字的实践报告。

第五章

中国革命的新道路

一、教学目的和要求

1. 了解国民党政权的阶级性质、内外政策及其统治下的社会政治经济状况，懂得进行土地革命战争的必要性、正义性和进步性。

2. 了解中国共产党探索中国革命新道路的历史背景和开辟中国革命新道路的艰难历程，懂得农村包围城市、武装夺取政权这一革命新道路对中国革命最终取得胜利的伟大意义。

3. 了解党内"左"倾错误反复出现的原因，了解第五次反"围剿"的失败和中国共产党人与红军将士在长征中表现出来的英雄气概，弘扬长征精神，坚定共产主义理想与信念。

4. 通过了解中国共产党，总结历史经验、推动马克思主义中国化的进程，领会把马克思主义普遍原理同中国革命具体实践相结合的极端重要性，认识加强党的思想理论建设的重要意义。

二、知识点和重点导读

主要知识点

国民党政权的性质　南昌起义　八七会议　秋收起义　三湾改编　广州起义　井冈山革命根据地　工农武装割据　农村包围城市、武装夺取政权革命新道路　中国共产党第六次全国代表大会　古田会议　土地革命　左翼文化运动　六届四中全会　中华苏维埃第一次全国代表大会　赣南会议　宁都会议　"左"倾错误　反"围剿"战争　红军长征　湘江战役　遵义会议　长征精神

重点导读

中国革命新道路的开辟及其启示

"道路问题是关系党的事业兴衰成败第一位的问题，道路就是党的生命。"1927 年，随着"四·一二"政变和"七·一五"政变的发生，以蒋介石、汪精卫为代表的国民党反动派投靠了帝国主义和封建主义，大革命宣告失败。以毛泽东为代表的中国共产党人，坚持民主革命立场，在实践上开辟了农村包围城市、武装夺取政权的革命新道路，并逐步形成一整套科学理论。这一理论，在大革命失败的背景下，从实际出发，敢为人先，为陷于低潮时期的中国革命注入了强大的精神动力，是中国共产党将马克思主义基本原理与中国革命实际相结合的产物。学习理解其理论精髓，对于我们进一步把握将马克思主义基本原理与中国革命实际相结合的根本方向，坚持中国特色社会主义道路至关重要。

为什么中国革命要开辟一条新道路？这是由国民党一党专政的军事独裁统治所决定的，也是由当时中国的现实状况所决定的。

国民党所建立的是一党专政的军事独裁统治，它将自己置于国家和人民之上。它明确规定，"由中国国民党全国代表大会代表国民大会，领导国民行使政权"，由国民党中央执行委员会政治会议"指导监督国民政府重大国务之施行"。它对共产党采取残酷的屠杀政策。在国民党统治下，和平的、合法的方式是不存在的。国民党的一党专政和军事独裁，决定着中国共产党只能走武装夺取政权的道路，而彼时国共两党的强弱态势则决定着中国共产党只能走农村包围城市的道路。正如毛泽东所说的，共产党是被"逼上梁山"的。

在当时的中国，有开展土地革命的必要，在地主豪绅的统治下，广大农民饱受折磨。这些地主大都建有圩寨，寨中的田地都是地主的，他们拥有自己的武装，对佃农实行超经济剥削，有生杀予夺之权，任意欺凌、拷打。在江西，1933 年有社会人士就指出，国民党各地县长等官吏"与土豪劣绅结合"，"连成一气"，使农村成为"土豪劣绅大肆蹂躏之乡，这类事实到处均可看到"。"民国"时期的农村，不适当的土地占有关系、不合理的地租和高利贷剥削率、不合宜的地主豪绅统治是一种普遍现象。

因此，中国共产党领导的人民土地革命战争，是必要的、正义的、进步的。

这条革命道路新在何处？它既区别于他国的资产阶级革命和无产阶级革命，也区别于中国旧式的民主革命。它也与俄国十月革命不同，中国共产党领导的革命新道路以农村为中心，通过在农村建立革命根据地，逐步积蓄革命力量，在条件成熟时夺取城市，最后夺取全国革命胜利。以农村为中心是中国革命新道路最显著的特点。

中国革命新道路虽然以农村为中心、以农民为主力，但它不是中国古代农民起义的再版，二者在性质上是截然不同的。中国革命是在十月革命的国际背景下，由一个有主义、有组织的无产阶级革命政党领导的、最终指向社会主义的新式民主革命。它依然以农民为主力，但内涵是全新的，具有现代的意义。正因为如此，旧式农民起义往往沦为王朝更替的工具，而中国共产党领导的革命能开创一个新世界。

中国共产党对农村重要性的认识经历了一个逐步发展的过程。面对国民党的残酷镇压，中国共产党人毅然举起了武装斗争的旗帜。1927 年 8 月 7 日，党召开了八七会议，明确提出要开展土地革命和武装斗争。在此前后，中国共产党相继举行了南昌起义、秋收起义和广州起义等一系列起义活动。这个会议、这些起义宣告着中国革命掀开了新的一页，进入武装夺取政权的新阶段。

在农村，中国共产党广泛开展土地革命，逐渐形成了一条正确的土地革命路线，其基本内容是依靠贫雇农，团结中农，限制富农，保护中小工商业者，消灭地主阶级。轰轰烈烈的土地革命的展开，解放了农村的生产力，调动了农民的革命积极性。农民成为红色政权赖以存在和发展的稳固的社会基础。

以各地武装起义和开辟农村革命根据地的实践经验为基础，中国共产党人开始了理论上的艰辛探索。

从 1928 年 10 月至 1930 年 5 月，毛泽东相继写成了《中国的红色政权为什么能够存在?》《井冈山的斗争》《星星之火，可以燎原》《反对本本主义》等著作，阐述了中国革命新道路理论。这一理论成果，主要由三部分构成:

1. 中国革命新道路的内容

中国革命新道路，即在中国共产党的领导下，以土地革命为基本内容，以武装斗争为主要形式，以农村革命根据地为战略阵地，三者结合，农村包围城市，最后夺取全国政权。这一道路的最大特色是在"农村"，以"农民"为主体进行无产阶级革命。在马克思主义理论宝库中，这是一个全新的概念，与国际共产主义运动"大城市工人武装起义"的概念形成鲜明对照。这一内容，也被毛泽东表述为"工农武装割据思想"。

2. 实施中国革命新道路的必要性

20 世纪 30 年代前后，中国共产党内存在着严重的教条主义倾向，他们僵化地理解马克思主义和俄国的革命经验，主张"城市中心论"。对此，毛泽东坚持"一切从实际出发，认识来源于实践"的原则。

正是立足于中国实际，毛泽东指出实施这一道路的必要性：第一，必须以土地革命为基本内容。中国是一个农业大国，农民是中国民主革命的主力军，必须通过土地革命发动农民。第二，反封建是民主革命的主旨，消灭封建地主土地所有制是中国社会解放和发展生产力的需要，必须以武装斗争为主要形式。中国是一个半殖民地半封建社会，对外无民族独立，对内无民主权利可以利用。帝国主义封建主义已经武装到牙齿，中国革命只能以"武装的革命反对武装的反革命"。第三，必须以农村根据地为战略阵地。敌强我弱是中国革命战争的主要特点。反动势力长期盘踞在中心城市，广大农村则是敌人统治的薄弱地方。建立农村根据地，有利于武装斗争和土地革命的展开，待时机成熟，最后夺取全国政权。

3. 农村革命根据地长期存在和发展的可能性

农村包围城市革命道路的第一步，即建立农村根据地。倘若农村根据地的存在与发展没有保障，其他则无从谈起。因此，毛泽东从五方面论述了农村根据地长期存在与发展的可能性。

第一，中国是一个政治、经济发展不平衡的半殖民地半封建大国。这句话应从三方面理解：①政治发展不平衡。中国是多帝国主义间接统治的半殖民地半封建社会。各帝国主义通过控制不同的封建军阀，控制不同的地区，导致各地区之间存在利益纷争和矛盾，红色政权可以在其夹缝中发展起来。②经济发展不平衡。"民国"时期的农村经济与城市经济不同，是以自给自足为主要特征的自然经济，可以不依赖城市而独立存在，为根据地的生存和发展提供了基本的物质保障。大国，是指地域辽阔，为革命战争提供了广阔的战略空间的国家。

第二，受到第一次国内革命战争的影响。20世纪20年代的中国，"革命"属舶来词，群众不理解。但是，经过北伐战争的洗礼，群众目睹"革命"就是"打倒军阀，打倒列强"，"革命"就是"打倒土豪劣绅"，对革命有了比较客观的认识，群众基础好。

第三，引起革命的矛盾没有解决，形势在发展。这里所谓的"矛盾"，即帝国主义与中华民族的矛盾、封建主义与人民大众的矛盾。北伐战争的发生，正是这一矛盾酝酿的结果。但是，由于北伐战争失败，这一矛盾未能解决，它必然还会酝酿新的革命形势，有利于农村根据地的存在与发展。

第四，有相当数量正式红军的存在。北伐战争时期，中国共产党未能建立独立领导的正规武装。正是大革命失败，血的教训，使毛泽东悟出"枪杆子里面出政权"，并尤为重视正式红军的建设。此时与北伐时期相比，根据地条件改观，1930年，全国正规红军已达10万人，为农村根据地长期存在和发展提供了军事保障。

第五，共产党组织的有力量和正确的路线政策。显然，这是一个主观条件，即在我们拥有上述各种优越条件的同时，还必须有一个强大的党组织和正确的路线政策。如果具备此点，那么我们农村根据地就可以长期存在和发展，反之，仍有失败的可能。因此共产党组织有力量和政策不错误，是重中之重。

毛泽东引兵井冈3年后，全国大大小小的根据地已有十几块，星星之火渐成燎原之势。实践证明，农村包围城市、武装夺取政权的道路是一条适合中国实际的正确革命道路，是在党领导人民的集体奋斗中开辟出来的，在这个过程中，毛泽东同志有最卓越的贡献。他不仅在实践中首先把武装斗争的立足点放在农村，领导开创井冈山根据地，创造性地解决了为坚持和发展农村根据地所必须解决的一系列根本问题，而且具有深刻洞察力，从理论上逐步对中国革命的道路问题作出了明确说明。

三、案例解析

案例 1

中共六大：唯一一次在国外召开的党代会①

2016 年 7 月 4 日，中国共产党第六次全国代表大会会址常设展览馆建成仪式在俄罗斯莫斯科举行。中共中央总书记、国家主席、中央军委主席习近平就会址常设展览馆建成致贺词。俄罗斯总统普京也就此专门致辞。

习近平在贺词中指出，88 年前，在中国革命最艰难的关头，为了国家和民族前途命运，140 多名中共代表，不远万里来到莫斯科郊区五一村，召开了中共六大。这是中共历史上唯一一次在境外召开的全国代表大会，对中国革命发展具有特殊的历史意义。

一个当时最多时拥有 9 万多名党员的政党，在一个拥有广袤国土的国度里，为什么不在本国召开代表大会，而要不辞辛劳、移师万里，前往遥远的欧洲，在苏联首都莫斯科的郊外召开会议？

1927 年春夏，是中国革命史上最黑暗的时段。4 月 12 日，蒋介石在上海发动反革命政变，大肆搜捕和屠杀共产党员与革命群众。7 月 14 日夜，汪精卫在武汉召开秘密会议，确定分共计划。7 月 15 日召开分共会议，公布《统一本党

---

① 中共六大：唯一一次在国外召开的党代会［EB/OL］. 党建网，2017-12-15.

政策案》，正式与共产党决裂，封闭武汉的工会、农会，疯狂屠杀共产党员和革命分子，提出"宁可枉杀千人，不可使一人漏网"的口号。汪精卫集团的叛变，使中国革命遭受严重损失。全国其他一些地方，在国民党右派把持和操纵下，也相继以残忍的手段进行"清党"。据中国共产党第六次全国代表大会时的不完全统计，从1927年3月至1928年上半年，被国民党反动派杀害者达31万多人，其中，共产党员2.6万多人。工会会员由革命高潮时期的300万人锐减至几万人，拥有1000多万会员的农民协会也基本上被解散。一时间，黑云压城，血流成河，全国笼罩在白色恐怖之中，中国共产党和党领导的革命事业到了生死存亡的危急关头。

30多年后，毛泽东在接见外宾回忆当时的悲惨情景时，有一个形象的比喻，他说，我们共产党就像一篮子鸡蛋，被摔到了地上，绝大多数都被打烂了。当时在全党面前只有两条路，要么被敌人的屠杀吓倒，放弃革命，要么坚持革命，武装反抗。信念坚定的中国共产党人并没有被敌人的屠杀吓倒，他们从地上爬起来，擦干净身上的血迹，掩埋好同伴的尸体，又继续战斗了。

1927年国共合作发动的大革命失败后，中国共产党开始走上独立领导中国革命的道路。在关于中国社会性质以及革命性质、对象、动力、前途等关系革命成败的重大问题上，迫切需要召开一次党的全国代表大会加以解决。

1927年7月12日，中共中央改组，陈独秀离开了中共中央最高领导岗位。为了总结第一次国内革命战争的经验教训，纠正以陈独秀为首的中共中央的错误，确定今后革命斗争的方针，中共中央于1927年8月7日在湖北汉口召开了紧急会议，即八七会议，李维汉担任会议主席，瞿秋白主持。会议总结了大革命失败的教训，讨论党的工作任务，确立了实行土地革命和武装起义的方针。毛泽东作了重要发言，着重对大革命失败后党必须发动农民和开展武装斗争等迫切问题作了阐述。会议纠正和结束了陈独秀的错误路线，选举瞿秋白、李维汉、苏兆征等人组成临时中央政治局，毛泽东当选为临时中央政治局候补委员。面对形势和党的任务的巨变，中央临时政治局提出要在6个月内准备召开中共六大。

1927年11月，中央临时政治局扩大会议正式作出《关于第六次全党代表大会之决议》，决定大会于1928年3月初至3月中旬之间召开。由于国内白色恐怖严重，很难找到一个能够保证安全的地方，所以临时会议没有把大会召开地点确定下来。瞿秋白曾提议将会议地址定在澳门，而多数人主张在香港，未能取得一致意见。

考虑到1928年春夏间莫斯科将相继召开赤色职工第四次大会、共产国际第六次大会和少共国际第五次大会，届时，中国共产党将派代表出席这几个大会，而且中共中央也迫切希望能够得到共产国际的及时指导，中央领导几经权衡，决定把六大放到莫斯科召开，并向设在莫斯科的共产国际总部发出了请示电。

1928年3月，共产国际充分考虑了中共和中国国内的实际情况，正式回电，同意中共六大移到莫斯科召开，要求当时的中共领导人瞿秋白、周恩来等提前到莫斯科做会议的各项准备工作，同时还点名要中共中央前总书记陈独秀出席会议，但遭到陈独秀拒绝。1928年4月2日，中共中央临时政治局常委会开会研究召开六大的问题，决定李维汉、任弼时留守，负责中央日常工作，邓小平为留守中央秘书长。

1928年4月下旬起，瞿秋白、周恩来等中央领导人和100多位参加六大的代表，冒着生命危险，穿越茫茫的西伯利亚，分批秘密前往莫斯科。代表中，除小部分从上海乘船到符拉迪沃斯托克再到莫斯科外，大部分是经陆路去莫斯科的。走陆路的代表为了避开特务跟踪，到哈尔滨后兵分两路，一路由绥芬河过境，另一路经满洲里出境。党的领导机关在哈尔滨设立了接待站，接送过往代表。代表们离开哈尔滨时，每人领了一根折断的火柴棍作为接头的信物，到满洲里下车后，由苏联人驾驶标有"67"和"69"号码的两辆马车负责接送。来人只要交上火柴棍，不必说话就可以上车，然后换乘火车，整整坐7天车才到莫斯科，再由马套车送到开会的地方。

党的六大是在特定历史时期和历史条件下召开的具有重大历史意义的会议，取得了重大成就。

六大认真总结了大革命失败和土地革命战争初期革命斗争的经验与教训，明确提出要反对"左"、右两种倾向。大会进一步批评了大革命后期的右倾错误，认为其是导致大革命失败的主要原因。大会也批评了大革命失败以来的"左"倾盲动错误，认为盲动主义与命令主义是当前使党脱离群众的最主要的危险倾向。

六大对有关中国革命的一系列存在严重争论的根本问题，作出了基本正确的回答。它集中解决了当时困扰党的两大问题：一是在中国社会性质和革命性质问题上，明确指出现阶段的中国仍是半殖民地半封建社会，引起中国革命的基本矛盾一个也没有解决，现阶段的中国革命依然是资产阶级性质的民主主义革命。二是在革命形势和党的任务问题上，明确了当时中国的政治形势是处在两个革命高潮之间，即低潮时期，革命的发展具有不平衡性。大会根据对形势和敌我力量对比的较为正确的分析，确定党的总路线是争取群众、准备起义，而不是立即举行全国性的起义。党的中心工作不是千方百计地组织暴动，而是做艰苦的群众工作，积蓄力量。这两个重要问题的解决，基本上统一了全党思想，对克服党内存在的"左"倾情绪，实现工作的转变，起了积极的作用。

在肯定中共六大的成绩和贡献的同时，也应看到中共六大存在的历史局限性。党的六大对中国革命的特点、中国革命的中心问题、中国革命的敌人、党的工作重心等问题认识不足。在选举中央主席时，由于过分强调工人成分和对知识分子的偏见，加之共产国际定的基调与苏联的干预，最终在周恩来、向忠发两人中，选择了工人出身的向忠发。这样，向忠发被推举为中央政治局主席和中央政治局常委主席，成了党的最高领导人。后来的事实证明，向忠发无法驾驭党的全面工作，不能起到应有的领导作用，在党内只是一个摆设。这也是六大后李立三能掌握中共中央实际权力，"左"倾冒险错误在中共中央占统治地位的一个原因。

这些局限性并不能掩盖党的六大本身主要方面和路线的正确性。在六大以后的两年中，全党贯彻六大路线取得较大成绩，革命力量得到了恢复，中国革命出现了复兴的局面。

评析与思考

1928 年 6 月 18 日至 7 月 11 日，中共六大在苏联首都莫斯科举行，这是党在历史上唯一一次在国外召开的全国代表大会。大会明确中国仍是一个半殖民地半封建的国家，现阶段的中国革命仍是资产阶级性质的民主主义革命，党的总路线是争取群众。六大后的两年，全党贯彻执行六大路线，中国革命开始走向复兴和发展。

请大家思考两个问题：

1. 中共六大为何在莫斯科召开？

2. 如何认识中共六大在党的建设和发展、在中国革命和中国人民解放事业征程中发挥的重要作用及其历史局限性？

案例 2

中央红军长征落脚点的七次变化

1935 年 10 月，中央红军抵达陕北，率先完成长征。然而，到陕北落脚并非中共中央和红军最初的打算，整个长征途中，中共中央对落脚点的选择先后发生了七次变化。

黎平会议：川黔边根据地

湘江一战，红军由 8 万多人锐减到 3 万多人。更为严重的是，蒋介石已经判明了红军的战略意图，调来是红军五六倍的兵力在前往湘西的路上布下了一个"口袋阵"，等着红军往里钻。危急关头，毛泽东提出放弃移师湘西的计划，改向敌人力量薄弱的贵州前进，到川黔边建立根据地。1934 年 12 月 15 日，红军穿越湘南进入贵州，于 18 日在黎平召开中央政治局会议，确定在川黔边地区建立根据地作为红军新的落脚点。

遵义会议：川西或川西北根据地

遵义会议前后，由薛岳率领的国民党"中央军"纵队，还有川、黔、滇等地方军阀的部队共 150 多个团，对红军所在的川黔边地区形成了新的包围圈。建立以遵义为中心的川黔边根据地已经不大可能，决定改变黎平会议的决议，红军渡过长江在成都之西南或西北建立苏区根据地。

扎西会议：云贵川边根据地

遵义会议后，中央红军准备从泸州上游的宜宾附近北渡长江。蒋介石急令川军刘湘集中兵力在长江南岸堵击，又令薛岳和黔军王家烈率部渡乌江尾追，企图围歼红军于川江南岸地区。形势的变化使渡江变得十分困难，原定渡河计划已不可能实现，党中央和中革军委决定停止向川北发展，而在云、贵、川三省地区创立根据地。

会理会议：川西北根据地

扎西会议后，经过整编的红军二渡赤水，回师遵义，取得了娄山关大捷，打开了黔北的新局面，中共中央和中革军委决定首先在黔北建立新苏区，赤化全贵州。1935 年 5 月 9 日，中央红军全部渡过金沙江，彻底跳出了敌人的包围圈。12 日，中央在会理召开政治局扩大会议，决定立即北上，同红四方面军会合，在川西或川西北创建根据地。

两河口会议：川陕甘根据地

会理会议后，中央红军强渡大渡河、飞夺泸定桥、翻越终年积雪的夹金山，与红四方面军在四川懋功胜利实现会师。毛泽东综合分析日本入侵华北后，国内形势的变化，以及川西北地区的实际情况，决定放弃遵义会议的计划，认为红军应该北上至川陕甘建立根据地。1935 年 6 月 26 日，中共中央在懋功县两河口召开了政治局扩大会议，会议最终决定"首先取得甘肃南部，以创造川陕甘苏区根据地"。

俄界会议：在与苏联接近的地方创建根据地

两河口会议后，中革军委制订了松潘战役计划，但由于张国焘的拖延，红军丧失了攻占松潘的有利时机，陷入胡宗南和川军南北夹击的危险境地。中共军委改成夏洮战役计划，要红军穿草地北上甘南，在夏河至洮河流域建立苏区根据地。1935 年 8 月底，中央机关和右路红军走出草地，攻占了四川北部小城包座，打开了前往甘南的通道。张国焘反对北上，于 9 月 9 日密令陈昌浩率右路军南下。毛泽东连夜率领红三军和军委纵队先行北上，于 1935 年 9 月 11 日到达甘南迭部县俄界境内，决定先在与苏联接近的地方创造一个根据地，将来向东发展。

榜罗镇会议：陕甘根据地

根据俄界会议决定，红一方面军第一、第三军团和军委纵队改编为中国工农红军陕甘支队。1935 年 9 月 17 日，陕甘支队突破天险腊子口，顺利抵达哈达铺。在哈达铺休整时，毛泽东从报纸上获知：刘志丹领导的红二十六军在陕北控制着五六个县大小的苏区根据地，已与徐海东的红二十五军会合组成红十五军团。22 日下午，毛泽东在陕甘支队团以上干部会议上宣布，前往陕北同刘志丹领导的红军会合。9 月 27 日，红军到达通渭县榜罗镇，作出了把长征落脚点放在陕北，在陕北保卫和扩大苏区的战略决策。10 月 19 日，红军到达陕北保安县（今志丹县）吴起镇。10 月 22 日，中共中央在吴起镇召开政治局会议，批准了榜罗镇会议的战略决策，正式宣告中央红军长征结束。

评析与思考

1935 年 10 月，中央红军抵达陕北，率先完成长征，开启了抗日救亡的新征程。毛泽东曾说："陕北是落脚点，也是出发点。"然而，到陕北落脚并非中共中央和红军最初的打算，而是在极端险恶的转移过程中为了摆脱敌人和保存自己的实力，根据敌我情况变化不断调整原定计划的结果。此案例通过分析长征途中中共中央七次改变落脚点的过程，反映了红军长征的艰辛和危急严峻的形势，以及国民党军队疯狂围追堵截的情形，充分体现了红军不畏牺牲的长征精神。

请大家思考两个问题：

1. 请结合中国地图或长征线路图，谈谈你对长征精神的理解。

2. 今天，长征精神赋予我们哪些新的时代内涵？你将如何继承和弘扬伟大的长征精神？

四、知识拓展

经典文论

遵义政治局扩大会议传达提纲①

（一九三五年二月或三月）遵义政治局扩大会议的召集，是基于在湘南及通道的各种争论而由黎平政治局会议所决定的。这个会议的目的是在：（一）决定和审查黎平会议所决定的暂时以黔北为中心，建立苏区根据地的问题。（二）检阅在反对五次"围剿"中与西征中军事指挥上的经验与教训。当着红军占领遵义以后政治局扩大会议即行开幕，参加这个会议的同志除政治局正式及候补委员以外，一、三军团的军团长与政治委员林聂、彭杨及五军团的政治委员李卓然、李总政主任及刘参谋长都参加。会议经过三天，作出了自己的决议。1. 扩大会一致决定改变黎平会议以黔北为中心来创造苏区根据地的决议，一致决定红军渡过长江在成都之西南或西北建立苏区根据地。这个决定的理由是：由于四川在政治上、军事上（与四方面军的更好的配合，背靠西康一个空无敌人的区域）、经济上都比黔北好。（如果今天来观察这个决定，我们应该批评这个决议只在一些比较抽象的条件上来决定根据地，没有具体的了解与估计敌情与可能，没有讲求达到这个目的的具体步骤。而且个别同志对于四川敌人的兵力是过低的估计的，后来由威信回兵黔北而没有达到渡江入川的目的，亦正在此。）2. 检阅反对敌人五次"围剿"中与西征中的错误。（A）扩大会议认为四次"围剿"粉碎以后，中央政治局所作的决议——粉碎帝国主义国民党五次"围剿"的决议是正确的。政治局扩大会反对博古同志的报告，这个报告客观上是在说明不能胜利的保卫苏区来粉碎五次"围剿"的原因是偏重于客观的——帝国主义对于国民党的帮助，白区反帝与革命运动不能与红军战斗配合，苏区周围的游击战争与白区工作的极端薄弱等等——，没有显著地把我们在军事指挥上的错误，提到这些原因中的应有的高度。（当然在博古同志的报告中也说了主观的指挥上的错误，当然也不曾明显地把这个问题放在次要的地位。）这在客观上是右倾机会主义的，是企图掩盖指挥上的错误的，是不能得到教训的。扩大会议认为我们没有胜利的保卫苏区来粉碎五次"围剿"的原因，除了许多客观的而且重要的原因以外，最主要的原因，由于我们在军事指挥上战略战术上基

---

① 陈云. 遵义政治局扩大会议传达提纲［N］. 人民日报，1985-01-17（1）.

本上是错误的。扩大会议认为当时党的总的政治路线一般的是正确的，一切在苏区内部的后方工作是模范的，必须奖励的。但是正因为国内战争中军事指挥是党的总的政治路线的一个主要的部分，我们党正是由于军事指挥上在这个时期以及西征中是基本上错误的，因此在保卫苏区与顺利地粉碎五次"围剿"的意义上来说，以及达到西征军预定的湘西目的地来说，是没有完成自己的任务。扩大会议认为蒋介石在五次"围剿"中没有完全成功，主力红军非但冲出重围，而且在川黔滇湘活跃着发展着。相反的在军事的力量上来说，经过五次"围剿"的一年半的血战，蒋介石的军事力量是削弱了。扩大会议认为中国苏维埃运动决不是低落，相反的依然是发展的。几个苏区红军的胜利，中央红军的活跃，以及反帝运动的高涨与国民党统治下的全国经济的破产。中国苏维埃运动有着浓厚的历史的源泉，中国苏维埃运动与红军是不可战胜的力量。（B）为什么说军事指挥上基本上是错误的？（把五次"围剿"起至西征到遵义分成四个时期。）第一个时期——从粉碎四次"围剿"以后到朋口战争与十九路军订定作战协定以前。这个时期，首先在东黄陂战争胜利以后（粉碎了四次"围剿"），因为当时对于胜利的估计不足，把红军主力停留在北线上一个短时期，以后向着闽江活动来开辟东战场是对的，朋口战争胜利了，这都是对的。这个时期一般的是指挥正确的，但是极大的错误是没有集中主力，只有三军团与东线原有较弱的兵团与十九路军决战，如果那个时期，集中更多的力量，我们在东方战线上的胜利，必然远过于当时所获得的。第二个时期——从与十九路军订立作战协定起，到十九路军的失败与敌人占领军事要点——黎川。这个时期党中央决定与十九路军订立作战协定，是正确的。但是在当时军事指挥上并没适应政治上的要求，当时我们非但没有出建黎泰去侧击向延平前进的蒋军，反而把红军主力向着赣江活动，等到后来洛甫同志（他是军委的委员）知道而提出反对时，再把红军向东到永安、沙县时，福建人民政府的局面已经改变了。而使蒋介石把东方战线在自己的掌握中组成积极的进攻苏区的战线。同时在个别指挥员的贻误之下失守黎川。政治局扩大会认为这个时期，如果我们在军事上能够正确指挥，那么我们完全有可能粉碎五次"围剿"，国内形势将成另外一个局面，而有利于革命运动苏维埃运动的发展。第三个时期——从十九路军失败以后的广昌战斗到主力红军出发西征时。这一时期是五次"围剿"战争中最残酷的战斗的时期，敌人用最大兵力压迫我们于苏区内部。同时，我们严重的指挥上的错误也正是在这个时期，不去尽力寻求运动战与敌人翼侧的活动，而采取阵地式的与敌人堡垒对峙的战略战术，发明以"赤色堡垒"来抗阻敌人。在赤色堡垒与敌人堡垒对峙之下，用所谓有名的"短促突击"战术来作战。这个战术拒绝了在运动战中消灭敌人的战术，放弃了外翼侧的活动。结果苏区边界上到处造了宫殿式的堡垒（当然不是说个别的必要地区的堡垒是不要的），我们依靠这些堡垒和工事与敌人对抗。这个战术完全暴露我们的主力，完全在敌人面前暴露我们的弱点，使敌人的飞机大炮能够按照一定目标配合步兵师团向我们进攻。结果，我们与敌人只是拼"消耗"（这对我们是不利的），许多赤色堡垒被毁于飞机大炮，一些被敌人占领来作为进攻苏区的军事据点。"短促突击"的战术，使我们不能获得运动战中应能获得的胜利（龙岗战斗），使我们在敌人的强大的火力之下受到极大的损失。在敌人以几倍于我们力量向我们进攻时依然不得不退出赤色堡垒地带（建泰广昌）。"短促突击"在广昌战斗、三溪圩战斗、太阳嶂战斗、石城战斗，以及退出苏区时的许多战斗中，红军的有生力量受到极大的损失。每次战役总是死伤二三千，三军团在一个短时期中全军团的老的连长完全死伤。即使在将要西征出发的前两天，军委依然命令十三师在兴国城市死守。"短促突击"的结果，使一九三三年红五月直到一九三四年九月扩大来的十五万以上（将近二十万）的新战士，除去因为政治工作的薄弱、动员扩大红军时工作上的错误而使一部减员以外，都在这个战术之下损失了。第四个时期——开始西征起到黎平为止。这个时期是在指挥上、组织上一般是错误的，已如前述，不再重复。总括以上四个时期来看，当时我们在军事指挥上、战略战术上是基本上错误的。（c）右倾机会主义的单纯防御路线。扩大会议认为当时军事指挥上所采取的战略是单纯防御路线。这个战略之政治来源，是由于对我们可以战胜敌人的堡垒主义，没有信心。这种单纯防御路线实际就在：（a）拒绝运动战与在敌人的翼侧的活动。（b）企图以赤色堡垒的消耗战来保卫苏区。（把不失去一寸苏区土地的口号在战术上机械的运用。）（c）敌人分六路进攻，我们也分兵抵御。这样就不仅居于被动地位，而且使我们主力不集中，各个战线上力量薄弱而处处受敌打击。如果否认五次战争中敌人战略上的堡垒主义的特点，是错误的，但是诱敌深入的机会依然是有的，而且还不很少的。正因为我们采取的战术是敌人一出动——三里五里——即对敌进攻，这样使敌人更加小心而步步筑堡垒。在五次战争开始时敌人的堡垒还是十里一个十五里一个，因为我们的短促突击的结果，使敌人懂得在一里路的距离中筑上三五个堡垒。譬如：龙岗战斗，敌人才伸出五里路，我们即出击，暴露了红军主力所在，使敌人立即迅速地退回堡垒的据点，结果可以大胜的战斗，只能俘获一营敌人。这种类似的战役数不胜数。所有军团首长在扩大会上举出许多战役的例子都犯这个错误。他们说："在这个战役中得到的军委命令，在出发以前，已经知道是劳而无功，但是只有服从命令。"即在退出苏区以前不久之东方战线上打击李延年纵队之温坊战斗是极大的胜利（俘获人枪千余），但是这个胜利的获得，正是由于一军团首长不照军委命令，死守温坊来打击敌人，而自动进行机动，从温坊退进苏区二十里路（可是他们恐军委的责备而两天两晚睡不着觉），才能使敌人大胆前进，远离堡垒，而给以打击。至于后一时期只在分兵抵御，除了七军团之抗日先遣队北上外，其他在敌人翼侧后方的活动，完全没有。至于以赤色堡垒来对抗敌人的堡垒主义，这种"拼消耗"的战斗，谁都明白在今天我们所处的地位，运用了的时候是极端不利的。分兵抵御的办法，不仅使我们完全居于被动地位，常被某一战线上的敌人佯攻吸引红军力量，而在其他战线上进行强攻，不仅使红军部队疲于奔跑，而受到不应有的损失，而且不合目前国内战争红军处于内线作战，必须集中主力、集中优势兵力去打击敌人的弱点，来各个击破敌人的分进合击的原则。因为分兵抵御而不能集中主力，所以许多战役不能得到应有的胜利。就是温坊战斗以后，敌人的两个师迅速增援——继续冒险前进——因为我们的其他军团没有集中，不曾取得继续的可能的胜利。这种错误的军事上的指挥，是经过了一个很长的时期。在这一时期中，党内军委内部不是没有争论的，毛、张、王曾经提出过许多意见，就是周恩来同志也曾有些个别战役上的不同意见，但是没有胜利的克服这种错误。至于各军团，尤其是一、三军团的首长不知有多少次的建议和电报，以及每个战役的"战斗详报"，提出他们的作战意见，可惜完全没有被采纳。扩大会议指出军事上领导错误的是 A、博、周同志，而 A、博同志是要负主要责任的。扩大会议指出党内对于军事领导上错误的纠正，不是党内的分歧，相反更加团结，使军事领导走上正确的道路，使党与军委的威信更加提高。一切动摇、悲观、失望的分子，与前进的布尔什维克没有丝毫相同的地方。扩大会议指出反对军事领导上的单纯防御路线时，必须坚决地反对一切右倾机会主义的倾向。（D）扩大会最后作了下列的决定：①毛泽东同志选为常委。②指定洛甫同志起草决议，委托常委审查后，发到支部中去讨论。③常委中再进行适当的分工。④取消三人团，仍由最高军事首长朱、周为军事指挥者，而周恩来同志是党内委托的对于指挥军事上，下最后决心的负责者。扩大会中周恩来同志及其他同志完全同意洛甫及毛、王的提纲和意见，博古同志没有完全彻底地承认自己的错误，凯丰同志不同意毛、张、王的意见，A 同志完全坚决地不同意对于他的批评。扩大会完毕后中常委即分工，以毛泽东同志为周恩来同志的军事指挥上的帮助者。并决定决议到支部讨论时，指出华夫同志的名字（华夫即 A 名，常用此名在军委刊物《革命与战争》上发表许多文章，特别是短促突击的文章）。在团以上的干部会中才能宣布博古同志的名字。决议发出以后常委各同志——毛张陈到各军团干部会中传布决议。在一切会议中对于政治局扩大会决议是积极的拥护的。在由遵义出发到威信的行军中，常委分工上，决定以洛甫同志代替博古同志负总的责任。

背景知识

这是 1935 年陈云同志传达遵义会议情况提纲的手稿。手稿形成于遵义会议后不久从威信到鸭溪的行军途中，时间在 1935 年 2 月中旬至 3 月上旬，具体日期尚难确定。手稿提供了许多重要的历史事实，是一份珍贵的历史文献。1985 年 1 月 17 日，《人民日报》全文发表了这份档案，题为"遵义政治局扩大会议传达提纲"，是迄今为止有关遵义会议内容最完整的原始材料。陈云详细、客观的报告，使当时已很长时间没有得到准确消息的共产国际，有机会正确了解中国共产党和中国革命的真实情况，对以毛泽东为首的中国共产党领导人有了全新的认识。

1956 年，苏共中央决定将共产国际中共代表团档案移交给中方，中央办公厅即派中央档案馆工作人员赴莫斯科，把 1922 至 1943 年有关中共中央的档案，带回北京。这批文献数量巨大，足有几百箱，后来一直存放在中央档案馆，《（乙）遵义政治局扩大会议》就是这批档案中的一件。由于没有署名，没有注明日期，也没有找到上下相关的部分，再加上其他一些原因，这份文件在 1980 年以前，除了向为数很少的党史研究部门提供过复印件外，一直静静地被存放在档案馆里，几乎没有人知道它的存在，更没有人知道它的意义。①

学者新论

苏维埃革命与中国共产党百年历程②

苏维埃革命是中国共产党百年史中的重要历史阶段。如何客观地认识这十年的奋斗和创造、成绩与错误、面相与实质，如何理解苏维埃模式取自苏俄而中国共产党却在革命中形成了自己具有标志性意义的重大创造，如何理解苏维埃革命最终被放弃却在其后产生长久的影响，都值得认真研究。长期以来，关于中国苏维埃革命的研究成果相当丰富，人们对苏维埃革命的研究与认知不断深化。但由于历史的复杂性和丰富的可能性，特别是这段时期处于革命形态的

① 孙东升，蒋永清. 陈云手迹故事 [M]. 重庆：重庆出版社，2016.
② 何友良. 苏维埃革命与中国共产党百年历程 [J]. 近代史研究，2021（3）：33-37.

急骤转换之际，采用外国经验模式而相继出现严重的"左"倾错误，也给后来的研究与认识增加了极大的困难。在建党一百周年的今天，仍有进一步深化研究和认知的必要。

一、中国共产党借用苏俄经验受挫，进行重要探索并实现突破创新

认识革命的面相与本质、借用与创新，是观察和理解苏维埃革命的一个重要维度。毋庸讳言，中国共产党领导的苏维埃革命是在非常时期对苏俄革命和制度模式的移植，是在当时条件下以革命改造国家和社会的一种制度选择。因此，它与苏俄的体制模式基本相同，即在政治制度、国家权力体系、政权机构设置与职能划分方面基本相同，甚至直接照搬了一些机构的名称，中国的苏维埃革命也因此烙下深深的苏俄印记。但是，中国共产党在实践过程中，也根据中国的实际，在一些重大问题上进行了转换、突破和创新。面相之下，深藏着实事求是的本质。

一是在革命性质问题上的转换。苏俄模式与社会主义革命的性质相联系，将废除私有制、土地国有化、实行无产阶级专政等作为其内容。中国共产党实行苏维埃模式，有一个从长远目标到现实选择、从社会主义到民主主义革命性质的转换。首先，中共一大宣布"承认苏维埃管理制度"，一直到1927年夏秋，只是从其本来性质和目标上理解苏维埃制度，视之为推翻资产阶级的政权和私有制后建立的无产阶级专政的政权和社会模式，而非当下的现实选择。因此，即使是在领导土地革命的最初几个月中，中国共产党也只是实行过革命委员会和农民协会，明确表示"本党现时不提出组织苏维埃的口号"。由于没有找到适合于独立领导革命的政治模式，又有应对生存危机等现实压力，中国共产党才将关注苏维埃的目光从长远转向现实，于1927年11月召开临时中央政治局扩大会议，正式确认采行苏维埃革命模式。继而，针对"无间断的革命"等混淆民主主义革命和社会主义革命界限的错误认识，进一步解决苏维埃革命的革命性质问题。1928年，瞿秋白撰文批评"中国的苏维埃是无产阶级独裁制"的观点混淆了两种革命的不同性质，认为中国苏维埃革命的性质"是工农革命民权独裁制"；接着，中共六大在共产国际的帮助下，正确分析了中国的政治经济状况，批评混淆民主主义革命与社会主义革命界限的观点，明确指出中国仍然是半殖民地半封建社会，中国革命现在阶段的性质是资产阶级民主革命。这一对中国苏维埃革命性质的认识，实际上实现了由社会主义向民主主义的转换和创新，使中国苏维埃革命脱离了苏俄模式的内核，成为土地革命的政治形式。其后，多位中国共产党的领导人曾对中国的实践进行分析，指出中国苏维埃的性质是资产阶级民主革命，把地主土地交给农民，没有破坏私有制的范畴，不是

用无产阶级思想去消灭资本主义、消灭阶级，因此它与苏联无产阶级专政的苏维埃是"不同"的。显然，这是中国共产党在移植外来制度中的实践与探索。

当然，这个转换也存在不彻底的问题，最典型的表现是错误地排斥、打击民族资产阶级和上层小资产阶级，这是当时"左"倾政策的结果。直到中共中央到达陕北后，根据实践检验、理论认识和形势的变化，放弃了苏维埃模式，这个转换才比较彻底地完成。

二是在中国革命道路上的创新。中国革命"农村包围城市"道路的提出，有着丰富的实践基础和理论内涵，学界已有充分的研究，无须赘言。简单地说，苏俄模式与城市中心道路相联结，从中国共产党成立到实行苏维埃革命的初期，走的也是城市中心的道路。其间，在城市中心论指导下的实践一再失利，以毛泽东为代表的共产党人主动放弃攻打中心城市而转向农村，并进行理论思考和升华。1928年年底至1930年春，毛泽东写下《中国的红色政权为什么能够存在?》《星星之火，可以燎原》和《反对本本主义》等多篇著作，初步形成农村包围城市的理论。这一理论突破了城市中心道路的苏俄模式，实现了向适合中国国情的革命道路的转换，是以毛泽东为代表的中国共产党人在苏维埃革命中最为重大的创造。

三是将农民群众提升为革命的主体力量。中国共产党历来重视农民问题，苏维埃革命更是"紧紧地依靠着农民"进行的。中国共产党面对时势、环境和阶级力量的变化，以制度、政权和土地为途径，对农民进行动员组织，"不仅思想上领导农民，经过某些组织形式（党、党在农村中的组织），而且是经过国家形式领导农民"，将之纳入新型的、独立的经济和政治制度，视之为"新社会的主人翁""新的社会的建设者""新社会的基础"，提出一系列关于农民问题的思考与理论，引发农民群众的认同感、归属感和义务感，形成浩大的革命生力军。将农民确定为革命的主体力量，是对苏联原生经验的突破和创新。1933年9月底，国民党南昌行营办公厅主任、江西省政府主席熊式辉，在与前来考察的青年党领导人李璜谈及国共两党与民众的关系时，坦承共产党"之于民，头头是道，如鱼在水；官军之于民，格格不入，知〔如〕鱼在沙"，认为这是国民党军势拙、共产党厉害的原因。这是对中国共产党动员组织农民所取得成效的客观评价。

四是对苏维埃模式的放弃。中国共产党在借鉴苏俄经验的同时，也发现了其不适应中国革命实际的内在弊病。长征到达陕北后，中国共产党根据抗日救国的新形势，主动进行战略与政策调整，在土地、阶级、政权、政治路线等方面做出改变，逐渐消解了苏维埃制度，也改变了革命的形态与内容。1937年

9月，苏维埃体制正式向抗日民主政权体制转换。这是中国共产党在引用外国经验与结合本国实际方面的重大实践。

二、苏维埃革命是中国共产党治党治军、治国安民的初步尝试，影响深远

考察革命的经验、成果及影响，是观察和理解苏维埃革命的另一个重要维度。这一时期是中国共产党在局部地区进行治理的开端。中国共产党从中学会了运用马克思主义去解决政治问题和战争问题，学会了治国安民的艺术和战争的艺术，造就了一大批会治党、会治国、会治军的领导骨干，在党的建设、社会治理、民众组织等方面都有大的成绩。丰富的实践经验和丰硕的理论成果，成为中国共产党的宝贵思想资源，深刻地影响后来的历史走向与进程。这是苏维埃革命虽被放弃但其历史地位昭然史册的根本原因。

苏维埃代表大会的政治体制，为中国共产党探索新型国家体制、人民政权道路与执政治国方略提供了宝贵的经验。苏维埃代表大会制度由政治、经济、军事、文化、社会等方面的一系列制度组成，其核心为国家体制和国家权力的制度安排。在中国革命胜利前夕商议国家政治制度时，毛泽东几次指出："我们不采取资产阶级共和国的国会制度，而采取无产阶级共和国的苏维埃制度。……'苏维埃'这个外来语我们不用，而叫作人民代表会议。"显然，苏维埃制度和人民代表大会制度之间，特别是中国共产党领导与人民当家作主这一制度核心，有着清晰的继承性，而后者弥补了前者的局限与不足。可以说，苏维埃代表大会制度是人民代表大会制度的源头，其核心原则与制度为人民代表大会所继承和发展。

苏维埃时期中国共产党对执政方式与治理模式进行了探索，积累了丰富的经验。苏维埃政权是中国共产党领导的第一个具有独立政权形态的人民政权，在领导和管理这个新型政权的过程中，中国共产党创新了党与政权、党与军队、国家与社会、国家与人民之间的相互关系，进行了领导国家政权、制定和实施各种政策、进行全局统筹与社会治理等各方面的实践，并初步总结了治国安民的执政经验。一些国民党人在当时即已注意到苏区政治具有特点、富有效能，指出"其下层政治组织，比较健全，各项工作较易推进"，苏区内"几无废人"，"尤无废事"，值得仿效。有学者指出，苏维埃政权的作为"让晚清以来，国家治理能力不足的问题开始产生实质改变。相较于晚清和国民政府，苏维埃政权以更为实际和有效的手段，将治理性透过政治制度的设计和经济与军事动员的手段，表现出来。这种政治政略的贯彻，甚至让他的政治宿敌——南京政权——都不得不为之折服"。显然，在苏维埃革命中创建的执政制度和领导方式，是中国共产党实施"局部执政"的重要实践，为其后全国执政留下了重要

的思想资源和经验依据。

在这一时期，中国共产党领导红军进行了反"围剿"战争，确立了党军关系和军队建设的基本原则。从秋收起义"支部建在连上"到古田会议"党指挥枪"原则的确立，从游击战"十六字诀"到红军全部作战原则的形成，从人民军队诞生到人民战争体系的建立，从"三大纪律八项注意"到"政治工作是红军生命线"的提出，苏维埃革命时期的建军和武装斗争实践，确立了人民军队政治工作的基础和新型人民军队的模型，成为其后人民军队继承、完善和发展的样本。谭政在1944年受中共中央委托起草的报告中，指出红军在对敌斗争的政治工作上，在协调军党关系、军政关系、军民关系、官兵关系、上下级关系、军事工作与政治工作关系、各部分军队间友好关系上"有很多的创造，以至于到今天还成为我们军队的一部分优良传统"，强调要"坚决执行一九二九年四军古田会议的决议"。聂荣臻进一步强调："我们是朱毛红军的血统，要永远继承这一光荣传统。"古田会议确立的政治建军、思想建党原则，至今为党和军队所遵循和传承。

苏维埃革命实践，变革了国家与人民的关系，提供了动员、组织民众与发挥民众潜力的基本模式。在苏区社会中，人民群众广泛参与政治事务和社会管理。中国共产党鼓励人民群众积极参与政治和社会事务，通过政治、经济、军事、文化、群团等各种制度设置，为群众广泛参与政治提供了合法渠道，使国家权力深入乡村社会，这是苏维埃革命的一个重要特点和经验。由此，苏区政权与民众缔结牢固的关系，形成民众代表与民众团体在乡村的坚强领导，使群众中"有活动力的男女，都在做工作，像千百条血管，连结群众里面"。这在当时被毛泽东认为"是苏维埃组织与领导方面的一大进步"，"是苏维埃制度优胜于历史上一切政治制度的最明显的一个地方"。学者邹谠敏锐地指出，中国共产党"以它的严密的组织和逐渐强大的组织能力，去发动群众，组织群众，引导群众参与政治，所以在革命的过程，中国人民参与政治的格〔形〕式起了数千年以来第一次的根本变化，农民及贫苦大众下层阶级都变成政治生活中的重要角色，不少上升为干部，最高层的政治领袖也以他们为'参考群体'，这是共产党战胜国民党的最根本的原因。更重要的是这个大众参与政治形式的变化，正是中国建设社会主义高度民主不可缺少的基础"。

毛泽东在苏维埃革命中成长为杰出的军事家、理论家、政府领导人和中国共产党的领袖，其间写下的许多著作是对中国革命实践的观察与总结，体现了马克思主义中国化的原创性思考，并在其后丰富发展，成为中国共产党的指导思想。井冈山精神、苏区精神和长征精神，反映了这一时期共产党人的理想信念和浴血奋斗,既是当时革命运动的精神支撑,又是中国共产党百年精神链条中的重要环节,共同阐释着中国革命发生发展和中国共产党发展壮大的内在原因,并成为"今天正在建设的社会主义核心价值体系的重要来源"。

苏维埃革命中的"左"倾错误也提供了深刻的教训,成为中国共产党不断前进的重要借鉴。抗战时期,中国共产党明确指出要将苏维埃革命中的经验教训作为"最好的和最切近的参考",解放战争时期,继续提醒全党"一定不要重犯土地革命战争时期的错误"。有学者这样论述当年经验的价值:"苏维埃革命确实存在大量值得记取的经验,这些经验是整个中共革命的一部分,苏维埃革命是传承和发展的一个阶段,这个阶段为中共党人留下了值得记取和珍惜的财富。"此论可称精当。

历史发展具有阶段性、连续性和整体性。显然,就其内涵、本质、主流及其在中国共产党百年发展中的影响而言,苏维埃革命体现了中国共产党在一个时期内对中国革命的认识、探索、奋斗与创造,展现了历史发展的生动内容和本质,构成中国共产党百年史中一段创榛辟莽、建基立业的历程。后继的历史发展固然因时势、环境、任务、认识的变化而不断有更多的创新,但在基本原则、精神上仍与其有清晰的传承脉络。或许正是从这个意义上,习近平同志强调"要从瑞金开始追根溯源"。

阅读推荐

1. 毛泽东. 中国的红色政权为什么能够存在? [M] //毛泽东选集:第1卷. 北京:人民出版社,1991.

2. 毛泽东. 井冈山的斗争 [M] //毛泽东选集:第1卷. 北京:人民出版社,1991.

3. 毛泽东. 星星之火,可以燎原 [M] //毛泽东选集:第1卷. 北京:人民出版社,1991.

4. 毛泽东. 反对本本主义 [M] //毛泽东选集:第1卷. 北京:人民出版社,1991.

5. 习近平. 在纪念红军长征胜利 80 周年大会上的讲话 [M]. 北京:人民出版社,2016.

6. [美] 哈里森·索尔兹伯里. 长征:前所未闻的故事 [M]. 过家鼎,程镇球,张援远,译. 北京:解放军出版社,2007.

五、知识训练

（一）单选题

1. 1928 年 12 月 29 日发出通告，宣布"遵守三民主义，服从国民政府，改易旗帜"的人是（　　）

　　A. 冯玉祥　　　　　　　　　　B. 李宗仁

　　C. 阎锡山　　　　　　　　　　D. 张学良

2. 中国共产党开始从大革命失败到土地革命战争兴起的转折是（　　）

　　A. 南昌起义　　　　　　　　　B. 井冈山革命根据地的创立

　　C. 八七会议的召开　　　　　　D. 工农武装割据思想的提出

3. 打响武装反抗国民党反动派第一枪的起义是（　　）

　　A. 南昌起义　　　　　　　　　B. 上海工人武装起义

　　C. 秋收起义　　　　　　　　　D. 武昌起义

4. 毛泽东提出"没有调查，没有发言权"的重要思想的文章是（　　）

　　A.《实践论》　　　　　　　　　B.《井冈山的斗争》

　　C.《反对本本主义》　　　　　　D.《新民主主义论》

5.《井冈山土地法》制定的时间是（　　）

　　A. 1927 年 12 月　　　　　　　B. 1928 年 12 月

　　C. 1929 年 12 月　　　　　　　D. 1930 年 12 月

6. 1929 年 12 月下旬，红四军党的第九次代表大会在福建上杭县古田村召开，会议总结了红军创立以来的经验，通过了著名的古田会议决议。决议的中心思想是（　　）

　　A. 中国共产党必须服从共产国际的领导

　　B. 武装斗争是中国革命的主要形式

　　C. 在农村根据地广泛开展土地革命

　　D. 用无产阶级思想进行军队和党的建设

7. 1931 年 11 月，中华苏维埃第一次全国代表大会在江西省瑞金县叶坪村举行，成立了中华苏维埃共和国临时中央政府，当选主席的是（　　）

　　A. 毛泽东　　　　　　　　　　B. 周恩来

　　C. 朱德　　　　　　　　　　　D. 张闻天

8. 中华苏维埃共和国实行的制度是（　　）

　　A. 人民代表大会制度　　　　　B. 工农兵代表大会制度

　　C. 农民代表大会制度　　　　　D. 工人代表大会制度

9. 开始确立以毛泽东为代表的马克思主义的正确路线在中共中央的领导地位的重要会议是（　　）

A. 八七会议　　　　　　　　　　　B. 遵义会议

C. 瓦窑堡会议　　　　　　　　　　D. 中共七大

10. 在红军长征途中，中共中央同分裂中央、分裂红军的严重错误进行了坚决斗争的红四方面军领导人是（　　）

A. 王明　　　　　　　　　　　　　B. 李德

C. 张国焘　　　　　　　　　　　　D. 博古

答案：DCACB，DABBC

（二）多选题

1. 国民党政府实行一党专政的军事独裁统治的方法是（　　）

A. 建立了庞大的军队　　　　　　　B. 建立了庞大的全国性特务系统

C. 大力推行保甲制度　　　　　　　D. 厉行文化专制主义

2. 1927 年 12 月 11 日，领导广州起义的主要领导者是（　　）

A. 张太雷　　　　　　　　　　　　B. 叶挺

C. 叶剑英　　　　　　　　　　　　D. 刘伯承

3. 1931 年 11 月，中华苏维埃第一次全国代表大会在江西省瑞金县叶坪村举行，大会的主要工作是（　　）

A. 通过了《中华苏维埃共和国宪法大纲》

B. 通过了土地法令、劳动法等法律文件

C. 选举产生了中华苏维埃共和国中央执行委员会

D. 成立了中华苏维埃共和国临时中央政府

4. 从 1927 年 7 月大革命失败到 1935 年 1 月遵义会议召开，"左"倾错误先后三次在党中央的领导机关取得了统治地位。它们是（　　）

A. 瞿秋白的"左"倾盲动主义　　　B. 陈独秀"左"倾机会主义

C. 李立三的"左"倾冒险主义　　　D. 王明的"左"倾教条主义

5. 1936 年 10 月，红军三大主力长征会师的地址是（　　）

A. 甘肃会宁　　　　　　　　　　　B. 静宁将台堡

C. 甘孜　　　　　　　　　　　　　D. 吴起镇

答案：ABCD、ABC、ABCD、ACD、AB

（三）思考题

1. 网上流传着一种"黄金十年"的说法，认为从 1927 年 4 月国民政府定都南京，到 1937 年 11 月迁都重庆，这十年间，国民党统治取得了辉煌的成就。如何分析这种观点？

这种观点蓄意美化国民党统治，严重违背了历史事实。1840 年以后，中国逐步沦为半殖民地半封建社会。在这一历史背景下，评价中国的进步与落后，必须以"反帝反封建"这一革命主要任务为基本尺度。据此，我们认为在这十年当中：第一，中国主权丧失的状况愈加严重。1928 年国民政府宣布与各国重订新约，此后中国的关税自主权有所提高。但正是在这一时期，国民党政府相继签订了《淞沪停战协定》《塘沽协定》《何梅协定》等丧权辱国的条约。因此，在这所谓的"十年"中，中国的半殖民地状况不仅没有好转，反而更加严重。第二，封建地主土地所有权毫无改变。1927—1937 年，在全国抗日救亡运动的影响下，中国城市的民族工业取得了一定程度的发展。但是，国民政府在土地政策方面并未有丝毫进步，全国农村仍然实行着封建地主土地所有制。

综上，在国民党统治时期，中国的社会性质都是不折不扣的半殖民地半封建社会。

2. 土地革命战争时期，中国共产党是如何总结历史经验，加强党的思想理论建设的？

以毛泽东为主要代表的中国共产党人历来重视总结经验，加强党的思想理论建设。土地革命时期，党内连续发生"左"倾错误，给中国革命带来了极其严重的危害。这些错误的发生，主要是对于马克思列宁主义的理论和中国革命的实践没有统一的理解。正因为如此，毛泽东强调，为了纠正错误，必须端正思想路线，实行马克思列宁主义与中国实际相结合的原则。1930 年 5 月，毛泽东写了《反对本本主义》一文，明确提出要注重调查研究，反对本本主义，强调中国革命的胜利要靠中国同志了解中国的情况。红军到达陕北后，毛泽东、中共中央用很大的精力，去总结历史经验，加强党的思想理论建设。1935 年 12 月，毛泽东做了《论反对日本帝国主义的策略》的报告，阐明党的抗日民族统一战线政策，批判了"左"倾"关门主义"错误，系统地解决了党在政治路线上的问题。1936 年 12 月，毛泽东写了《中国革命战争的战略问题》这部著作，总结土地革命战争中党内在军事问题上的大争论，系统地说明了有关中国革命战争战略方面的诸多问题。1937 年夏，毛泽东在抗日军政大学讲授《实践论》和《矛盾论》，从马克思主义认识论的高度，总结中国共产党的历史经验，揭露和批判党内的主观主义，尤其是教条主义的错误，深入论证马克思列宁主义基本原理同中国具体实际相结合的原则，科学地阐明了党的思想路线。以毛泽东为主要代表的中共中央所进行的理论工作，对党的政治路线、军事路线和思想路线进行了拨乱反正，从思想上、理论上武装了中国共产党人，使他们满怀信心地去迎接即将到来的伟大的抗日民族解放战争。

（四）实践题

寻踪革命精神，传承红色基因：

1. 线上云参观井冈山博物馆，深入学习了解井冈山根据地创立的相关史实，切实感悟井冈山精神，并制作微课，相互交流。

2. "模拟重走长征路"活动，缅怀先烈，重温峥嵘岁月，感悟长征精神。

第六章

中华民族的抗日战争

一、教学目的和要求

1. 通过了解日本侵华战略的实施、侵华日军的残暴罪行及其给中华民族造成的深重灾难，使学生深刻认识日本发动侵华战争的原因，懂得中国人民奋起抗击日本侵略者的伟大斗争，准确把握中国人民抗日战争的正义性、全民性和国际性。

2. 了解中国共产党关于抗日民族统一战线的方针政策，认识以国共两党第二次合作为基础的抗日民族统一战线的形成及其重大意义。

3. 了解抗日战争中的国民党正面战场，中国共产党开辟敌后战场，进行持久抗战的依据以及战略和战术原则，在此基础上，客观评价抗日战争时期正面战场和敌后战场的作用，把握中国共产党在中国抗日战争中所发挥的中流砥柱的作用，从而增强学生拥护中国共产党领导的信念和决心。

4. 了解抗日战争胜利的原因、伟大意义和基本经验，认识中华民族抗日战争在世界反法西斯战争中的重要地位，从抗日战争胜利的历史经验中汲取实现中华民族伟大复兴的精神力量。

二、知识点和重点导读

主要知识点

九一八事变　"三光"政策　"攘外必先安内"的方针　华北事变　一二·九运动　七七事变　东北抗日联军　八一宣言　瓦窑堡会议　西安事变　八路军　新四军　淞沪会战　"八百壮士"　国民参政会　南京保卫战　南京大屠杀　太原会战　徐州会战　台儿庄战役　武汉会战　枣宜会战　第三次长沙会战　中国远征军　豫湘桂战役　驼峰航线　洛川会议　全面抗战路线

《论持久战》　《抗日游击战争的战略问题》　平型关大捷　百团大战　"狼牙山五壮士"　皖南事变　"三三制"民主政权　减租减息　大生产运动　党的六届六中全会　《新民主主义论》整风运动　《关于若干历史问题的决议》党的三大优良作风　中共七大

重点导读

中国共产党是抗日战争中的中流砥柱

中国人民抗日战争是中华民族近代以来反对外敌入侵第一次取得完全胜利的民族解放战争。中国共产党在抗日战争中的中流砥柱作用一直是学界研究的旨趣所在。目前关于"谁是抗日战争的中流砥柱"问题，除了"中国共产党是抗日战争的中流砥柱"的观点以外，还有4种主要观点：一是"国民党中流砥柱论"，二是"美国中流砥柱论"，三是"苏联中流砥柱论"，四是"没有中流砥柱论"。其中，到底是共产党还是国民党是"抗日战争中的中流砥柱"历来争论最大，网上的争论也不计其数。当代大学生往往受这些争论和言论的影响，产生很多认识误区。因此，这一问题是"中国近现代史纲要"课教学中的重点难点问题。

"中流砥柱"一词源于《晏子春秋·内篇谏下》："吾尝从君济于河，鼋衔左骖，以入砥柱之中流。"根据《辞海》的解释，中流指河流的中间，砥柱指砥柱山，在河南三门峡东，位于黄河激流之中。中流砥柱比喻坚强勇敢、在危难中能起支柱作用的人。在抗日战争时期，毛泽东提出中国共产党是抗日战争的中流砥柱，形象地反映了中国共产党在抗日战争中的重要地位和作用。

第一，中国共产党是中国人民奋起抵抗日本帝国主义侵略的最早宣传者、动员者和最坚决的抗击者。众所周知，中国人民的抗日战争是从日本帝国主义1931年发动"九一八"事变开始的。尽管这时中国的抗日战争还是局部的，但是我们党毅然决然地立即发起了抗战号召和组织开展了艰苦的抗日游击战争。"九一八"事变爆发的第二天和第三天即1931年9月19日、20日，中共满洲省委和中共中央先后分别发表了《为反对日本帝国主义武装占领满洲宣言》和《中国共产党为日本帝国主义强暴占领东三省事件宣言》。1932年4月，成立还不到半年时间的中华苏维埃共和国临时中央政府就发布了《对日战争宣言》，正式对日宣战，这比国民党政府正式对日宣战早9年。与此同时，党积极组织开展了东北地区抗日游击战争，东北抗日联军奋战在白山黑水间，成为东北抗日救国的中坚力量。党还积极参与和推动国民党内的抗日派进行局部抵抗。1932年1月，日军在上海制造"一·二八"事变，国民党第19路军发起淞沪抗战，党通过上海党组织发动群众，积极支援。1933年6月，国民党爱国将领冯玉祥等，组织的察哈尔民众抗日同盟军掀起了察哈尔抗战，党派遣了300多名共产党员参与其中，这次抗战曾乘胜收复了察东重镇多伦等大部分失地。吉鸿昌就是在这次抗战中涌现出的、闻名全国的抗日民族英雄。

第二，中国共产党积极倡导、促成、维护了抗日民族统一战线，是团结凝聚全民族抗战力量的杰出组织者、鼓舞者和坚强的政治核心。从中国抗日战争的整个历史过程看，由于中国的特殊国情以及历史的特殊原因，中国的抗战则是由抗日民族统一战线领导和主导的。那么，抗日民族统一战线是怎样建立起来的，是如何形成的？又是谁倡导的、谁促成的、谁坚持和维护下来的呢？历史告诉我们，是中国共产党。早在1933年1月，中共驻共产国际代表团就以中共中央名义发出"一·二六指示信"，首次提出并开始在东北组织反对日本帝国主义的统一战线。华北事变后，党又适时提出建立全民族的抗日统一战线。1935年8月间，中共驻共产国际代表团根据共产国际七大的精神，以中华苏维埃中央政府和中共中央的名义起草了《为抗日救国告全体同胞书》，即"八一宣言"，呼吁全国人民团结起来，停止内战一致对外。1935年12月中共中央在瓦窑堡会议上提出了建立抗日民族统一战线的基本策略。1936年，党逐步实现了由"抗日反蒋"到"逼蒋抗日"的政策转变。1936年12月12日西安事变的发生和和平解决，标志着国共10年内战的结束，两党合作抗日成为不可逆转的历史潮流和发展趋势。抗日民族统一战线建立后，党又始终尽力维护统一战线内部的团结和统一，始终坚持抗战、反对妥协，坚持团结、反对分裂，坚持进步、反对倒退，制定和实施了一系列关于抗日民族统一战线的方针、策略和原则，维持了国共合作抗战到底的局面，为实现全民族抗战作出最大的努力，成为引导全民族抗战走向胜利的一面旗帜。

第三，中国共产党制定实施了全面抗战路线和持久战战略总方针，是中国抗日战争正确战略的提出者和引领者。制定和实施正确的抗战路线和战略方针，对抗日战争最终取得胜利至关重要。从全民族抗战一开始，党就号召全国人民实行总动员，主张开放民主，改善民生，广泛发动群众、组织群众、武装群众，实行全体人民参加战争、支援战争的全面抗战路线。全面抗战路线核心就是放手发动群众，动员组织千百万的民众，调动一切抗日力量的积极性，去争取抗日战争的胜利。这与国民党实行的仅仅依靠政府和军队进行抗战的片面抗战路线形成鲜明对照。与此同时，党还提出持久战的战略总方针，为党领导下的广大抗日军民提供了战胜敌人的科学思想和正确方法。以毛泽东为代表的中国共产党人，在科学地分析中日双方政治、经济、军事等方面情况的基础上，指出了中日双方的4个特点，即敌强我弱、敌退步我进步、敌小我大、敌失道寡助我得道多助，科学地指明了中国的抗战前途，提出：中国的抗战是持久战，最后的胜利是中国的。中国抗战将会经历战略防御、战略相持、战略反攻3个阶段，其中，相持阶段是最艰苦的，时间也最长。只要坚持持久战，创造条件，克服一切困难，就可以打败日本侵略者，把侵略者从中国的土地上赶出去。中国共产党的持久战理论，阐明了争取抗战胜利的正确道路，有力地驳斥了当时流行的"亡国论"和"速胜论"的错误观点，受到国民党有识之士的高度重视，蒋介石也对《论持久战》十分赞赏。《论持久战》对中国抗战产生了重要影响，指明了中国人民抗战的方向。

党还提出了游击战的战略理论及一系列与之相配合的战略战术。1938年5月，毛泽东在《抗日游击战争的战略问题》和《论持久战》中，强调游击战争在抗日战争中具有重要战略地位和作用。抗日战争中的游击战略战术是由中国的国情和中日双方各自的特点所决定的，它也是持久战战略、总方针下正确战略战术的展开和具体实施，对坚持抗战、争取最后胜利起了不可估量的作用，有着伟大的历史意义。

第四，中国共产党领导开辟了广大敌后战场和建立了抗日民主根据地，党领导的人民武装逐步成为整个抗战的有生力量、中坚力量和主力。党在抗战中领导的武装力量，采取先山区、后平原，波浪式向前推进的方式，先后开辟了华北、华中和华南敌后战场，创建了19块敌后抗日根据地。这些敌后战场的形成和抗日游击战争的广泛开展，不仅有力地配合了正面战场的对日作战，打破了日军"速战速决"灭亡中国的战略图谋，而且构成了对日军后方的致命威胁。尤其是抗战进入相持阶段后，敌后战场逐步上升成为全国抗战的主战场，在全民族抗战中发挥了决定性作用。党领导的抗日民主根据地是"游击战争赖以执行自己的战略任务，达到保存和发展自己、消灭和驱逐敌人之目的的战略基地"。不仅如此，抗日根据地通过各项建设，成为全国抗日民主建设的典范。在开辟敌后战场、开展游击战争、建立抗日根据地的过程中，党领导的人民武装逐步发展成为中国抗战的骨干和主力。

第五，中国共产党领导中国人民同仇敌忾、共赴国难，直接为抗日战争的胜利付出了巨大牺牲、作出了重大贡献。党领导的抗日武装在敌后开展的游击战争，是世界历史上罕见的、艰苦卓绝的战争。他们兵力弱小、装备落后，却要面对强大的日军的反复"扫荡"，日本法西斯实行的是烧光、杀光、抢光的"三光"政策。党及其领导的抗日武装在敌人包围中创建的抗日根据地，物质条件极为贫乏，自然环境十分恶劣。就是在这样的条件和环境下，党领导的抗日军民不怕困难，不畏强暴，英勇杀敌。因此，在消灭了大量敌人的同时，自己也付出了巨大牺牲……

综上所述，在整个抗战期间，中国共产党人身先士卒，起到了先锋模范的作用。中国共产党是中国人民抗日战争的中流砥柱，这是一个不容置疑的历史事实。正如习近平总书记在纪念中国人民抗日战争暨世界反法西斯战争胜利75周年座谈会上的讲话中指出：中国人民抗日战争胜利是中国共产党发挥中流砥柱作用的伟大胜利。中国共产党人勇敢战斗在抗日战争最前线，支撑起中华民族救亡图存的希望，成为全民族抗战的中流砥柱！

三、案例解析

案例1

杨靖宇血洒濛江①

1931年，日本帝国主义者的铁蹄踏上了东北这块辽阔的土地。从此，不甘做亡国奴的东北各族人民纷纷建立起反侵略的武装游击队。1936年1月，东北的各抗日部队在汤原召开会议，杨靖宇任东北抗日联军总司令，赵尚志任副司令。1936年2月，抗日联军发表了《抗日联军统一建制宣言》，相继建立了第一至第十一军。1936年秋，随着抗日战争形势发展的需要，东北抗日联军又先后合编为3路军，每路军各辖若干方面军。长白山下，松花江畔，到处都留下了他们战斗的足迹。

1940年2月，三道崴子，松涛呼啸，漫天雪海，所有的通道都被堵死，包围圈越来越小。终于，一颗罪恶的子弹射中了他的左腕，他的手枪落在地上，他忍着剧痛，从地上拿起枪，继续用右手向敌人射击。"叭"的一声，敌人的第二颗子弹又射进了他的胸部，他倒在了大树旁。"快，快送医院，定要把他的肚子剖开，我要看看他肚子里到底有什么特别的东西。"一个日本高级军官像狼一样咆哮着。战战兢兢的日本兵围了上去，把这具尸体抬到了濛江县城的一所医院。当他们残暴地剖开死者腹部的时候，在场的所有人都惊呆了。因为他的胃里"连一颗饭粒都没有"，有的只是野草、树皮和棉絮，他就是日本关东军"悬赏壹万元"捉拿的杨靖宇将军。在这位伟大的中国军人面前，不可一世的日本兵低下了头，他们在心里暗暗佩服"这个顽强的敌人"。

---

① 邵维正．文图并说中国共产党80年大事聚焦［M］．北京：解放军出版社，2001：271-272．

　　"九一八"事变后，东北各地的抗日武装风起云涌，磐石游击队就是其中的一支。在杨靖宇的领导下，这支队伍不断发展壮大，后组成了中国工农红军第三十二军南满游击队。1933 年，红三十二军按照党"统一抗日武装，扩大统一战线"的指示，改编成东北人民革命军第一军。到 1936 年 7 月，第一军又与第二军联合成立东北抗日联军第一路军，杨靖宇任总司令兼政委。这是一支让敌人闻风丧胆的队伍，他们英勇顽强，勇猛善战，敌人一次又一次地调兵都不能将他们消灭。杨靖宇活动的东边道早已被敌人称为"满洲治安之癌"。日本关东军司令官菱刈隆被气得叫嚣起来："杨靖宇执拗反日，造成皇军心腹大患，南满地区势必成为治安肃正重点。"在杨靖宇的领导下，抗联战士打了一个又一个胜仗。在柳河三源浦，杨靖宇巧施调虎离山计，打得大汉奸、敌少将"剿匪"司令邵本良落荒而逃。在本溪以东的赛马集山区，杨靖宇又巧设埋伏圈，把前来报复的邵本良和日本军官打得再也没有爬起来。

　　1937 年，全面抗战爆发后，日本为确保东北这一侵华后方基地，调集大批日军对抗日联军进行"清剿"。1939 年，关东军制订了"东边道治安肃正计划"，准备对抗联第一路军进行"大讨伐"。在这一严重形势下，一路军决定以退为守，进行战略转移。

　　1938 年冬天，杨靖宇率领第一路军的一部 1400 多人，唱着《东北抗日联军第一路军歌》，告别了根据地的父老乡亲，向长白山密林转移。战士的脚步是沉重的，因为他们不愿离开自己战斗过的地方，同时，他们的脚步又是坚定的，因为只有这样，他们才能保存实力，更好地去战斗。就像他们的杨司令所说的："我们现在已经成为敌人'讨伐'的重点，我们只有以退为进，才能保存和发展。总有一天，我们还是要回来的，而且是凯旋。"

　　深山密林的生活是艰苦的，可再艰苦也吓不倒抗联的战士。他们伐木建造"密营"或掘造山洞，累了，就席地而坐；困了，就围火而眠；饿了，就打猎为食，以草根树皮果腹。到了第二年的冬天，情况进一步恶化，敌人不断增兵。日伪军对一路军进行全面包围和封锁，他们采取"拉网""篦梳"等战术，一棵树一棵树地往前搜索，企图把抗联消灭殆尽。在这万分危急的时候，杨靖宇决定化整为零，主力北上。他带部分东进，想与周保中领导的第二路军取得联系。可是，由于叛徒告密，杨靖宇又陷入敌人的层层包围之中，五六十个战士只剩下十几个了。一天中午，杨靖宇把仅剩的这点力量叫到身边，表情严肃地对他们说："我们现在的情况非常危险，只有分散开来，才有可能活下去。现在敌人的力量都往前集中了，所以往回走是比较安全的。"于是，他命令警卫员黄生带几名战士往回走，可战士们哪肯离开，他们流着眼泪说道："我们不走，要死也要和司令死在一起。"杨靖宇拍着一个战士的肩，望着大家深情地说："同志们，不要这样，多活一个人就是一份革命力量。只要我们活着，革命就有希望，为了革命我们一定要坚持到底。就是死，也不能泄露党的秘密，也不能向敌人屈服。革命总是会胜利的。"听了司令的话，黄生带着 4 名战士恋恋不舍地离开了。他们按杨靖宇指的方向在森林里走了 6 天 6 夜，最后终于突出重围，找到了大部队。

杨靖宇带着 2 名战士在森林里也不知走了多少天。瑟瑟的北风吹打着山林，发出呜呜的响声，地上厚厚的积雪留下了他们一串串沉重的脚印，他们已经有几天没有吃到一粒粮食了。这一天，他们来到了濛江县的大东沟屯，2 个战士发誓无论如何今天也要弄点吃的，于是他们向附近的村子走去。可没想到，路上他们与敌人相遇，再也没能回来。只身一人的杨靖宇来到保安村附近的三道崴子。敌人的包围圈越来越小，他以一棵树作掩护与敌人展开了激烈的战斗⋯⋯

杨靖宇牺牲后，日本"讨伐队"大开"庆祝会"。报纸上用特大号的黑字写着："射杀怨敌杨靖宇！"他们把他的头颅割下"献送"新京（长春市）报功请赏。可敌人高兴得太早了，一个杨靖宇倒下去，千万个杨靖宇站了起来。他的战友们又把分散的部队集合起来，战士们高呼着"为杨司令报仇"的口号，配合第二路军、第三路军又继续战斗在白山黑水间。

为纪念杨靖宇，1946 年东北民主联军通化支队改名为杨靖宇支队，濛江县改名为靖宇县。

评析与思考

帝国主义侵略中国，把中国变成殖民地半殖民地的过程，也就是中国人民英勇反抗帝国主义侵略的过程。"九一八"事变后，中共中央陆续派出了杨靖宇、赵一曼等多批干部到东北工作，加强各级党组织的领导力量，开展抗日游击战争。本案例表现的是以杨靖宇为代表的中国人民，他们为民族独立、人民解放英勇反抗帝国主义侵略，用生命去捍卫民族独立与自由的英勇不屈的壮烈事迹。杨靖宇是中华民族的优秀代表，是中国共产党的优秀干部。正是有像他们这样的中国人前仆后继、英勇斗争，才使得帝国主义终不能灭亡中国。在中国，他们的精神将世世代代永存！习近平总书记指出："天地英雄气，千秋尚凛然。"一个有希望的民族不能没有英雄，一个有前途的国家不能没有先锋。包括抗战英雄在内的一切民族英雄，都是中华民族的脊梁，他们的事迹和精神都是激励我们前行的强大力量。

请大家思考两个问题：

1. 本案例给你怎样的震撼？

2. 结合本案例，谈谈我们当代大学生应如何继承发扬杨靖宇这种爱国、奉献、为民族解放而不怕牺牲的精神？

案例2

赶毛驴：一拉二推三打①

毛泽东是语言大师，也是幽默大师，擅长形象思维，比喻生动贴切。

西安事变爆发后，陕北的红军高兴极了。有人主张："杀掉蒋介石，打出潼关去！"中共中央正确全面地分析了当时极端复杂的形势，从中华民族的根本利益出发，提出了和平解决西安事变的正确方针。

当时，毛泽东给他周围的干部和战士做了多次的解释，让大家懂得和平解决西安事变的道理。当他听说红军大学里有不少学员心存疑虑时，他还在保安红军大学里做了一次重要报告。毛泽东在这次报告中，做了一个赶毛驴上山的生动比喻。他说："同志们，你们看，陕北不同于南方，这里的毛驴很多，小毛驴有很多优点，有耐力、负重，是农民很好的交通工具。老百姓让毛驴上山有三个办法——一拉，二推，三打。蒋介石在抗日的问题上，就是像毛驴上山一样，他不愿上山，不愿拿枪打日本，我们怎么办呢？就得向老百姓学习，采用对付毛驴的一套办法，拉他和推他，再不干就打他一下。西安事变就是这样，打了他一下，他会上山抗日的。当前，日本帝国主义和中华民族的矛盾是主要矛盾，共产党要领导全国人民抗战，完成这一主要任务，国共合作是大势所趋。要抗战就要联合蒋介石为首的国民党政府。我们拉蒋和推蒋，就是团结和联合的办法。但是，陕北的小毛驴也有缺点，很倔强，有时不听话，还会抬起腿子踢人的，我们要提防着这一面。蒋介石不愿抗日，我们打他一下，让他抗日。但他本性不会改变，抗日民族统一战线建立后，他还会有对日妥协投降的一面。到那时，我们还要对他进行斗争，还要经常采用不同的方法来'打'他一下，'打'他是让他清醒，站到中国人民和中华民族的立场上。"

这一深入浅出、生动活泼、形象具体的报告，像一盏明灯，照亮了红军大学学员的心坎，也把共产党团结（联合）又斗争的统一战线原则阐述得新颖别致。

在统一战线中，对团结和斗争这两方面，视不同情况，有时以团结为主，有时以斗争为主，毛泽东能及时把握这个度。抗日战争的第一阶段，蒋介石国

---

① 赶毛驴：一拉二推三打 [J]. 党史天地，1994（12）：11-12.

民党在抗日问题上表现出一定的积极性，打了一些大战役，对共产党也比较友好。毛泽东根据这种情况，对国民党采取以团结为主的政策，肯定和宣传国民党军队抗日的事迹，对其不敢放手发动群众的一面进行适当的斗争——这种斗争，不是"武斗"，而是"文斗"。当抗日战争进入相持阶段以后，蒋介石采取消极抗日、积极反共的政策，连续发起三次反共高潮。此时，毛泽东对国民党又采取以斗争为主的政策，不仅仅是政治上、宣传舆论上的斗争，还敢在军事上进行猛烈的反击，毫不留情地进行针锋相对的斗争，通过斗争揭露和打击其反共阴谋，使抗日民族统一战线得以坚持下来。

评析与思考

统一战线是中国共产党的三大法宝之一，在新民主主义革命中具有重要的战略地位。由于统一战线内部存在错综复杂的关系，能否正确处理统一战线中各种复杂的矛盾与问题，关系到党的存亡和革命的成败。为了巩固和发展抗日民族统一战线，必须具有正确的策略和高明的斗争艺术。毛泽东主张采用陕北农民赶毛驴上山的"一拉二推三打"的办法来逼蒋介石抗日，把中国共产党又联合又斗争的统一战线原则阐述得新颖而别致。毛泽东善于把深奥的统战理论，寓于生动的语言之中。

请大家思考两个问题：

1. 如何评价中国共产党在抗战前后对蒋介石实行的"一拉二推三打"策略？

2. 中共统一战线理论中的团结与斗争究竟是什么关系？

四、知识拓展

经典文论

国际关系视野下的中国抗日战争研究[①]（节选）

习近平同志指出："中国人民经过长达 14 年艰苦卓绝的斗争，取得了中国人民抗日战争的伟大胜利，宣告了世界反法西斯战争的完全胜利。"至此，学术界持续了 60 余年之久的 14 年抗战还是 8 年抗战的争执最终有了定论。

中国局部抗战的局面是如何形成的？其形成的主因是什么？我觉得这一时

---

① 陈谦平. 国际关系视野下的中国抗日战争研究［J］. 史学月刊，2021（3）：90-99.

期国际关系的影响至关重要。九一八事变无疑是将美、英等国构建的华盛顿体系捅了一个大窟窿。国民政府期待英、美等国能够依照《九国公约》来维持华盛顿体系，制止日本对中国东三省的侵略。但深陷于1929年经济危机中的英、美、法等国此时均已自顾不暇而补天乏术。尤其是英、法两国甚至想利用日本对北满的控制来牵制苏联。美国政府原想联合英国向日本施加外交压力，但因英国的装聋作哑而作罢。苏联虽然在舆论上强烈谴责日本对中国的侵略，但由于担心"苏联领土将遭到日军的直接进攻"，遂决定采取不干预政策。

如果从国际关系的宏大视野来看，我们更应该重视日本侵占中国东北给中国边疆地区带来的严重后果。九一八事变和伪满洲国的建立，引发了欧洲列强对中国边疆进一步的侵吞与蚕食行动。1933年4月上半月，法属印度支那殖民当局出动3艘军舰，先后占领了南沙群岛的9座岛屿，并于同年7月25日宣布这些岛屿"现属于法国主权之下"。自西姆拉会议后，英印政府一直试图侵占西藏地方政府所属喜马拉雅山麓平原地区的领土，即西藏东南门隅、珞隅与察隅各地区。华北危机之际，英印当局落井下石，利用1935年4月发生的"华金栋事件"，乘机向西藏地方政府提出根本不存在的所谓"麦克马洪线"。现在看来，加强抗战时期法、英侵占中国南海诸岛和西藏东南地区领土之研究，有着非常重要的历史意义与现实意义。此外，局部抗战时期苏联在外蒙古（今蒙古国及唐努乌梁海）和新疆维吾尔自治区的控制与渗透亦值得深入研究。

局部抗战时期中国的国际援助主要来自德国。南京"国民政府"时期，德国同中国在政治、经济、军事与文化方面的关系均很密切。九一八事变发生以后，德国政府对国民政府的各种援助，使得中国的抗战准备工作取得了较大成就。而德国对中国陆军的整编、对中国国防工事的修建、对中国国防工业的整理、对中国交通系统（铁路、公路）的完善，均为局部抗战和全面抗战作出了重要贡献。客观地讲，如果没有1930年至1938年以钨砂为核心的、以中德易货贸易为形式的中德军事、经济和文化合作，中国很难同日本进行军事对抗。在德国国防军部和经济部的支持下，德国军事顾问所主导的中德军事和经济合作，使国民政府得以有效地进行对日抗战准备，使日本三个月内灭亡中国的叫嚣成为笑柄，并使日军同中国军队形成近三年的战略相持局面。

全面抗战爆发后，苏联表现出积极的援华态度。1937年7月31日，苏联主动向中国政府提供1亿美元的武器订单，其中包括伊-15飞机45架、伊-16飞机94架和中型轰炸机62架。在向英美求援成效不大的情况下，对苏戒心很深的蒋介石当然无法拒绝。8月21日，《中苏互不侵犯条约》由中国外交部部长王宠惠和苏联驻华大使鲍格莫洛夫签订。

1941 年年初以后，中苏关系在某种程度上受到损害。这一方面是由于国民党发动皖南事变，导致苏联不满；另一方面则是由于苏日在 1941 年 4 月签订的《中立条约》侵犯了中国主权。同年 6 月苏德战争爆发，苏联自顾不暇，已不可能援助中国抗战。从苏联的国家利益来讲，不能够得罪日本……。当然，对于苏联提供的 2.5 亿美元的信用贷款，国民政府用了数量巨大的钨砂等矿品和茶叶等农副产品来偿还。

1941 年 12 月 7 日，日本海军突袭美国珍珠港，太平洋战争由此爆发。关于太平洋战争爆发后中国同美、苏、英各国关系的研究成果已经相当丰富。

如果将中国抗日战争置于国际关系的大背景下进行考察，可以发现，中国抗日战争的各个历史阶段都不同程度地受到国际关系的影响。淞沪抗战在英美的调停下暂时遏制了日本进一步的军事侵略，但世界经济危机的加深和纳粹德国在欧洲的扩张，使英美对日本在中国的扩张束手无策。德国军事顾问和中德易货贸易对中国全面抗战准备起了重要作用。苏联出于遏制日本的战略考虑，在全面抗战前三年提供了巨大的军事援助。而由于德、苏援助的停止和英、美对日退让，中国抗战进入了战略相持阶段。全面抗战时期中国的钨砂出口不仅为中国抗日战争的胜利提供了重要物质基础，也为第二次世界大战的胜利作出了重要贡献。太平洋战争爆发以后，中国的全面抗战同世界反法西斯战争结为一体，中国抗日战场成为第二次世界大战的东方主战场，中国成为战后亚太国际秩序的制定者，抗日战争遂成为中华民族全面振兴与发展的起点。"国际抗战"既是一种研究视角，亦是全面抗战发展到太平洋战争后的一个新阶段。从中国抗战角度看，它是中国全面抗战的一个组成部分；从世界反法西斯战争观察，它是以中国抗战力量为主体、以中国为主战场的国际性抗战。

背景知识

从国际关系视野考察 14 年中国抗战，"国际抗战"既是一种研究视角，又是全面抗战发展到太平洋战争爆发后形成的一种抗战的态势，它是全面抗战的重要阶段。中国抗战的各个历史阶段都不同程度地受到国际关系的影响。淞沪抗战后的英美调停，暂时遏制了日本对中国进一步的军事侵略，但中国东北的沦陷引发了西方列强对中国边疆的侵吞与蚕食。抗战时期的中德关系为国民政府对日抗战准备奠定了坚实基础，而苏联在全面抗战爆发前三年对中国提供的巨大军事援助使得中国抗战得以持续进入战略相持阶段。太平洋战争使中国抗日战争同世界反法西斯战争结为一体，中国国际抗战的局面由此形成。

学者新论

中共在抗战中"游而不击"说驳议①

1937 年 7 月，全面抗战爆发，国共两党捐弃前嫌，携手投入抗日御侮的民族战争中。中国的抗日战争，在作战地域上分为两大战场，即国民党指挥的正面战场和共产党领导开辟的敌后战场，两大战场相对独立又相互配合，形成了共同抗击日本侵略者的战略局面。然而长期以来却不断有人贬低敌后战场的贡献，甚至诋毁中共"游而不击"。如国民党早在抗战中便指责"所谓八路军与新四军均抗而不战，游而不击"，陈诚在一次演说中也"有谓八路军游而不击，延安无一伤兵就是证据"等语。后来，有些"台湾学者"亦强调中共除了在平型关击破日本一个运输队（百余人）外，还是游而不击，浑水摸鱼，到处掠夺民间武装力量，壮大自己，对日作战并未取得多少战果。近年来，这种观点在大陆也开始出现，尤其是在网络上流传甚广，混淆视听。而从目前研究状况来看，有关中共敌后战场的研究成果虽然汗牛充栋，但大多仅限于对历次战斗的罗列，缺乏对"游而不击"说的有针对性和有说服力的正面回应。因此，本文拟做一番辨析与澄清。

一、所谓"洛川会议内部指示"是杜撰的

仔细梳理，"游而不击"说的一个重要依据就是认为中共中央在洛川会议上制定了所谓"七分自我发展，二分妥协，一分抗日"的内部指示，说明其并非真心抗日，而是游而不击。但揆诸史实，这个依据完全子虚乌有，是杜撰的。

所谓"七分自我发展，二分妥协，一分抗日"的说法，最早来自一个中共叛徒。1940 年，第 18 集团军独立第一师杨成武部骑兵连党支部书记李法卿向国民党投诚，据其供认，18 集团军出发前，毛泽东、朱德等曾召集训话，指示工作方针，大意谓："中日战争为本党发展之绝好机会，我们的决策是七分发展，二分应付（国民党），一分抗日"。此说一出，立即被国民党作为反共的宣传材料编入《摩擦问题真相》一书中。后来，蒋介石的《苏俄在中国》也予以引用。其他如王健民的《中国共产党史稿》、郭华伦的《中共史论》、古屋奎二的《蒋介石秘录》、奥·鲍·鲍里索夫的《苏中关系》，均照此援引。秦孝仪主编的《中华民国重要史料初编——对日抗战时期》一书，亦将之作为"重要史料"收入。时至今日，网上各种帖子更是随意加以引用，俨然将之看成一条可

---

① 卢毅. 中共在抗战中"游而不击"说驳议 [J]. 北京行政学院学报，2015 (5)：6-10.

靠材料。

……大陆学者杨奎松曾根据其研究经历明确表示：所谓中共决定"七分发展，二分应付，一分抗日"的说法，"笔者遍查此时期之中共文件乃至未公开之历次会议记录，不仅未见类似说法，且颇多与此不合者"。最近，他又强调："80年代初不少研究中共党史的专家都看过洛川会议记录，不少文章中都介绍了会议讨论及发言的情况。我当年也读过这个记录，并做过笔记。网上所传'记录'所以一望而知是杜撰的"。

既然洛川会议没有制定过这么一个内部指示，那么中共是否在其他场合有过类似说法呢？关于这一点，美国学者莱曼·范斯莱克在《剑桥中华民国史》一书中写道："这已成为国民党史的诚实问题。我曾较详细地研究这个问题，并认为这种政策从未宣布过；在这种意义上此项指控是捏造。"近年来，一些台湾学者也逐渐意识到这一问题。如曾任职于调查局的曾永贤便说："在研究的过程中，接触了很多有关抗战时期中共从事扩张的资料。在这些资料当中，我们最感觉缺乏的是，我们虽指出共产党军队在抗战期间实行其'一分抗日，二分应付，七分发展'之策略方针，可是却没有很丰富的资料，来加以证明。"而台湾的中共党史专家陈永发更是质疑："国民政府这种指责，预先假定应付、扩大和抗日三事可以截然划分"，但实际上，"对于中共，这一假定根本就是荒谬绝伦"。在他看来，"中共的扩展实力过程中，不得不抗日，更不得不应付国民政府。所以尽管国民政府指责中共不抗日，但中共在敌后地区，甚至在敌后地区之外，逐渐取得民族主义代理人的地位"。因此，"除非国民党在抗日问题上有能说服人的充分证据，否则只质问共产党是否'二分应付'国民党，很难引起共鸣"。由此看来，这个所谓"七二一"指示显然纯属虚构。

究其根源，这条杜撰出来的材料之所以会被反复炒作，实际上就是为了贬低中共的抗日态度，指责其只用"一分抗日"，"没有抗战之决心，只图保全自己的实力"。但这个目的恐怕无论如何都无法达到，因为有太多的材料证明，中共的抗战态度始终是积极和坚决的。1938年5月，毛泽东在《抗日游击战争的战略问题》一文中就提出："不游不击，或游而不击的态度，是要不得的。"此后，一些中共地方组织也强调："必须积极的对敌斗争"，游击队"应积极主动的向外活动（反对缩在山沟中，不游不击，或游而不击）"，"不能以积蓄力量为借口，而不打仗，或少打仗，怕牺牲等等"。这表明尽管有个别地方曾较为保守，但从总体上看，中共积极抗日的态度是一以贯之的，并为此做出了不懈的纠偏努力。

对中共的这种决心，甚至连国民党军令部部长徐永昌都在日记里承认："全国对抗战心口如一，第八路军的人第一……其余类多口是心非。"日本人亦曾指出：

"对于中共，只有排除任何妥协，必须从各方面都采取彻底的对抗政策。就中共的信念而言，他们是要一直战斗到日军完全从中国撤退为止的。"他们还对比了国共两党的抗日态度，认为："考查大东亚战争和抗日阵线的关系时，所不能忘却或略过，是中共政权在中国民众抗日意识的源泉点上，中共政权在重庆的上位"，"如果有人以为只要和重庆能够谈判成功，就可以解决中国事变，那是很大的错误。根据我们的见解，真正的抗日势力，始终一贯的是中国共产党"。因此，"吾人对解决大东亚战争之关键之中国事变之终局，乃在解决中国共产党军，此当再加确认者也"。由此可见，中共的抗日决心是坚定不移的，这一点毋庸置疑。

二、中外记者团和美军观察组眼中的中共抗战

如今还有一些人攻击中共在抗战中"游而不击"的理由是，除了平型关大捷和百团大战外，八路军没有其他显赫战绩。对于这种观点，首先需要澄清的是，平型关大捷和百团大战只是八路军的经典之战，并不是全部。据统计，中共武装8年间累积大小战役战斗12万余次，年平均15000余次，月平均1200余次，日平均40余次。这个计算结果，与日本战史记载华北日平均作战42次也是基本相符的。

关于敌后战场的英勇抗战和辉煌战绩，另外还有不少材料能真实地反映这一点。如1944年中外记者西北参观团对延安和晋绥根据地进行了长达数月的采访。访问归来后，美联社记者冈瑟·斯坦因立即在美国《基督教科学箴言报》上撰文说："在封锁线后面我发现了这样一个热烈的新社会，简直使我目瞪口呆，五年以来，在重庆对共产党除恶意的诽谤而外毫无所闻的我，对着在延安所发现的事物，吃惊地擦拭着自己的眼睛。"1945年回国后，他又出版《红色中国的挑战》一书，并在书中列出专章"中共作战努力目击记"，从不同方面引证了大量材料，证明中共部队"在不断地战斗"。他还澄清："从我所见到的一切证据来看，我的结论是：延安所说的中共领导的战绩，比我在重庆和西安所听到的国民党的战绩可靠得多。"

在这次采访活动中，美国合众社记者哈里森·福尔曼曾经近距离观看了晋绥军区第八分区的一场战斗，深受鼓舞。他在庆功会上说："过去有人告诉我们：八路军不打仗，现在我们亲眼看到八路军是作战的；过去有人同我们讲八路军没有伤兵，现在我们看到了八路军是有伤兵的；过去有人给我们讲八路军没有捉住俘虏，现在我们看到了八路军捉住了俘虏；在过去有人给我们讲这地方人民害怕并恨八路军，现在我们看到了人民是爱护八路军、拥护八路军的。"

回国后，福尔曼又写出了一本《北行漫记》，把他在边区的见闻和八路军的抗战事迹写成生动的故事，并从他拍的1000张照片中选出最好的65张做插图。

他在书中首先声明："我们新闻记者多半是既非共产党，也不是共产党的同情者。"但在亲眼看见大量事实后，他这样写道："从我两月中和八路军在敌后一起活动中所见到的事实——真的从事参加于这种坚强据点与碉堡的占领与毁坏——我才相信共产党的说话并无夸张之处。攻势只在武器缺乏与形势不利下受到限制。业已有华北抗日根据地区域中的八千万人当中的五千万人，从日本人的高压下面解放出来。不但此也，华北大城市如北平、天津、太原、济南和青岛，目前虽在敌人控制下，却直接与时常受到八路军的威胁，他们只是缺少武器去把它们克复。"

美国记者武道是国民党中宣部顾问，被国民党当局认为政治上忠实可靠，但延安之行改变了他的态度。回到重庆后，他在新闻界联席会议上坦言：他过去对八路军共产党是反对的，可是这次到了延安和晋西北，证明他过去的观点是错误的，八路军真是能打仗。他在为重庆《大美晚报》撰写《我从陕北回来》一文时，又从8个方面谈到边区的所见所闻：老百姓生活进步；土地革命已停止；医药设备不够用；人民都有选举权；适应抗战的学校；强烈的抗战意志；言论出版自由；我看见了战斗。

继中外记者团之后，美国《纽约时报》驻中国特派员艾金山也进入边区访问。他后来也指出："随共军进入战地的外国记者都认为中共军队的确竭力抗击日寇。有许多在沦陷区跳伞降落的美国航空队多由中共游击队营救出险，对中共尤为感激与赞扬。自然，中央军也有过同样的行为。不过我曾注意考察地名，去年三月每次日本广播与华军接触，事如属实，什九是与共军的冲突。同盟社称他们为'中国红军'。"

与此同时，美国还曾派了一个军事观察组到延安和晋绥、晋察冀抗日根据地考察。通过实地考察，"他们看到八路军在前线英勇作战、战绩辉煌，绝非国民党所诬蔑的'游而不击'"。于是，他们向国内报告："最最重要的、无可争辩的事实是，共产党军队，从抗日战争开始几乎一无所有，在华北、华中一个很大地区里，不仅保存了下来，而且极大地增强了他们的实力，在那些地区里他们正继续牵制着大量日军"，"七年来，共产党人牵制了很大一部分日本在中国的军队；七年来，共产党人在华北抵御日本人的坚决而组织严密的大规模进攻，成功地保卫了大片地区"。1945年3月24日，观察组成员卢登还在华盛顿举行了一次记者招待会，向美国新闻界介绍了中共武装部队抗日的情况。他说："虽然共产党部队缺乏武器，他们仍然在有效地进行抗日游击战争"，"中共军队虽然在装备上还不能同日本大规模作战，但他们困扰着日军，对日军积极进行游击战争"。他同时介绍了中共援助美国飞行员、协助收集日军情报和气象情报的事例。今天看来，这些对中共抗战的记录和报道显然是比较客观公正的。

三、日军视中共为"华北致命伤"

对中共敌后战场的作用，还有更具说服力的材料，那便是来自日方的资料。据战后日本有关机构所编战史记载："蒋系军在华北最后的地盘由于中原会战失掉以后，共产军（八路军）显然成为扰乱华北治安的主要敌人"，"八路军、新四军等中共部队以及它所领导的民兵游击队，已经代替国民党军而成长为抗战的主力了。事实上，这一时期的国民党军几乎退出了抗日阵线而主要从事反共，同时还相继出现了投降者。因此，日军的作战完全以消灭解放区和'扫荡'共产党军为目标了"。

事实也正是如此。早在 1938 年，华北方面军便断定："今后华北治安的对象是共军"。1939 年 12 月，华北方面军情报负责人会议也指出："根据最近情报，共产势力渗透华北全部地区，就连北京周围通县、黄村（大兴）等地，也都有组织地渗透于民众中间。"他们由此认定："中共势力对华北治安的肃正工作，是最强硬的敌人。为此，应加紧收集情报，确立排除中共势力的对策，实为当务之急。"在这次会上，华北方面军参谋长笠原幸雄亦承认："今后华北治安的致命祸患，就是共军。只有打破这个立足于军、政、党、民的有机结合的抗战组织，才是现阶段治安肃正的根本。"基于这种认识，他主持制定的 1940 年"肃正计划"规定："中共势力迅速壮大，不容忽视。如不及早采取对策，华北将成为中共天下。为此，方面军的讨伐重点，必须全面指向共军。"不久后，日本在河北的特务机关还对 1940 年 2 月管区内的治安状况做了如下概述："国民党游击队的投降倾向显著，已至日趋没落之地步。与之相反，共产党八路军所取得的地盘，则占有保定道的全部、河北省 80% 的地区。如今，河北省成为中共独占的活跃舞台。"

1940 年 8 月八路军发动的百团大战，更是给日军以沉重的打击。他们表示："此次袭击，完全出乎我军意料之外，损失甚大，需要长时期和巨款方能恢复。"并一再惊呼："随着国民党系匪团的南逃，管内及周围残存之敌，形成一色的共产势力。其赤化及抗日工作，更加隐蔽，活动也更加积极顽强"，"共军对我占领区的进犯越来越频繁，已成为今后肃正工作上最严重的问题……有鉴于此，今后的讨伐肃正的重点必须集中指向共军，全力以赴，务期将其全歼"，"共军无论在质量上、数量上均已形成抗日游击战的主力。因此，占领区内治安肃正的主要对象，自然是中共势力"。

……

对中共领导的敌后战场，时任华北方面军司令官的冈村宁次后来在回忆录中也写道："我就任华北方面军时的形势是，对重庆政府军的作战已大致结束，周围几乎到处都有共军活动，另有几处盘踞着重庆系地方军。因此，说到作战，大体上各军、方面军直辖兵团对当地共军都在日夜进行讨伐战（规模大小不等）。"他还说："中共利用与日本的作战，努力掌握华北民心，逐步巩固了地盘。另一方面，蒋介石将其嫡系最精锐的胡宗南部队，集中于接近中共根据地延安的西安附近，几乎不用于对日作战（仅在河南作战时出动过一两个师），专门监视延安。"其中对国共两党军队在华北的不同表现，描述得可谓十分细致。

毫无疑问，以上这些来自敌人、把中共视为主要对手乃至"华北致命伤"的判断，无不彰显了敌后战场的地位和作用，同时也充分说明中共军队绝非"游而不击"。

阅读推荐

1. 杨奎松 . 西安事变新探：张学良与中共关系之谜 ［M］. 南京：江苏人民出版社，2006.

2. 习近平 . 在南京大屠杀死难者国家公祭仪式上的讲话 ［N］. 人民日报，2014-12-14.

3. 张洪涛 . 国殇：国民党正面战场抗战纪实 ［M］. 北京：团结出版社，2005.

五、知识训练

（一）单选题

1. 侵华日军在南京大屠杀期间用各种方法屠杀了（　　　）

A. 10 多万人　　　　　　　　　　B. 20 多万人

C. 30 多万人　　　　　　　　　　D. 40 多万人

2. 1936 年 5 月，中共中央放弃"反蒋"口号，第一次公开把蒋介石作为联合的对象的标志是（　　　）

A. 《停战议和一致抗日通电》

B. 《为抗日救亡告全国同胞书》

C. 《中国共产党为公布国共合作宣言》

D. 《中国人民对日作战的基本纲领》

3. 抗日民族统一战线正式形成于（　　　）

A. 1937 年 2 月　　　　　　　　　B. 1937 年 7 月

C. 1937 年 9 月　　　　　　　　　D. 1937 年 10 月

4. 抗日战争进入相持阶段后，日本对国民党政府采取的政策是（　　　）

A. 以军事打击为主，政治诱降为辅

B. 以政治诱降为主，军事打击为辅

C. 军事打击和政治诱降并重

D. 速战速决

5. 1940 年，投降日本建立伪"中华民国国民政府"的是（　　　）

A. 蒋介石　　　　　　　　　　B. 孙铭九

C. 汪精卫　　　　　　　　　　D. 韩复榘

6. 中国远征军 1942 年在缅甸对日作战中以身殉国的将领是（　　　）

A. 佟麟阁　　　　　　　　　　B. 谢晋元

C. 张自忠　　　　　　　　　　D. 戴安澜

7. 中国共产党在抗日战争时期的土地政策是（　　　）

A. 土地革命　　　　　　　　　B. 减租减息

C. 耕者有其田　　　　　　　　D. 土地改革

8. 提出"马克思主义的中国化"这个命题的会议是（　　　）

A. 中共一大　　　　　　　　　B. 中共六届六中全会

C. 八七会议　　　　　　　　　D. 中共七大

9. 抗日民族统一战线中的顽固势力主要是指（　　　）

A. 大地主大资产阶级的抗日派　　B. 汉奸

C. 城市小资产阶级　　　　　　　D. 民族资产阶级

10. 延安整风运动最主要的任务是（　　　）

A. 反对主观主义　　　　　　　B. 反对宗派主义

C. 反对党八股　　　　　　　　D. 反对个人主义

答案：CACBC，DBBAA

（二）多选题

1. 抗日民族统一战线的策略总方针是（　　　）

A. 发展进步势力　　　　　　　B. 争取中间势力

C. 孤立顽固势力　　　　　　　D. 打击汉奸势力

2. 1937 年红军主力改编时八路军第一二九师的领导人是（　　　）

A. 林彪　　　　　　　　　　　B. 刘伯承

C. 徐向前　　　　　　　　　　D. 萧克

3. 实行"三三制"原则的抗日民主政府的工作人员包括（　　　）

A. 共产党员　　　　　　　　　B. 非党的左派进步分子

C. 不左不右的中间派　　　　　　　D. 国民党员

4. 延安整风运动主要内容包括（　　　）

A. 反对主观主义以整顿学风　　　　B. 反对宗派主义以整顿党风

C. 反对党八股以整顿学风　　　　　D. 反对党八股以整顿文风

5. 中国人民抗日战争胜利的原因是（　　　）

A. 以爱国主义为核心的民族精神是中国人民抗日战争胜利的决定因素

B. 中国共产党的中流砥柱作用是中国人民抗日战争胜利的关键

C. 全民族抗战是中国人民抗日战争胜利的重要法宝

D. 在中国人民抗日战争的进程中，苏联、美国、英国等反法西斯盟国为中国人民提供了宝贵的人力物力支持

答案：ABC、BC、ABC、ABD、ABCD

（三）思考题

1. 如何认识抗日战争中的正面战场？

由于历史的原因和第二次国共合作的特殊形式，抗日战争在其发展初期就形成了由国民党军队担负的正面战场和由共产党领导的敌后战场。它们是相对独立的，但它们又是不可分割的两方面，是相互依存、相互配合的。在战略防御阶段，国民党正面战场发挥了主要战场的作用，抗战是比较努力的。在忻口（太原）会战、淞沪会战、徐州会战、武汉会战等战役中，正面战场对日本侵略者的进攻进行了比较积极、顽强的抵抗。这些抵抗，粉碎了日军"速战速决"灭亡中国的梦想，对于遏制日军向华北、华东的推进，挫败敌人战略进攻的锋芒，对于消耗敌人的兵力，激励全国人民的抗战意志，起了积极作用。广大爱国官兵的英勇抗敌精神，为中华民族赢得了国际赞誉，扩大了抗日战争的影响，唤醒了国际舆论的同情和支持。国民党军队的正面防御，为沿海沿江工业、学校的内迁，为西南大后方的发展奠定赢得了宝贵的时间。在客观上也掩护了八路军在华北敌后就位，减轻了敌人对我们的压力，为敌后战场的开辟创造了一定的条件。

进入相持阶段后，国民党对抗战在全局上渐趋消极，基本上实行保守的收缩战略，以保存实力，同时制造了多次"反共"摩擦事件，但仍然在支撑着正面战场，维持持久战的局面。其间国民党军队仍表现了一定的作战能力，并取得诸如第一次长沙会战、上高战役等胜利。太平洋战争爆发后，中国派出远征军入缅作战，1943年10月后开始进行缅北、滇西反攻作战，不仅在战略上配合和协助了太平洋战争，而且也在战役上支持和参加了英美军队在南方的作战。

总之，在14年抗战中，国民党在前期比较努力，中后期也一直坚持。正面

战场进行了 22 次会战，近 4 万次战斗，为抗日战争的胜利作出了贡献。但是，在片面抗战路线指导下，尤其是战争中后期，国民党实行消极抗战、积极反共的政策，造成了正面战场的重大军事失败，这对全国抗日战争产生了消极影响，也使正面战场在抗日战争中的地位和作用明显下降，与共产党领导的敌后战场的作用明显上升形成了鲜明对照。

2. 如何论述中国人民抗日战争在世界反法西斯战争中的地位？

中国人民抗日战争从一开始就具有拯救人类文明、保卫世界和平的重大意义，是世界反法西斯战争的重要组成部分，中国战场是世界反法西斯战争的东方主战场。

中国抗战在 1931 年九一八事变后即已开始。从 1937 年中国全民族抗战开始到 1939 年 9 月大战在欧洲爆发之前，当英、美、法实行绥靖政策的时候，中国人民孤军奋战，英勇抗击了百万日军的进攻。中国的抗战牵制和削弱了日本的力量，使之不敢贸然北进，从而使苏联得以集中兵力对付德国，避免东西两面作战。同时也推迟了日本发动太平洋战争的时间，并使之在发动和进行战争时由于兵力不足而不能全力南进，从而减轻了美、英军队受到的压力。

中国坚持持久抗战，抗击和牵制着日本陆军主力，并为同盟国军队实施战略反攻创造了有利条件。苏联元帅崔可夫说："甚至在我们最艰苦的战争年代里，日本也没有进攻苏联，却把中国淹没在血泊中，稍微尊重客观事实的人都不能不考虑到这一明显而无可争辩的事实。"

中国作为亚洲太平洋地区盟军对日作战的重要后方基地，还为盟国提供了大量战略物资和军事情报。

总之，中国是全世界参加反法西斯战争的五个最大的国家之一。中国人民的抗日战争开展时间最早、持续时间最长。中国是在亚洲大陆上反对日本侵略者的主要国家。在太平洋战争爆发前，中国抗击 80% 左右的日本陆军，在太平洋战争爆发后，中国仍抗击半数以上的日本陆军。从 1931 年 9 月至 1945 年 9 月，中国军民共歼灭日军 150 余万人。中国在抗日战争中，为了自己的解放，为了帮助各同盟国，付出了巨大的牺牲，作出了伟大的贡献。

（四）实践题

"身边的纪念"：参观（选择一处或几处）南京抗日航空烈士纪念馆、南京民间抗日战争博物馆、拉贝故居、侵华日军投降签字仪式旧址、侵华日军南京大屠杀遇难同胞纪念馆等抗战遗迹。

以小组为单位，进行参观考察，并提交实践报告，报告字数 2000 左右。

第七章

为建立新中国而奋斗

一、教学目的和要求

1. 了解抗日战争胜利后，在中国人民面前摆着两条道路，存在着两个中国之命运。了解中国共产党争取和平民主的斗争。

2. 了解全国解放战争的基本情况。了解中国共产党与民主党派的团结合作，了解各民主党派的历史发展。了解中国人民政治协商会议第一届全体会议。

3. 了解中国革命胜利的原因、意义和基本经验。

二、知识点和重点导读

主要知识点

重庆谈判 "双十协定" 政治协商会议 "五四指示" 《中国土地法大纲》 第二条战线 "五二〇运动" 中国国民党革命委员会 中国民主同盟 第三条道路 三大战役 中共七届二中全会 "两个务必" 中国人民政治协商会议第一届全体会议 《中国人民政治协商会议共同纲领》

重点导读

重庆谈判

（教材第 167 页）：（1945 年）8 月 14 日、20 日、23 日，蒋介石三次电邀毛泽东到重庆"共定大计"。为了争取和平民主，毛泽东不顾个人安危，于 8 月 28 日偕周恩来、王若飞赴重庆与国民党当局进行谈判。10 月 10 日，双方签署《政府与中共代表会谈纪要》，即"双十协定"，确认和平建国的基本方针，同意"长期合作，坚决避免内战"。

我们先来了解"重庆谈判"的基本情况。重庆谈判是指抗日战争胜利之后，从 1945 年 8 月 28 日到 10 月 10 日，中国共产党和国民党当局就国际和国内重要问题进行的会谈。毛泽东就和平建国等问题直接同蒋介石进行多次商谈。具体谈判主要在中国共产党代表周恩来、王若飞和国民党政府代表王世杰、张群、张治中、邵力子之间进行。双方正式签署《政府与中共代表会谈纪要》，即《双十协定》。①

重庆谈判得以实现的根本原因：中国共产党为了顺应广大人民群众对和平的渴望和要求，国民党当局对发动内战还有顾忌。我们来详细分析。

1. 中国共产党方面

第一，争取和平民主团结、愿意谈判是中国共产党基本方针政策。

1945 年 8 月 14 日、20 日、23 日，蒋介石三次电邀毛泽东到重庆，"共同商讨""国际国内各种重要问题"。毛泽东对蒋介石的三封电报均作了回复。1945 年 8 月 25 日，中国共产党中央委员会发表《中共中央对目前时局的宣言》，声明"我们愿意与中国国民党及其他民主党派，努力求得协议，以期各项紧急问题得到迅速的解决"。② 表明了中国共产党争取和平民主团结、愿意谈判的基本方针政策。

第二，重庆谈判之前，中国共产党和国民党当局曾经进行多次谈判。

1938 年，国民党政府成立了一个咨询性质的机关"国民参政会"，参政员都是由国民党政府指定的，其中也包含了各抗日党派的代表。在 1944 年 9 月召开的国民参政会上，"中国共产党取得了其他民主派别同意之后"，提出了"立即废止国民党一党专政、成立民主的联合政府一项要求"。此后，中国共产党和国民党政府之间"关于如何废止一党专政、成立联合政府以及实行必要的民主改革等项问题"，进行了多次谈判。但是，国民党政府拒绝了中国共产党提出的一切建议，"使得中国政治关系处在非常严重的局面之下"③。1945 年 8 月 28 日，毛泽东、周恩来、王若飞赴重庆与国民党当局进行谈判，29 日晚上，毛泽东在讲话中向国民党的代表说明了中国共产党与国民党当局谈判的历史。"从九一八事变以后，就产生了和平团结的需要。我们要求了，但是没有实现。到西安事变以后，'七七'抗战以前，才实现了。……八年中，我们一再表示愿意谈判。我们在党的七次代表大会上也这样表明：只要国民党当局'一旦愿意放弃

---

① 中共中央党史研究室．中国共产党的七十年［M］．北京：中共党史出版社，1991：246-247.

② 中共党史科研组．重庆谈判资料选编［M］．成都：四川大学马列主义教研室，1979：2.

③ 毛泽东．论联合政府［M］//毛泽东．毛泽东选集：第三卷．北京：人民出版社，1991：1051-1052.

其错误的现行政策，同意民主改革，我们是愿意和他们恢复谈判的。'"① 重庆谈判是对此前双方谈判的恢复和延续。

第三，顺应战后广大人民群众对和平的渴望和要求。

抗日战争胜利之后，广大人民群众渴望和平，担心内战爆发。毛泽东在《抗日战争胜利后的时局和我们的方针》一文中明确指出："还有许多人怕打内战。怕，是有理由的，因为过去打了十年，抗战又打八年，再打，怎么得了。产生怕的情绪是很自然的。"为了顺应人民群众对和平的要求，中国共产党所采取的方针是明确和一贯的："这就是坚决反对内战，不赞成内战，要阻止内战。今后我们还要以极大的努力和耐心领导着人民来制止内战。"②

中国共产党谋求和平民主团结，其目的在于改革社会政治，发展民族经济。"中国共产党力图避免内战，争取经过和平的道路来建设一个新中国，逐步实现中国的社会政治改革，发展中国的民族经济，因为这是经历了八年残酷战争后的中国人民的普遍愿望。如果国民党接受和平的要求，在和平的条件下同各方面合作进行建设和改革，那么，即便前进的道路会因此更加迂回曲折，斗争会更加复杂，这样做仍然有利于人民，这是中国共产党所力争的。"③

第四，提高人民的觉悟，击破国民党的谣言。

毛泽东从重庆回到延安以后，在延安干部会的报告中，对重庆谈判进行了肯定："这一次我们去得好，击破了国民党说共产党不要和平、不要团结的谣言。"报告中还说，国民党承认了和平团结的方针，如果再发动内战，"他们就在全国和全世界面前输了理，我们就更有理由采取自卫战争，粉碎他们的进攻"④。"通过和平谈判，可以使全国人民看清楚国民党反动派究竟是真要和平民主，还是在这个幌子下实行独裁内战，这对于提高人民的革命觉悟有很大作用。"⑤

2. 国民党方面

我们先看两段文献记载，然后分析为什么抗日战争胜利之后，国民党当局没有立刻发动内战？

"还有许多因素，使得蒋介石还不能不有很多顾忌。这里主要有三个因素：解放区的强大，大后方人民的反对和国际形势。我们解放区有一万万人民、一百万军队、两百万民兵，这个力量，任何人也不敢小视。……大后方的人民都

① 毛泽东. 毛泽东选集：第四卷 [M]. 北京：人民出版社，1991：1158-1159.
② 毛泽东. 毛泽东选集：第四卷 [M]. 北京：人民出版社，1991：1125.
③ 中共中央党史研究室. 中国共产党的七十年 [M]. 北京：中共党史出版社，1991：243.
④ 毛泽东. 毛泽东选集：第四卷 [M]. 北京：人民出版社，1991：1159.
⑤ 中共中央党史研究室. 中国共产党的七十年 [M]. 北京：中共党史出版社，1991：245.

希望和平，需要民主。"① "蒋介石要放手发动内战也有许多困难。第一，解放区有一万万人民、一百万军队、二百多万民兵。第二，国民党统治地区的觉悟的人民是反对内战的，这对蒋介石是一种牵制。第三，国民党内部也有一部分人不赞成内战。"②

我们可以看出，国民党当局没有立刻发动内战的原因大致上有四点：第一，解放区的强大；第二，国民党统治地区的觉悟的人民反对内战；第三，国民党内部也有一部分人不赞成内战；第四，国际形势也不允许国民党当局立即发动内战。

现在我们来了解重庆谈判的相关内容。

1. 谈判代表

重庆谈判期间，毛泽东和蒋介石多次商谈和平建国等问题。具体谈判主要在中国共产党代表周恩来、王若飞和国民党政府代表王世杰、张群、张治中、邵力子之间进行。③

2.《双十协定》

1945 年 10 月 10 日，双方正式签署《政府与中共代表会谈纪要》，即《双十协定》。其主要内容：国民党当局表示承认"和平建国的基本方针"，同意"长期合作，坚决避免内战，建设独立、自由和富强的新中国"；同意结束国民党的"训政"，召开政治协商会议；承认人民的某些民主权利；同意"积极推行地方自治，实行由下而上的普选"；等等。④

我们来看关于重庆谈判的评价。

1. 重庆谈判是与两党、全国人民的利害攸关的问题

"这次商谈，全国的人民、全世界的友人与各同盟国的政府都很关心，因为商谈不是仅关于两党，而是与全国人民的利害攸关的问题。"⑤

2. 重庆谈判是中国重大事件，也是具有国际意义的事件

1945 年 10 月 12 日，《新华日报》社论评论："它不仅是战后中国和平、民主、团结、统一的关键，而且也影响着远东和全世界的持久和平。这说明了为什么全国人民以及全世界如此焦急地期待着会谈的结果。"⑥

---

① 毛泽东. 毛泽东选集：第四卷［M］. 北京：人民出版社，1991：1158.
② 毛泽东. 毛泽东选集：第四卷［M］. 北京：人民出版社，1991：1130-1131.
③ 中共中央党史研究室. 中国共产党的七十年［M］. 北京：中共党史出版社，1991：246.
④ 中共中央党史研究室. 中国共产党的七十年［M］. 北京：中共党史出版社，1991：247.
⑤ 中共中央主席毛泽东在渝言论：在军事委员会大礼堂晚会上的演说［M］//中共党史科研组. 重庆谈判资料选编. 成都：四川大学马列主义教研室，1979：10.
⑥ 中共党史科研组. 重庆谈判资料选编［M］. 成都：四川大学马列主义教研室，1979：23-24.

3. 重庆谈判是有收获的，是成功的

"这次谈判是有收获的。国民党承认了和平团结的方针和人民的某些民主权利，承认了避免内战，两党和平合作建设新中国。"① "这次谈判的结果，虽然只发表了一个国共双方代表会谈纪要（即《双十协定》），但是在政治上却使中国共产党获得了极大的主动，而使国民党陷入被动，因而是成功的。"②

我们来了解重庆谈判面临的重大困难及解决办法。

先看原载于1945年10月13日《解放日报》社论《国共会谈的成果与今后的任务》："可是会谈并不是没有遇到困难，也不是一切问题都得到了解决，首先是关于解放区的民选政府及如何召开国民大会的问题，没有获得协议，而这两个问题是有关实现民主政治的最重要的问题……在解放区问题，受降问题，严惩汉奸及解散伪军等项问题上，在今后的谈判及执行中，还会有许多严重的困难。再则，此次会谈已获解决的问题……要把写在纸上的东西变为实际的东西，还得用很大的努力。在执行这些决议中，如果没有各党派及全国人民的认真实践，克服前进道路上的种种障碍（这些障碍不仅存在，而且很大），那么纸上的东西可能变为空谈，变为一钱不值的东西的。"③

可见重庆谈判之后，政治和军事局势仍然十分复杂，中国人民要想进行和平建设，面临着巨大的困难。

第一，重庆谈判中没有得到解决的重大问题：解放区民选政府、国民大会、军队问题。解决办法：召开政治协商会议。《国民党政府与中共代表会议纪要》（原载1945年10月12日《解放日报》）提到，"关于国民大会问题……双方未能成立协议。但中共方面声明：中共不愿见因此项问题之争论而破裂团结。同时双方均同意将此问题提交政治协商会议解决。……关于解放区地方政府问题……中共方面认为：可将此问题，提交政治协商会议解决"④。

第二，重庆谈判中达成的协议，是写在纸上的，还不是现实的东西。解决办法：各党派和全国人民认真实践。"纸上的东西并不等于现实的东西。事实证明，要把它变成现实的东西，还要经过很大的努力。……《会谈纪要》……是写在纸上的，还不是现实的东西……成立了《双十协定》以后，我们的任务就

---

① 毛泽东. 毛泽东选集：第四卷 [M]. 北京：人民出版社，1991：1156.
② 毛泽东. 毛泽东选集：第四卷 [M]. 北京：人民出版社，1991：1153.
③ 中共党史科研组. 重庆谈判资料选编 [M]. 成都：四川大学马列主义教研室，1979：26.
④ 中共党史科研组. 重庆谈判资料选编 [M]. 成都：四川大学马列主义教研室，1979：12-15.

是坚持这个协定，要国民党兑现，继续争取和平。"①

第三，内战的爆发无法完全避免。解决办法：不能因为谈判而放松对蒋介石的警惕和斗争。"毛泽东所起草的这个通知……告诉全党绝对不要因为谈判而放松对蒋介石的警惕和斗争。"②"人民的武装，一支枪、一粒子弹，都要保存，不能交出去。"③

重庆谈判之后，国内政治和军事形势仍然十分复杂。面对战争的乌云与和平的希望，中共中央提出了具体的应对措施，"一方面坚持解放区自治自卫立场，坚决反对国民党的进攻，巩固解放区人民已得的果实"，"同时，我党代表团即将出席各党派和无党派人物的政治协商会议，并和国民党重新谈判，为全国的和平民主而奋斗"。1946年1月10日至31日，国民党、共产党、其他党派和无党派人士的代表，在重庆举行政治协商会议。

三、案例解析

案例1

两个务必④

我们很快就要在全国胜利了。这个胜利将冲破帝国主义的东方战线，具有伟大的国际意义。夺取这个胜利，已经是不要很久的时间和不要花费很大的气力了；巩固这个胜利，则是需要很久的时间和要花费很大的气力的事情。资产阶级怀疑我们的建设能力。帝国主义者估计我们终究会要向他们讨乞才能活下去。因为胜利，党内的骄傲情绪，以功臣自居的情绪，停顿起来不求进步的情绪，贪图享乐不愿再过艰苦生活的情绪，可能生长。因为胜利，人民感谢我们，资产阶级也会出来捧场。敌人的武力是不能征服我们的，这点已经得到证明了。资产阶级的捧场则可能征服我们队伍中的意志薄弱者。可能有这样一些共产党人，他们是不曾被拿枪的敌人征服过的，他们在这些敌人面前不愧英雄的称号；但是经不起人们用糖衣裹着的炮弹的攻击，他们在糖弹面前要打败仗。我们必须预防这种情况。夺取全国胜利，这只是万里长征走完了第一步。如果这一步

① 毛泽东．毛泽东选集：第四卷［M］．北京：人民出版社，1991：1159.
② 毛泽东．毛泽东选集：第四卷［M］．北京：人民出版社，1991：1152-1153.
③ 毛泽东．毛泽东选集：第四卷［M］．北京：人民出版社，1991：1161.
④ 毛泽东．毛泽东选集：第四卷［M］．北京：人民出版社，1991：1438-1439.

也值得骄傲，那是比较渺小的，更值得骄傲的还在后头。在过了几十年之后来看中国人民民主革命的胜利，就会使人们感觉那好像只是一出长剧的一个短小的序幕。剧是必须从序幕开始的，但序幕还不是高潮。中国的革命是伟大的，但革命以后的路程更长，工作更伟大，更艰苦。这一点现在就必须向党内讲明白，务必使同志们继续地保持谦虚、谨慎、不骄、不躁的作风，务必使同志们继续地保持艰苦奋斗的作风。我们有批评和自我批评这个马克思列宁主义的武器。我们能够去掉不良作风，保持优良作风。我们能够学会我们原来不懂的东西。我们不但善于破坏一个旧世界，我们还将善于建设一个新世界。中国人民不但可以不要向帝国主义者讨乞也能活下去，而且还将活得比帝国主义国家要好些。

评析与思考

1949 年 3 月 5 日，毛泽东在中共七届二中全会的报告中指出："夺取全国胜利，这只是万里长征走完了第一步。中国的革命是伟大的，但革命以后的路程更长，工作更伟大，更艰苦。"因而要求全党做到"两个务必"，即"务必使同志们继续地保持谦虚、谨慎、不骄、不躁的作风，务必使同志们继续地保持艰苦奋斗的作风"。

请大家思考："两个务必"有什么重要的现实意义？

案例 2

人民政协的历史发展①

中国人民政治协商会议是在新中国建立前夕成立的。1949 年 9 月 21 日至 30 日，中国人民政治协商会议举行了第一届全体会议。参加会议的代表共 662 人，包括中国共产党、各民主党派、各人民团体、各地区、人民解放军、少数民族、国外华侨、宗教界人士等 46 个单位的代表以及特别邀请的人士，具有十分广泛的代表性。人民政协第一届全体会议代行全国人民代表大会的职权，代表全国人民的意志，宣告了中华人民共和国的成立；通过了具有临时宪法性质的《中国人民政治协商会议共同纲领》及《中国人民政治协商会议组织法》《中华人民共和国中央人民政府组织法》；决定中华人民共和国定都于北京，国旗为五星红旗，以《义勇军进行曲》为国歌，采用公元作为中国纪年；选举了中央人民政府主席、副

---

① 人民政协的历史发展［EB/OL］. 中国政协网，2011-12-16.

主席、委员，并选举产生了中国人民政治协商会议第一届全国委员会。

人民政协在中华人民共和国成立初期的 5 年中，对于团结全国各族人民，巩固人民民主政权，恢复和发展国民经济，实行社会改革，发展统一战线，发挥了重要作用。

1954 年 9 月第一届全国人民代表大会举行第一次会议，通过了《中华人民共和国宪法》。同年 12 月召开了政协第二届全国委员会第一次会议，制定了《中国人民政治协商会议章程》。章程宣告：《共同纲领》已经为宪法所代替；人民政协全体会议代行全国人民代表大会的职权已经结束。但是人民政协作为统一战线的组织，将继续存在和发挥作用。从 1955 年至 1966 年 10 多年里，政协第二、三、四届全国委员会和各级地方委员会，在团结各族人民和各界爱国力量，活跃国家政治生活，发扬人民民主，发展人民民主统一战线，以及调动一切积极因素为社会主义革命和社会主义建设服务等方面，都发挥了重要的作用。

1978 年 12 月中国共产党召开了十一届三中全会，开始全面地、认真地纠正"文化大革命"的"左"倾错误，作出了把工作重点转移到社会主义现代化建设上来的战略决策，使中国进入了新的发展时期，人民政协也进入了新的发展时期。中国人民政治协商会议章程规定，人民政协的任务是要在热爱中华人民共和国、拥护中国共产党的领导和拥护社会主义事业的政治基础上，尽一切努力，进一步巩固和发展爱国统一战线，调动一切积极因素，团结一切可能团结的人，同心同德，群策群力，以经济建设为中心，维护和发展安定团结的政治局面，促进社会主义民主和法制的建设，促进社会主义精神文明建设，推动社会主义市场经济的发展，为实现我国各族人民的根本任务而奋斗。

中华人民共和国宪法规定：中国共产党领导的多党合作和政治协商制度将长期存在和发展。人民政协作为实现这一基本制度的重要组织形式，将在国家的政治生活、社会生活和对外友好活动中，在进行现代化建设、维护国家的统一和加强各民族的团结中，进一步发挥重要作用。

评析与思考

人民政协是中国人民政治协商会议的简称，是实现中国共产党领导的多党合作和政治协商制度的重要组织形式。请大家首先了解人民政协的历史发展，再思考人民政协将如何更好地进一步发挥重要作用。

四、知识拓展

经典文论

政治协商会议①

《双十协定》签订后，国民政府在政治、军事上的举措背离了人民的意愿，使自己陷于空前的被动局面，也迫使其再次调整以内战控制全国的部署。

面对中国国内的复杂形势，美国政府既顾忌与苏联在中国问题上达成的妥协，又不愿意以过多的人力物力帮助蒋介石打内战，所以决定将公开的"扶蒋反共"改为"调处"国共关系的方针。1945 年 11 月 27 日，美国总统杜鲁门批准赫尔利辞职，任命前陆军参谋长马歇尔上将为总统特使到中国执行这一使命。12 月 15 日，杜鲁门发表《关于美国对华政策的声明》，赞成中国"召开全国主要政党代表的国民会议，以谋早日解决目前的内争"。

……

迫于国际国内形势的压力，蒋介石重新走回和谈的轨道，并决定于 1946 年 1 月 10 日召开政治协商会议。1946 年 12 月 16 日，中国共产党派出以周恩来为首的代表团由延安抵达重庆，准备出席政协会议。

中国共产党认为，停止军事冲突是召开政协的前提。1946 年 12 月 27 日，中共代表团向国民政府提出立即无条件停战的三项建议。在马歇尔的协助下，经周恩来、董必武、王若飞、叶剑英与张群、邵力子、王世杰等几度磋商，1946 年 1 月 5 日，双方达成《关于停止国内军事冲突办法的协议》。1 月 7 日，成立由张群、周恩来、马歇尔组成的"三人会议"（或称三人军事小组），会商解决军事冲突及其他有关事项。1 月 10 日，由张群、周恩来签署了《关于停止国内冲突的命令和声明》。当天，双方下达于 1 月 13 日午夜生效的停战令。根据停战协定，在北平设立由国民党、共产党、美国三方各一名代表组成的军事调处执行部，下设若干军事调处执行小组，负责监督和分赴各地进行调处。停战令生效前后，尽管争夺战略要点的斗争仍然十分激烈，但就整体而言，全国一度出现了和平的局面，为政协会议的召开提供了必要的前提。

1946 年 1 月 10 日，政治协商会议在重庆开幕。参加会议的代表共 38 人，其中国民党 8 人，共产党 7 人，青年党 5 人，民主同盟 9 人，社会贤达 9

---

① 章开沅，朱英. 中国近现代史［M］. 开封：河南大学出版社，2009：660-665.

人。……会议代表围绕着政府改组、施政纲领、军事、国民大会、宪法草案五个问题展开了激烈的争辩。

……

会议经过 20 多天的争论、协商，最后就上述五个问题达成了协议。

政协会议是中国近代民主运动史上特殊的一幕，经过中共和民主党派、无党派进步人士和国民党内民主分子的努力，通过了一系列有利于国内和平，有利于人民民主的决议。会议形成的协商精神和政协路线，在中国历史上留下了深远影响。

政协通过的五项协议，能否严格遵守和认真履行，是和平、民主、统一局面到来的根本保证，其中又以国共两党的态度最为关键。

……

政协协议履行中的波折，尤其是政府不断以武力和专制对协议的破坏行为，在无情地摧残各阶层民众和平愿望的同时，也极大地削弱了人们对政府的信任度。

背景知识

1946 年 1 月 10 日至 31 日在重庆举行的政治协商会议的具体任务和历史使命包括：第一，政治协商会议是为了继续商谈重庆谈判未能解决的问题，主要是国民大会问题和解放区地方政府问题。第二，政治协商会议的具体任务是协商国是。第三，政治协商会议的历史使命是和平奋斗救中国。

1946 年 1 月 31 日，政治协商会议闭幕。各党派、各界人士认为这是一次成功的会议。1946 年 2 月 9 日，毛泽东同志在延安接见美联社记者，指出"各党当前的任务，最主要的是在履行政治协商会议的各项决议"。政治协商会议召开期间，国民党顽固派就制造了一系列事件进行破坏。会议闭幕以后，国民党顽固派又通过六届二中全会决议推翻了政治协商会议的决议。

权威新论

在中央政协工作会议暨庆祝中国人民政治协商会议
成立 70 周年大会上的讲话① (2019 年 9 月 20 日)

同志们，朋友们：

在中华人民共和国成立 70 周年之际，召开这个会议，目的是庆祝中国人民

---

① 习近平．在中央政协工作会议暨庆祝中国人民政治协商会议成立 70 周年大会上的讲话［J］．求是，2022（6）：4-11.

政治协商会议成立70周年，回顾成绩、总结经验、坚定信心，部署新时代加强和改进人民政协工作。

70年前的9月，在中国人民争取民族独立和人民解放取得历史性胜利的凯歌声中，中国人民政治协商会议第一届全体会议召开了。毛泽东同志在开幕词中豪迈地说，我们的工作将写在人类的历史上，它将表明：占人类总数四分之一的中国人从此站立起来了。

在这里，我代表党中央，向中国人民政治协商会议成立70周年，表示热烈的祝贺！向参加人民政协的各党派团体、各族各界人士，向香港特别行政区同胞、澳门特别行政区同胞、台湾同胞和海外侨胞，致以诚挚的问候！

此时此刻，我们深切怀念为民族独立、人民解放和国家富强、人民幸福而英勇奋斗的革命先辈和仁人志士，深切缅怀毛泽东同志、周恩来同志、邓小平同志、邓颖超同志、李先念同志等老一辈人民政协事业的卓越领导人。我们要永远铭记所有为人民政协事业和多党合作事业作出贡献的人们！

同志们、朋友们！

人民政协是中国共产党把马克思列宁主义统一战线理论、政党理论、民主政治理论同中国实际相结合的伟大成果，是中国共产党领导各民主党派、无党派人士、人民团体和各族各界人士在政治制度上进行的伟大创造。70年来，在中国共产党领导下，人民政协坚持团结和民主两大主题，服务党和国家中心任务，在建立新中国和社会主义革命、建设、改革各个历史时期发挥了十分重要的作用。

中国人民政治协商会议第一届全体会议，代行全国人民代表大会职权，为新中国诞生作了全面准备。会议通过了具有临时宪法性质的中国人民政治协商会议共同纲领和中国人民政治协商会议组织法、中华人民共和国中央人民政府组织法，作出关于国都、国旗、国歌、纪年的决议，选举产生政协全国委员会和中央人民政府委员会。这也标志着人民政协制度正式确立。新中国成立后，人民政协为恢复和发展国民经济、巩固新生人民政权、完成社会主义革命、确立社会主义基本制度、推进社会主义建设作出了积极贡献。1954年全国人民代表大会召开后，人民政协继续在国家政治生活和社会生活中开展了卓有成效的工作。

1978年党的十一届三中全会召开，人民政协事业发展进入了新时期。党中央进一步明确人民政协的性质、任务、主题、职能，推动人民政协性质和作用载入宪法，把中国共产党领导的多党合作和政治协商制度确立为我国的一项基本政治制度。人民政协认真贯彻党的理论和路线方针政策，努力调动一切积极因素，团结一切可以团结的力量，为推进改革开放和社会主义现代化建设作出了重要贡献。

中国特色社会主义进入新时代，党中央对人民政协工作作出一系列重大部署。人民政协认真贯彻新时代中国特色社会主义思想，坚持人民政协性质定位，紧扣统筹推进"五位一体"总体布局、协调推进"四个全面"战略布局，积极投身实现"两个一百年"奋斗目标、实现中华民族伟大复兴中国梦的伟大实践，为党和国家事业发展凝心聚力，开拓了人民政协工作新局面。

党的十八大以来，我们总结经验，对人民政协工作提出了一系列新要求，主要有以下几个方面。

一是加强党对人民政协工作的领导。中国共产党的领导是包括各民主党派、各团体、各民族、各阶层、各界人士在内的全体中国人民的共同选择，是成立政协时的初心所在，是人民政协事业发展进步的根本保证。要把坚持党的领导贯穿到政协全部工作之中，切实落实党中央对人民政协工作的各项要求。

二是准确把握人民政协性质定位。人民政协作为统一战线的组织、多党合作和政治协商的机构、人民民主的重要实现形式，是社会主义协商民主的重要渠道和专门协商机构，是国家治理体系的重要组成部分，是具有中国特色的制度安排。人民政协要坚持性质定位，坚定不移走中国特色社会主义政治发展道路。

三是发挥好人民政协专门协商机构作用。协商民主是实现党的领导的重要方式，是我国社会主义民主政治的特有形式和独特优势。要发挥好人民政协专门协商机构作用，把协商民主贯穿履行职能全过程，坚持发扬民主和增进团结相互贯通、建言资政和凝聚共识双向发力，积极围绕贯彻落实党和国家重要决策部署情况开展民主监督。

四是坚持和完善我国新型政党制度。中国共产党领导的多党合作和政治协商制度是我国的一项基本政治制度，是从中国土壤中生长出来的新型政党制度，人民政协要为民主党派和无党派人士在政协更好发挥作用创造条件。

五是广泛凝聚人心和力量。人民政协要发挥统一战线组织功能，坚持大团结大联合，坚持一致性和多样性统一，不断巩固共同思想政治基础，加强思想政治引领，广泛凝聚共识，努力寻求最大公约数、画出最大同心圆，汇聚起实现民族复兴的磅礴力量。

六是聚焦党和国家中心任务履职尽责。人民政协要以实现第一个百年奋斗目标、向第二个百年奋斗目标迈进为履职方向，以促进解决好发展不平衡不充分的问题为工作重点，紧紧围绕大局，瞄准抓重点、补短板、强弱项的重要问题，深入协商集中议政，强化监督助推落实。

七是坚持人民政协为人民。人民政协要把不断满足人民对美好生活的需要、促进民生改善作为重要着力点，倾听群众呼声，反映群众愿望，抓住民生领域实际问题做好工作，协助党和政府增进人民福祉。

八是以改革创新精神推进履职能力建设。人民政协要坚持改革创新，着力增强政治把握能力、调查研究能力、联系群众能力、合作共事能力。要加强委员队伍建设，教育引导委员懂政协、会协商、善议政，守纪律、讲规矩、重品行。

70年的实践证明，人民政协制度具有多方面的独特优势。马克思、恩格斯说过："民主是什么呢？它必须具备一定的意义，否则它就不能存在。因此全部问题在于确定民主的真正意义。"实现民主政治的形式是丰富多彩的，不能拘泥于刻板的模式。实践充分证明，中国式民主在中国行得通、很管用。新形势下，我们必须把人民政协制度坚持好、把人民政协事业发展好，增强开展统一战线工作的责任担当，把更多的人团结在党的周围。

同志们、朋友们！

当今世界正在经历百年未有之大变局，实现中华民族伟大复兴正处于关键时期。越是接近目标，越是形势复杂，越是任务艰巨，越要发挥中国共产党领导的政治优势和中国特色社会主义的制度优势，把各方面智慧和力量凝聚起来，形成海内外中华儿女心往一处想、劲往一处使的强大合力。

在新时代，加强和改进人民政协工作的总体要求是：以习近平新时代中国特色社会主义思想为指导，增强"四个意识"、坚定"四个自信"、做到"两个维护"，把坚持和发展中国特色社会主义作为巩固共同思想政治基础的主轴，把服务实现"两个一百年"奋斗目标作为工作主线，把加强思想政治引领、广泛凝聚共识作为中心环节，坚持团结和民主两大主题，提高政治协商、民主监督、参政议政水平，更好凝聚共识，担负起把党中央决策部署和对人民政协工作要求落实下去、把海内外中华儿女智慧和力量凝聚起来的政治责任，为决胜全面建成小康社会、进而全面建设社会主义现代化强国作出贡献。

当前和今后一个时期，人民政协尤其要抓好以下工作。

第一，发挥人民政协专门协商机构作用。我说过，在中国社会主义制度下，有事好商量、众人的事情由众人商量，找到全社会意愿和要求的最大公约数，是人民民主的真谛。协商民主是党领导人民有效治理国家、保证人民当家作主的重要制度设计，同选举民主相互补充、相得益彰。人民政协在协商中促进广泛团结、推进多党合作、实践人民民主，既秉承历史传统，又反映时代特征，充分体现了我国社会主义民主有事多商量、遇事多商量、做事多商量的特点和优势。

能听意见、敢听意见特别是勇于接受批评、改进工作，是有信心、有力量的表现。发展社会主义协商民主，要把民主集中制的优势运用好，发扬"团结—批评—团结"的优良传统，广开言路，集思广益，促进不同思想观点的充分表达和深入交流，做到相互尊重、平等协商而不强加于人，遵循规则、有序协商而不各说各话，体谅包容、真诚协商而不偏激偏执，形成既畅所欲言、各抒己见，又理性有度、合法依章的良好协商氛围。对各种意见和批评，只要坚持党的基本理论、基本路线、基本方略，就要让大家讲，哪怕刺耳、尖锐一些，我们也要采取闻过则喜的态度，做到有则改之、无则加勉。

发挥人民政协专门协商机构作用，需要完善制度机制。要坚持党委会同政府、政协制定年度协商计划制度，完善协商于决策之前和决策实施之中的落实机制，对明确规定需要政协协商的事项必须经协商后提交决策实施，对协商的参加范围、讨论原则、基本程序、交流方式等作出规定。

第二，加强思想政治引领、广泛凝聚共识。毛泽东同志说过，所谓政治，就是把拥护我们的人搞得多多的，把反对我们的人搞得少少的。我们党领导革命、建设、改革取得成功靠的就是这个。在新的时代条件下，我们要继续前进，就必须增进全国各族人民的大团结，调动一切可以调动的积极因素。

要把大家团结起来，思想引领、凝聚共识就必不可少。人民政协要通过有效工作，努力成为坚持和加强党对各项工作领导的重要阵地、用党的创新理论团结教育引导各族各界代表人士的重要平台、在共同思想政治基础上化解矛盾和凝聚共识的重要渠道。要引导参加人民政协的各党派团体和各族各界人士深入学习党的创新理论，学习时事政策，学习中共党史、新中国史和统一战线历史、人民政协历史，树立正确的历史观和大局观。

加强思想政治引领，要正确处理一致性和多样性的关系。一致性是共同思想政治基础的一致，多样性是利益多元、思想多样的反映，要在尊重多样性中寻求一致性，不要搞成"清一色"。要及时了解统一战线内部思想动态，把在一些敏感点、风险点、关切点上强化思想政治引领同经常性思想政治工作结合起来，求同存异、聚同化异，推动各党派团体和各族各界人士实现思想上的共同进步。人民政协要广泛联系和动员各界群众，协助党和政府做好协调关系、理顺情绪、化解矛盾的工作。要鼓励和支持委员深入基层、深入界别群众，及时反映群众意见和建议，深入宣传党和国家方针政策。

实现中华民族伟大复兴的中国梦，需要广泛汇聚团结奋斗的正能量。要发挥人民政协作为实行新型政党制度重要政治形式和组织形式的作用，对各民主党派以本党派名义在政协发表意见、提出建议作出机制性安排。要健全同党外知识分子、非公有制经济人士、新的社会阶层人士的沟通联络机制。要全面贯彻党的民族政策和宗教政策，推动各民族交往交流交融，引导宗教与社会主义社会相适应。要全面准确贯彻"一国两制"、"港人治港"、"澳人治澳"、高度自治的方针，引导港澳委员支持特别行政区政府和行政长官依法施政，发展壮大爱国爱港爱澳力量。要坚持一个中国原则和"九二共识"，拓展同台湾岛内有关党派团体、社会组织、各界人士的交流交往，助推深化海峡两岸融合发展，坚决反对任何形式的"台独"分裂活动。要广泛团结海外侨胞，吸收侨胞代表参加政协活动。要积极开展对外交往，为推动构建人类命运共同体提供正能量。

第三，强化委员责任担当。政协委员作为各党派团体和各族各界代表人士，由各方面郑重协商产生，代表各界群众参与国是、履行职责。这是荣誉，更是责任。广大政协委员要坚持为国履职、为民尽责的情怀，把事业放在心上，把责任扛在肩上，认真履行委员职责。

政协委员来自方方面面，对一些问题的看法和认识不一定相同，但政治立场不能含糊、政治原则不能动摇。要学习贯彻党的基本理论、基本路线、基本方略，不断增进对中国共产党和中国特色社会主义的政治认同、思想认同、理论认同、情感认同。要不断提高思想水平和认识能力，广泛学习各方面知识，准确把握政协履职方式方法，深入调查研究，积极建言献策，全面增强履职本领。要发挥桥梁纽带作用，在界别群众中多做雪中送炭、扶贫济困的工作，多做春风化雨、解疑释惑的工作，多做理顺情绪、化解矛盾的工作。要自觉遵守宪法法律和政协章程，积极践行社会主义核心价值观，锤炼道德品行，严格廉洁自律，以模范行动展现新时代政协委员的风采。

同志们、朋友们！

各级党委要把人民政协工作纳入重要议事日程，坚持党委常委会会议定期听取政协党组工作、政协常委会工作情况汇报制度，对政协党组织执行党的路线方针政策等情况进行督促检查。要为政协组织开展工作创造有利条件，选优配强政协领导班子，重点解决市县政协基础工作薄弱、人员力量薄弱的问题。党委主要负责同志要带头参加政协重要活动，带头广交深交党外朋友。各级纪检监察机关和组织、宣传、统战等部门，政府及其有关部门，要加强同政协组织的联系配合，形成加强和改进人民政协工作的合力。关于新时代加强和改进人民政协工作，党中央将专门印发文件，大家要认真贯彻落实。

政协党组要确保党中央大政方针和决策部署在人民政协得到贯彻落实。要加强政协系统党的建设，以党的政治建设为统领全面推进政协党的各项建设，以党的建设为引领推进政协机关建设。

同志们、朋友们！

70 年前，在新中国的曙光喷薄而出之际，中国共产党顺应大势、团结各方，开启了协商建国、共创伟业的新纪元。70 年后的今天，在同心共筑中国梦、携手奋进新时代的新长征路上，中国共产党将不忘初心、牢记使命，继续团结带领全国各族人民，加强大团结大联合，同心同德、共襄盛举。在这个历史进程中，人民政协使命光荣、责任重大。希望人民政协在党中央坚强领导下，坚定不移沿着中国特色社会主义道路前进，为实现"两个一百年"奋斗目标、实现中华民族伟大复兴的中国梦、实现人民对美好生活的向往而继续奋斗！

阅读推荐

1. 关于重庆谈判［M］//毛泽东选集：第四卷. 北京：人民出版社，1991.

2. 中国人民政治协商会议共同纲领［Z］. 1949-09-29.

3. 中共中央党史研究室. 中国共产党的七十年［M］. 北京：中共党史出版社，1991.

五、知识训练

（一）单选题

1. 1946 年 1 月 10 日，（　　）在重庆开幕，出席会议的有国民党、共产党、民主同盟、青年党和社会贤达共 38 人。

A. 中国人民政治协商会议　　　　B. 停战会议

C. 政治协商会议　　　　　　　　D. 重庆谈判

2. 1946 年 6 月 26 日，国民党军以进攻（　　）解放区为起点，挑起了全国内战。

A. 东北　　　　　　　　　　　　B. 中原

C. 西北　　　　　　　　　　　　D. 华北

3. 在解放战争胜利发展的同时，解放区开展了轰轰烈烈的土地改革运动。1947 年 7 月至 9 月，中国共产党在西柏坡召开全国土地会议，制定和通过了（　　）

A. 《土地法》　　　　　　　　　B. 《关于土地问题的指示》

C. 《中国土地法大纲》　　　　　D. 《土地改革法》

4. 1948 年 1 月 1 日，中国国民党革命委员会正式成立，民革中央推举

（ ）为名誉主席。

A. 宋庆龄   B. 李济深

C. 何香凝   D. 沈钧儒

5. 1949 年（ ），人民解放军占领南京，宣告延续 22 年之久的国民党反动统治覆灭。

A. 3 月 23 日   B. 4 月 23 日

C. 5 月 23 日   D. 6 月 23 日

6. 1949 年 3 月召开的（ ），规定了党在全国胜利后在政治、经济、外交方面应当采取的基本政策，指出了中国由农业国转变为工业国、由新民主主义社会转变为社会主义社会的发展方向。

A. 中共五大   B. 中共六大

C. 中共七大   D. 中共七届二中全会

7. （ ），中国人民政治协商会议第一届全体会议在北平隆重开幕。

A. 1946 年 9 月 21 日   B. 1947 年 9 月 21 日

C. 1948 年 9 月 21 日   D. 1949 年 9 月 21 日

8. 中国人民政治协商会议第一届全体会议通过了（ ），成为中国人民的大宪章，在一个时期内起着新中国临时宪法的作用。

A. 《中国人民政治协商会议组织法》

B. 《中国人民政治协商会议共同纲领》

C. 《中华人民共和国中央人民政府组织法》

D. 《中国人民政治协商会议全国委员会工作条例》

9. 人民政协会议的召开，标志着（ ）的确立。

A. 中国共产党领导的多党合作和政治协商制度

B. 人民代表大会制度

C. 民族区域自治制度

D. 基层群众自治制度

10. 中国人民革命的胜利和人民民主专政的新中国的创建，彻底改变了近代以后（ ）中国积贫积弱，中国人民受人欺凌的悲惨命运，为实现中华民族的伟大复兴创造了根本社会条件。

A. 30 多年   B. 50 多年

C. 80 多年   D. 100 多年

答案：CBCAB，DDBAD

（二）多选题

1. 1945 年 8 月 28 日，为了争取和平民主，毛泽东不顾个人安危，偕（ ）赴重庆与国民党当局进行谈判。

A. 周恩来 　　　　　　　　 B. 董必武

C. 王若飞 　　　　　　　　 D. 黄炎培

2. 1947 年 3 月，国民党当局限期令中共驻（ ）代表及工作人员全部撤退。至此，一切和平谈判之门都被国民党关闭，国共关系彻底破裂。

A. 武汉 　　　　　　　　　 B. 南京

C. 上海 　　　　　　　　　 D. 重庆

3. 1948 年秋，人民解放战争进入夺取全国胜利的决定性阶段。中国人民解放军先后发动了（ ）三大战役。

A. 辽沈战役 　　　　　　　 B. 淮海战役

C. 济南战役 　　　　　　　 D. 平津战役

4. （ ）构成了《中国人民政治协商会议共同纲领》的基础。

A. 毛泽东在新政治协商会议筹备会上的讲话

B. 中共七届二中全会的决议

C. 毛泽东的《新民主主义论》

D. 毛泽东的《论人民民主专政》

5. 中国人民政治协商会议第一届全体会议，通过以下（ ）决议案。

A. 北平为中华人民共和国首都，将北平改名为北京

B. 采用公元纪年

C. 以《义勇军进行曲》为代国歌

D. 国旗为五星红旗

答案：AC、BCD、ABD、BD、ABCD

（三）思考题

1. 中国革命胜利主要有哪几方面的原因？

第一，中国革命的发生不是偶然的，它有着深刻的社会根源和雄厚的群众基础。工人、农民、城市小资产阶级群众是民主革命的主要力量。在他们中间，涌现出了无数无畏的英雄和不屈的战士。随着斗争的发展，民族资产阶级也逐步向共产党靠拢，这种现象曾经被人称作"开万国未有之奇"。没有广大人民和各界人士的广泛参加和大力支持，中国革命的胜利是不可能的。

第二，中国革命之所以能够走上胜利发展的道路，从根本上说，是由于有

了中国共产党的领导。中国共产党从诞生之日起，就把为中国人民谋幸福、为中华民族谋复兴确定为自己的初心使命。为了实现初心使命，中国共产党进行了前赴后继的不懈奋斗，作出了巨大的牺牲。

第三，中国革命之所以能够赢得胜利，与国际无产阶级和人民群众的支持也是分不开的。

2. 中国革命胜利的意义有哪些体现？

第一，中国革命的胜利，结束了100多年来中华民族遭受资本—帝国主义侵略和中国各族人民遭受资本—帝国主义同封建统治阶级联合压迫与剥削的历史，结束了国家战乱频仍、四分五裂的局面，实现了中国人民梦寐以求的民族独立和人民解放。

第二，中国革命的胜利，从根本上改变了中国社会的发展方向，为实现由新民主主义到社会主义的转变和建立社会主义制度、进行社会主义现代化建设，扫清了主要障碍，创造了政治前提；为实现国家富强和人民幸福，实现中华民族伟大复兴，开辟了广阔道路。

第三，中国革命的胜利，是继十月社会主义革命和世界反法西斯战争胜利后世界历史中最重大的事件。它在一个人口占全人类近1/4的大国里，冲破帝国主义的东方战线，极大改变了世界的政治格局，壮大了世界和平、民主和社会主义的力量，鼓舞了世界被压迫民族和被压迫人民争取解放的信心，受到世界人民的欢迎和支持。

第四，中国人民革命的胜利，是在马克思列宁主义的指导下取得的。中国共产党创造性地运用马克思列宁主义的基本原理，把它同中国革命具体实际结合起来，形成了伟大的毛泽东思想，找到了夺取中国革命胜利的正确道路。这对于马克思列宁主义的发展是一个重大的贡献。

3. 中国革命胜利的基本经验是什么？

近代中国的历史经验表明，没有无产阶级及其政党——中国共产党的坚强领导，中国人民革命的胜利是不可能的。

第一，中国共产党之所以能够把革命引向胜利，一条重要的经验就是，必须坚持把马克思列宁主义的基本原理和中国的具体实际结合起来，必须不断推进马克思主义中国化的事业。正是在中国化的马克思主义理论——毛泽东思想指引下，中国共产党制定了正确的纲领、路线、方针和政策，找到了适合本国国情的革命道路。

第二，中国共产党在领导人民革命的过程中，积累了丰富的经验，锻造出了有效的克敌制胜的武器。毛泽东指出："统一战线、武装斗争、党的建设是中国共产党在中国革命中战胜敌人的三个法宝，三个主要的法宝。"

第三，中国共产党正是遵循毛泽东建党学说，在长期的斗争实践中，把自己锻炼成了一个有纪律的、有马克思列宁主义的理论武装的、采取自我批评方法的、联系人民群众的党，成为掌握统一战线和武装斗争这两个武器以实行冲锋陷阵的战士，成为全国各族人民拥戴的领导核心。

第四，革命的根本问题是国家政权问题。毛泽东在回顾中国共产党走过的历史道路时指出：总结我们的经验，集中到一点，就是工人阶级（经过共产党）领导的以工农联盟为基础的人民民主专政。这个专政必须和国际革命力量团结一致。

中国人民革命的胜利和人民民主专政的新中国的创建，彻底改变了近代以后100多年中国积贫积弱、中国人民受人欺凌的悲惨命运，为中华民族伟大复兴创造了根本社会条件。

（四）实践题

请同学们根据教材第七章"为建立新中国而奋斗"的内容，以小组为单位，确定主题，搜集资料，或者实地调研，或者进行研究性学习，完成实践报告。

第八章

中华人民共和国的成立与中国社会主义建设道路的探索

一、教学目的和要求

1. 理解中华人民共和国成立的意义及对世界历史进程产生的深远影响，了解新中国成立初期所做的伟大斗争及其成就。

2. 理解过渡时期总路线反映的历史的必然性和正确性；了解社会主义改造的伟大成就及深远影响；正确认识中国要实行国家工业化就必须走社会主义道路的原因，懂得社会主义是历史和人民正确的历史性选择。

3. 了解社会主义制度基本建立后，中国共产党为寻找一条适合本国国情的建设社会主义的道路，所付出的艰辛努力及其取得的初步成果与伟大意义。正确认识中国共产党领导人民探索建设社会主义道路的曲折历程及其经验教训。

4. 了解中国共产党领导人民全面建设社会主义所取得的积极理论成果和巨大成就。理解这些成果和成就，为中国共产党在改革开放历史新时期，开辟中国特色社会主义道路提供的理论基础和有利条件。

二、知识点和重点导读

主要知识点

抗美援朝战争　"三反"运动　"五反"运动　一化三改　农业合作化　社会主义革命　国家资本主义　国有经济　私营经济　四马分肥　和平赎买　公私合营　社会主义经济制度　根本政治制度　基本政治制度　民族区域自治制度　十大关系　三个主体，三个补充　人民内部矛盾　整风运动　反右派斗争　"大跃进"　人民公社化运动　七千人大会　"文化大革命"

重点导读

正确认识党对社会主义道路的艰辛探索

党的十八大以来，习近平总书记对党的历史、对新中国发展史非常关注，提出了一个非常重要的论断。他明确指出，"我们党领导人民进行社会主义建设，有改革开放前和改革开放后两个历史时期，这是两个相互联系又有重大区别的时期，但本质上都是我们党领导人民进行社会主义建设的实践探索"[①]。他强调，"对改革开放前的历史时期要正确评价，不能用改革开放后的历史时期否定改革开放前的历史时期，也不能用改革开放前的历史时期否定改革开放后的历史时期"[②]。这个重要论断，是我们学习本章内容的根本指导。

从1956年社会主义制度建立到1978年党的十一届三中全会之前，这二十多年的历史，是以毛泽东同志为核心的党的第一代中央领导集体带领全党全国人民艰辛探索社会主义建设道路的二十多年的历史，有成功的经验，也经历了曲折。同时探索过程当中取得的重大成就也不能忽视，这些成就可以归结为以下几方面。

第一，确立了社会主义经济制度。随着社会主义改造的完成，以生产资料公有制、按劳分配和计划经济体制为特征的社会主义经济制度建立起来。社会主义改造基本完成，使人民民主政权获得了牢固的经济基础。这是人民民主政权得以长期坚持、巩固和发展的重要条件。社会主义的最大优越性，是能够集中力量办大事。如果离开了占主体地位的生产资料公有制经济，国家不掌握主要的经济命脉，没有可以供调动的战略物资和其他物质条件，是不可能做到这一点的。只有坚持公有制的主体地位，走共同富裕的道路，中国的经济才能得到持续发展，社会政治局面才能保持稳定，广大群众才能安居乐业、过上幸福富裕的生活。

第二，确立了社会主义政治制度。在有系统地推进社会主义改造的同时，人民民主政治建设也在有步骤地向前推进。人民代表大会的根本政治制度、中国共产党领导的多党合作和政治协商制度、民族区域自治制度等基本政治制度的，构成了我国社会主义的政治制度体系，为我国社会主义经济基础和相应的经济制度的确立，提供了政治保障；为我们今天坚持发展完善中国特色社会主

[①] 中共中央党史研究室. 正确看待改革开放前后两个历史时期——学习习近平总书记关于"两个不能否定"的重要论述 [N]. 人民日报, 2013-11-08 (6).

[②] 中共中央党史研究室. 正确看待改革开放前后两个历史时期——学习习近平总书记关于"两个不能否定"的重要论述 [N]. 人民日报, 2013-11-08 (6).

义制度，推进国家治理体系和治理能力现代化，提供了非常重要的理论基础和制度保障。

第三，全面建设社会主义取得了历史性的巨大进展。独立的、比较完整的工业体系和国民经济体系的建立，从根本上解决了工业化中"从无到有"的问题，使中国在赢得政治上的独立之后赢得了经济上的独立，为中国以后的发展奠定了牢固的物质技术基础，也为中国和包括西方发达国家在内的其他各国，在平等互利的原则下发展对外贸易和经济往来创建了前提。

第四，为探索适合中国情况的社会主义建设道路取得重要成就。毛泽东提出了"第二次结合"的重大命题，提出要调动一些积极因素，提出了社会主义社会矛盾学说，提出了社会主义社会分为两个发展阶段，提出了四个现代化的目标，等等。中国共产党在经济建设、人民民主政治建设、文化建设、国防和军队建设，包括党的建设方面，都做了积极有益的探索。

第五，创造了有利于社会主义建设的国际环境。新中国从建立之日起，就把捍卫民族独立、国家主权和维护世界和平、促进人类事业进步作为对外工作的目标，努力为国内和平建设创造良好的外部环境。在毛泽东制定的国际战略思想和对外工作方针的指引下，党领导人民逐步冲破西方敌对势力对新中国的孤立、遏制、包围和威胁，有效地维护了民族独立国家主权和安全。

总之，这些成就与经验，为中国共产党在改革开放历史新时期开辟中国特色社会主义道路奠定了基础。取得社会主义建设的积极理论成果和巨大成就是这段历史时期的主流，为探索中国特色社会主义道路提供了理论基础和有利条件。我们应当实事求是地评价党领导全国各族人民艰辛探索社会主义道路的这段历史，并永远铭记老一辈革命家的历史功绩，把他们开创的伟大事业继续推向前进！

三、案例解析

案例 1

北京同仁堂的新生①

同仁堂是我国久负盛名的中医药企业，始创于清康熙八年，距今已有 300多年的历史。新中国成立前，同仁堂的经营状况十分糟糕，只能勉强度日。1949 年 3 月，同仁堂成立国药业基金工会，总经理乐松生。同仁堂作为民族工

---

① 孙洪群，金永年. 公私合营前后的北京同仁堂 [J]. 北京党史，2000（4）：47-50.

商业，有其代表性，而所经营的中药又是人民生活所需。因此，一直受到北京市政府的重视与关怀。1952 年彭真市长亲自支持乐松生开展中医药研究，开发新品种的工作，并成立了中药提炼厂。在党的关怀下，同仁堂有了很大发展，工人生活稳定，而且质量有了很大提高。1953 年，同仁堂盈利按国家所得税、企业公积金、职工福利奖金、资方股息红利进行分配。随着国民经济的恢复，党适时地提出了过渡时期的总路线和总任务。北京市积极响应，很快制定了利用、限制、改造资本主义工商业的具体措施，并召集在京民族工商业者召开工商业联合大会。北京市地方工业局拟选同仁堂这个国药大户首先进行试点，为全行业合营扩展影响奠定基础、积累经验。

这一变革，引起同仁堂乐氏家族的震动，他们会因此将失掉生产资料占有权、企业管理统治权和企业利润分配权，这是切肤之痛。作为当时民族资产阶级的代表，乐松生先生对其家族已经营了 200 多年的同仁堂药店面临着抉择。经过反复思考，他深感这是大势所趋，人心所向，历史潮流不可违背，同时也看到，共产党和职工群众仍让自己做同仁堂的总经理，生活待遇不薄，这是对自己的信任和期望，因此必须听党的话，走社会主义道路。于是，他毅然决定同仁堂带头实行公私合营。在这次代表大会上，乐松生当选为工商联执行委员，推动了同仁堂实行公私合营的进程。

1954 年 8 月 9 日，在大栅栏同仁堂成立了公私合营筹备工作委员会。27 日，同仁堂彩旗高挂，在庆乐戏院召开了庆祝公私合营大会，锣鼓喧天，鞭炮齐鸣，全体员工欢欣鼓舞。这家古老的私营企业在风雨飘摇 258 个春秋之后，迈进了社会主义大门，开辟了同仁堂历史上的新纪元。

合营后，工会通过多次不同层次的座谈会、政策交心会、个别谈心等方式，向职工讲同仁堂合营的措施和合营后的前景，使大家认清形势，了解各项政策，打消各种疑虑。通过改善经营管理，合营优势开始体现出来，职工的情绪也空前高涨。经理乐松生满意地说："别家的流水日益下降，咱们的流水逐日上升，原来担心合营工作会影响生产，没想到合营后业务发展这么快，这下可放心了。"

公私合营使同仁堂获得了新生，解放了生产力，经过短短几年的努力，企业面貌大为改观。1959 年比新中国成立前的 1948 年，同仁堂职工人数由 190 人增加到 539 人，增长了近 2.4 倍；产值由 16 万元增加到 1251.9 万元，增长 78.3 倍；蜜制丸药 140 万丸，增加到 6864.2 万丸，增长了 49 倍；水泛丸由 4000 斤增加到 31.38 万斤，增长 78.5 倍；虎骨酒由 3 万斤增加到 30.5 万斤，增长了 10 倍。

今天，随着改革开放的深入，同仁堂已经走向世界，走向新的辉煌。

评析与思考

新中国成立以后，民族资产阶级在中国共产党和平改造与实行赎买的方针下，在利用、限制、改造政策下，经过多次政治运动的考验，经过国家资本主义的提高，他们中的大多数人看到社会主义经济不断壮大，人民民主专政日益巩固，越来越认识到在中国不可能走资本主义道路，只能接受改造，通过和平转变，走社会主义道路。他们还切身感受到在接受改造的过程中，通过国家赎买、政治安排和工作安排，得到了实际的好处。他们逐渐有所进步，并涌现出成批的进步分子。北京同仁堂的乐松生总经理就是他们的典型代表，这部分进步分子比较了解政策，能看清国家和自己的前途，靠拢党和政府，赞成社会主义，宣传社会主义，走在资本主义工商业社会主义改造的前列，他们的所作所为，在推动整个民族资产阶级接受改造的过程中，起着显著的积极作用。著名企业同仁堂合营前后的变化，是比政策更具说服力的事实。

请结合案例，从同仁堂合营前后的发展变化，谈谈资本主义工商业改造的重大历史意义及中国共产党对民族资本主义工商业社会主义改造采取的"和平赎买"政策。

案例2

三线建设：一场规模空前的生产力布局①

20世纪60年代，中国进入多事之秋，尚未完全摆脱国内三年困难时期的阴影，周边局势又激烈动荡起来：在美国的军事援助下，台湾蒋介石当局趁大陆出现经济困难局面，不断进行军事骚扰，企图反攻大陆；印度军队不断由中印边界东、西两侧侵入中国领土，进行无端挑衅；苏联派重兵进驻中蒙边界地区，战略导弹直指中国；美国制造"北部湾事件"，对越南北方进行大规模轰炸，战火燃到了中国南部边界。面对严峻的形势，一旦发生战争，我们的经济建设、民众生活将遭受怎样的新考验？

1964年4月，总参谋部提交的一份报告分析了当时存在的主要问题：一是工业过于集中；二是大城市人口多；三是主要铁路枢纽、桥梁和港口码头多在大城市附近，还缺乏应付敌人突然袭击的措施；四是所有水库的紧急泄水能力都很小，一旦遭到破坏，将酿成巨大灾害。这份报告引起了党中央尤其是毛泽

---

① 三线建设：一场规模空前的生产力布局[EB/OL].人民网，2014-10-08.

东的高度重视。

在 5 月至 6 月的中共中央北京工作会议上，毛泽东把国防看作是与农业并列的"一个拳头"。他从存在新的世界战争的严重危险估计出发，提出"三五"计划应该考虑解决全国工业布局不平衡的问题，要搞一、二、三线的战略布局，加强三线建设，防备敌人的入侵。他说，在原子弹时期，没有强大、稳固的后方不行。现在沿海地区搞这么大，不搬家不行。不仅工业交通部门的企业要搬，大学、科学院、设计院都要搬。总之，一线要搬家，三线、二线要加强，以改善我国的工业布局。

1965 年 6 月 16 日，毛泽东在听取国家计委关于"三五"计划初步设想的汇报后指示：计划要考虑三个因素，第一是老百姓，不要丧失民心；第二是打仗；第三是灾荒。根据毛泽东的指示，国家计委又对"三五"计划的投资项目和主要生产指标进行了调整，于 7 月 21 日向国务院作了汇报。汇报中提出："三五"计划实质上是一个以国防建设为中心的备战计划，要从准备应付帝国主义早打、大打出发，把国防建设放在第一位，抢时间把三线建成具有一定规模的战略大后方。此后，周恩来在国务院全体会议上把毛泽东的三个因素概括成"备战备荒为人民"。这一口号迅速传遍中国的大江南北，一时间出现了举国备战、全民皆兵的景象。一场规模空前的以战备为指导思想的国防、科技、工业和交通基本设施建设，也在中国大陆中西部的 13 个省、自治区轰轰烈烈地开展起来。

所谓一、二、三线，是按地理区域划分的，是由中国大陆的国境线依其战略地位的重要性（即受外敌侵袭的可能性）向内地收缩，划三道线形成的地区。三线地区主要包括西南和西北地区。从行政区划上看，基本包括四川（含今重庆）、贵州、云南、陕西、甘肃、青海、宁夏以及河南、湖北、湖南、山西的西部，广东的北部，广西的西北部。一线地区主要包括位于沿海和边疆的省区。二线是指介于一、三线之间的中间地带。此外，三线还有大小之分，西南、西北俗称"大三线"，各省份自己靠近内地的腹地俗称"小三线"。

据相关统计，整个三线建设在横贯 3 个五年计划的时间里，国家累积投资 2052 亿元，占同期全国基建总投资的 39%。先后建成了 10 条总长 8046 公里的铁路干线，建设了 1100 多个大中型工矿企业、科研单位和大专院校，配置了数十万台（套）当时国内最先进的技术装备，一批各具特色的工业基地和新兴工业城市在崇山峻岭中拔地而起。以铁路、公路、长江为网络的交通运输业，以煤炭和水、火电为主体的能源工业，以钢铁、有色金属为重点的原材料工业，以发电设备、机床和汽车为代表的机械制造业，以元器件、通信和引导设备为骨干的电子工业，以战略武器和轻重型军事装备为特点的国防科技工业，都形成了相当的生产能力，为国民经济的发展和国防现代化建设作出了重要贡献。其中包括：攀枝花、金川等钢铁冶金基地，成昆、襄渝、川黔等铁路干线，酒泉、西昌航天卫星发射中心，六盘水、渭北煤炭基地，贵州、汉中航空基地，川西核工业基地，长江中上游造船基地，四川、江汉、长庆、中原等油气田，重庆、豫西、鄂西、湘西常规兵器工业基地，湖北中国第二汽车厂、东方电机厂等制造基地，中国西南物理研究院、中国核动力研究设计院等科研机构。"三线建设"初步改变了中国东西部经济发展不平衡的布局，带动了中国内地和边疆地区的社会进步。然而，由于历史的原因，"三线建设"又曾经是个带有神秘色彩的字眼，直到 20 世纪 80 年代建设结束才见诸报端，让更多人知晓。

评析与思考

从经济建设和国防建设的战略布局考虑，自 1964 年开始到 1980 年结束，国家共投资 2052 亿元开展大规模的"三线"建设，建成了贵州六盘水、四川宝鼎山等大型煤矿，甘肃刘家峡、湖北丹江口、葛洲坝等大中型水电站，四川攀枝花钢铁基地等大型企业；在人迹罕至的崇山峻岭中相继建成成昆铁路、湘黔铁路、襄渝铁路，改变了西南地区长期交通梗阻的闭塞落后状况。"三线"建设不仅极大地增强了国防力量，而且在很大程度上改变了旧中国工业布局不平衡的状况，为西部地区提供了难得的发展机遇。"三线"建设，充分发挥了我国社会主义制度"集中力量办大事"的效能优势，社会主义制度优越性得到充分展示，也为党带领全国人民进行社会主义建设积累了经验，为实现中华民族伟大复兴的中国梦提供了精神动力。请大家思考讨论：为什么要搞"三线"建设？我国"三线"建设的巨大成就和启示有哪些？

四、知识拓展

经典文论

善于运用唯物辩证法认识和解决社会矛盾
——重温毛泽东《关于正确处理人民内部矛盾的问题》①

1957 年，《人民日报》发表了《关于正确处理人民内部矛盾的问题》一文，

---

① 何忠国. 善于运用唯物辩证法认识和解决社会矛盾——重温毛泽东《关于正确处理人民内部矛盾的问题》[N]. 学习时报，2020-09-30（5）.

这是毛泽东在社会主义时期最重要的著作之一，其运用唯物辩证法深入分析社会主义社会的基本矛盾，把正确区分和处理人民内部矛盾作为国家政治生活的主题，深刻阐释了社会主义建设中的一系列重大矛盾问题，创造性地提出了关于正确处理人民内部矛盾的科学理论，为我国社会主义事业顺利发展发挥了重要作用。重读这一经典著作对于正确认识新时代我国社会矛盾的变化，坚持运用唯物辩证法处理社会矛盾，在新的历史起点上推进社会治理现代化具有重要理论意义和实践价值。

对待社会矛盾要坚持实事求是的态度

矛盾是普遍存在的，社会主义社会也存在矛盾。新中国成立初期，我国社会发展进入新的历史阶段，党领导人民开展社会主义建设并取得重大成就。但是，由于我国社会主义制度刚刚建立，还未完全巩固，社会主义建设面临的形势错综复杂，新矛盾、新问题层出不穷。如何引导人们认识社会主义社会中的矛盾，并且采取正确的方法处理各种矛盾就显得格外重要。毛泽东指出，矛盾是普遍存在的，社会主义社会也充满着矛盾，正是这些矛盾推动社会主义社会不断向前发展，社会主义社会的基本矛盾仍然是生产关系和生产力之间的矛盾、上层建筑和经济基础之间的矛盾，但是它们与旧社会存在的基本矛盾具有根本不同的性质和情况，它们的特点是既相适应，又相矛盾。它们可以通过社会主义制度本身的自我调整和自我完善不断得到解决。毛泽东第一次提出社会主义社会还存在矛盾，矛盾是社会主义发展的动力。他指出："许多人不敢公开承认我国人民内部还存在着矛盾，正是这些矛盾推动着我们的社会向前发展。许多人不承认社会主义社会还有矛盾，因而使得他们在社会矛盾面前缩手缩脚，处于被动地位；不懂得在不断地正确处理和解决矛盾的过程中，将会使社会主义社会内部的统一和团结日益巩固。"

矛盾不断出现，又不断解决，就是事物发展的辩证规律。为什么要提出正确处理人民内部矛盾的问题呢？这是因为社会矛盾总是不断发展变化的，如果不能正确认识和及时解决矛盾，就会阻碍社会正常发展。毛泽东着力强调："在社会主义事业中，要想不经过艰难曲折，不付出极大努力，总是一帆风顺，容易得到成功，这种想法，只是幻想。"从国际上看，1956 年 2 月，苏共二十大全盘否定斯大林后，东欧一些社会主义国家出现了动荡不安的气氛。同年，又先后发生了波兰和匈牙利事件，在当时的社会主义阵营内引起巨大震动。从国内看，从 1956 年下半年到 1957 年年初，社会主义改造的急速完成带来的深刻变化，以及党在工作中的某些问题，使得经济和社会生活中出现了某些紧张状况。

一些城市出现粮食和日用品供应短缺，一些农村发生农民闹社、退社风潮，一些学生、工人、复员转业军人在升学、就业和安置等方面遇到困难。毛泽东指出，社会主义社会的敌我矛盾还客观存在，但将越来越少，而大量的矛盾是人民内部矛盾。因此，我们必须把正确区分和处理人民内部矛盾当作国家政治生活的主题。

全面辩证地认识和分析社会矛盾

注意区分两类不同性质的矛盾。在《关于正确处理人民内部矛盾的问题》中，毛泽东开宗明义指出，在我们的面前有两类社会矛盾，这就是敌我之间的矛盾和人民内部的矛盾。这是性质完全不同的两类矛盾。为了正确地认识敌我之间和人民内部这两类不同的矛盾应该首先弄清楚什么是人民，什么是敌人。他运用历史唯物主义和辩证唯物主义的观点，深入分析了"人民"和"敌人"的内涵。他认为，人民这个概念在不同的国家和各个国家的不同的历史时期，有着不同的内容。在现阶段，在建设社会主义的时期，一切赞成、拥护和参加社会主义建设事业的阶级、阶层和社会集团，都属于人民的范围；一切反抗社会主义革命和敌视、破坏社会主义建设的社会势力和社会集团，都是人民的敌人。敌我之间和人民内部这两类矛盾的性质不同，前者是分清敌我的问题，后者是分清是非的问题。

不但要看到事物的正面，也要看到它的反面。社会矛盾的存在并不都是有害的，社会矛盾问题，要坚持一分为二地看。毛泽东指出，我们必须学会全面地看问题，不但要看到事物的正面，也要看到它的反面。在一定的条件下，坏的东西可以引出好的结果，好的东西也可以引出坏的结果。正确的东西总是在同错误的东西作斗争的过程中发展起来的。真的、善的、美的东西总是在同假的、恶的、丑的东西相比较而存在，相斗争而发展的。当着某一种错误的东西被人类普遍地抛弃，某一种真理被人类普遍地接受的时候，更加新的真理又在同新的错误意见作斗争。这种斗争永远不会完结。这是真理发展的规律，也是马克思主义发展的规律。

处理人民内部矛盾的根本原则就是要有利于调动各个方面的积极性。人民内部的矛盾，是在人民利益根本一致的基础上的矛盾。在一般的情况下，人民内部的矛盾不是对抗性的。但是如果处理得不适当，或者失去警觉，麻痹大意，也可能发生对抗。毛泽东指出，过去为了结束帝国主义、封建主义和官僚资本主义的统治，为了人民民主革命的胜利，我们就实行了调动一切积极因素的方针。现在为了进行社会主义革命，建设社会主义国家，同样也实行这个方针。

为此，他提出："调动一切积极因素，团结一切可能团结的人，并且尽可能地将消极因素转变为积极因素，为建设社会主义社会这个伟大的事业服务。"

正确处理社会矛盾必须采取科学的方法

坚持用不同方法解决不同性质的矛盾。矛盾可以分为两类，一类是对抗性的矛盾，另一类是非对抗性的矛盾。因此，处理矛盾的方法也有两种。处理对抗性的矛盾是一种方法，而处理非对抗性的矛盾又是另外一种方法。人民内部矛盾的一个根本特征就是非对抗性，是在总的目标与指导思想一致的前提下，具体利益分配与思想认识上的差异与分歧。这是它同对抗性阶级矛盾的本质区别。正是因为存在这种区别，在处理与解决人民内部矛盾时，就要采取不同的方法。毛泽东在《关于正确处理人民内部矛盾的问题》中，用较大篇幅阐述处理人民内部矛盾的方法。他指出，敌我矛盾是对抗性的矛盾，必须用强迫的及专政的方法解决；而人民内部矛盾就是广大人民群众在根本利益一致的基础上的矛盾，是非对抗性矛盾，只能用民主的、说服教育的方法去解决。

"团结—批评—团结"是解决人民内部矛盾的一个正确的方法。对待人民内部的思想问题，对待精神世界的问题，用简单的方法去处理，不但不会收效，而且非常有害。因此，要发挥思想政治工作在处理人民内部矛盾中的作用。毛泽东在1950年6月中国人民政治协商会议第一届全国委员会第二次会议上的讲话中指出："对人民说来则与此相反，不是用强迫的方法，而是用民主的方法，就是说必须让他们参与政治活动，不是强迫他们做这样做那样，而是用民主的方法向他们进行教育和说服的工作。这种教育工作是人民内部的自我教育工作，批评和自我批评的方法就是自我教育的基本方法。"我们应当批评各种各样的错误思想，但是这种批评不应当是教条主义的，不应当用形而上学方法，应当力求用辩证方法，要有科学的分析，要有充分的说服力。只有这样，才能真正发展正确的意见，克服错误的意见，才能真正解决问题。毛泽东把解决人民内部矛盾的民主方法具体化为一个公式，即"团结—批评—团结"，就是从团结的愿望出发，经过批评或者斗争，分清是非，在新的基础上达到新的团结。

从对全体人民的统筹兼顾这个观点出发。毛泽东认为，任何矛盾不但应当解决，也是完全可以解决的。解决各种矛盾最重要的就是运用统筹兼顾的方法，最大限度地照顾到各方面的利益。他强调，我们的方针是统筹兼顾、适当安排。无论粮食问题，灾荒问题，就业问题，教育问题，知识分子问题，各种爱国力量的统一战线问题，少数民族问题，以及其他各项问题，都要从对全体人民的统筹兼顾这个观点出发，就当时当地的实际可能条件，同各方面的人协商，作出各种适当的安排。在经济方面，实行监督国家、集体、个人三者利益的方针；在思想领域，实行"团结—批评—团结"的方针；在与民主党派的关系上，实行"长期共存、互相监督"的方针；在民族关系上，既要克服大汉族主义，也要克服地方民族主义；在科学文化艺术上，实行"百花齐放、百家争鸣"的方针。

坚持从我国社会实际状况出发，深刻认识和把握社会矛盾的特点、规律，探索完善解决矛盾的正确途径和有效机制，在诸多社会矛盾和发展全局中敏锐地抓住主要矛盾，并自觉围绕主要矛盾部署党和国家全局工作，是我们党运用马克思主义唯物辩证法分析解决中国革命、建设、改革和发展具体问题的一条成功经验。在新的形势下，领导干部要学习掌握唯物辩证法的根本方法，善于运用唯物辩证法认识和解决各种社会矛盾。

背景知识

《关于正确处理人民内部矛盾的问题》是在毛泽东 1957 年 2 月 27 日在最高国务会议第十　次（扩大）会议讲话的基础上，经过整理、修改和补充而成的，于同年 6 月 19 日在《人民日报》公开发表。

1957 年 2 月 27 日，毛泽东在最高国务会议上发表的处理人民内部矛盾问题的讲话。主要内容为：明确系统地论述社会主义社会的基本矛盾及其特点，提出了社会主义社会两类矛盾的理论，把正确处理人民内部矛盾明确规定为国家政治生活的主题，并制定出解决人民内部矛盾的一系列方针。

《关于正确处理人民内部矛盾的问题》丰富和发展了马克思主义的科学社会主义理论，为中国共产党正确认识中国基本国情，制定建设社会主义的正确路线奠定了理论基础，对党和社会主义建设事业具有长远的理论指导意义。虽然这篇文章在发表前的修改过程中，因受反右派斗争扩大化的影响，加进了一些同原来讲话精神不协调的论述，但从整体上说，发表稿仍然保持了原讲话稿的基本精神。

权威新论

在纪念中国人民志愿军抗美援朝出国作战 70 周年大会上的讲话①

同志们，朋友们：

今天，我们在这里隆重集会，纪念中国人民志愿军抗美援朝出国作战 70

---

① 习近平. 在纪念中国人民志愿军抗美援朝出国作战 70 周年大会上的讲话［N］. 人民日报，2020-10-24（2）.

周年。

70 年前，由中华优秀儿女组成的中国人民志愿军，肩负着人民的重托、民族的期望，高举保卫和平、反抗侵略的正义旗帜，雄赳赳、气昂昂，跨过鸭绿江，发扬伟大的爱国主义精神和革命英雄主义精神，同朝鲜人民和军队一道，历经两年零 9 个月艰苦卓绝的浴血奋战，赢得了抗美援朝战争伟大胜利。

伟大的抗美援朝战争，抵御了帝国主义侵略扩张，捍卫了新中国安全，保卫了中国人民和平生活，稳定了朝鲜半岛局势，维护了亚洲和世界和平。

抗美援朝战争伟大胜利，将永远铭刻在中华民族的史册上！永远铭刻在人类和平、发展、进步的史册上！

——70 年来，我们始终没有忘记老一辈革命家为维护国际正义、捍卫世界和平、保卫新生共和国所建立的不朽功勋，始终没有忘记党中央和毛泽东同志当年作出中国人民志愿军出国作战重大决策的深远意义。此时此刻，我们要向老一辈革命家，表示最深切的怀念！

——70 年来，我们始终没有忘记谱写了气壮山河英雄赞歌的中国人民志愿军将士，以及所有为这场战争胜利作出贡献的人们。我代表党中央、国务院和中央军委，向所有健在的中国人民志愿军老战士、老同志、伤残荣誉军人，向当年支援抗美援朝战争的全国各族人民特别是参战支前人员，向中国人民志愿军烈属、军属，致以最诚挚的问候！

——70 年来，我们始终没有忘记在抗美援朝战争中英勇牺牲的烈士们。19 万 7 千多名英雄儿女为了祖国、为了人民、为了和平献出了宝贵生命。烈士们的功绩彪炳千秋，烈士们的英名万古流芳！

在抗美援朝战争中，朝鲜党、政府、人民关心、爱护、支援中国人民志愿军，中朝两国人民和军队休戚与共、生死相依，用鲜血凝结成了伟大战斗友谊。世界上一切爱好和平的国家和人民、友好组织和友好人士，对中国人民志愿军入朝作战给予了有力支援和支持。我代表中国党、政府、军队，向他们表示衷心的感谢！

同志们、朋友们！

中华民族是爱好和平的民族，中国人民是爱好和平的人民。近代以后，中国人民饱受列强侵略之害、饱经战火蹂躏之苦，更是深深懂得战争的残酷、和平的宝贵。新中国成立之初，百废待兴，百业待举，中国人民无比渴望和平安宁。但是，中国人民的这个愿望却受到了粗暴挑战，帝国主义侵略者将战争强加在了中国人民头上。

1950 年 6 月 25 日，朝鲜内战爆发。美国政府从其全球战略和冷战思维出发，作出武装干涉朝鲜内战的决定，并派遣第七舰队侵入台湾海峡。1950 年 10 月初，美军不顾中国政府一再警告，悍然越过三八线，把战火烧到中朝边境。侵朝美军飞机多次轰炸中国东北边境地区，给人民生命财产造成严重损失，我国安全面临严重威胁。

值此危急关头，应朝鲜党和政府请求，中国党和政府以非凡气魄和胆略作出抗美援朝、保家卫国的历史性决策。1950 年 10 月 19 日，中国人民志愿军在彭德怀司令员兼政治委员率领下进入朝鲜战场。这是以正义之师行正义之举。

抗美援朝战争，是在交战双方力量极其悬殊条件下进行的一场现代化战争。当时，中美两国国力相差巨大。在这样极不对称、极为艰难的情况下，中国人民志愿军同朝鲜军民密切配合，首战两水洞、激战云山城、会战清川江、鏖战长津湖等，连续进行 5 次战役，此后又构筑起铜墙铁壁般的纵深防御阵地，实施多次进攻战役，粉碎"绞杀战"、抵御"细菌战"、血战上甘岭，创造了威武雄壮的战争伟业。全国各族人民由衷称赞志愿军将士为"最可爱的人"！经过艰苦卓绝的战斗，中朝军队打败了武装到牙齿的对手，打破了美军不可战胜的神话，迫使不可一世的侵略者于 1953 年 7 月 27 日在停战协定上签字。

在抗美援朝战争期间，党中央统揽全局，实施有力的战争动员和正确的战争指导，采取边打、边稳、边建的方针，开展了波澜壮阔的抗美援朝运动，全国各族人民举国同心支撑起这场事关国家和民族前途命运的伟大抗争，最终用伟大胜利向世界宣告"西方侵略者几百年来只要在东方一个海岸上架起几尊大炮就可霸占一个国家的时代是一去不复返了"！

同志们、朋友们！

抗美援朝战争伟大胜利，是中国人民站起来后屹立于世界东方的宣言书，是中华民族走向伟大复兴的重要里程碑，对中国和世界都有着重大而深远的意义。

经此一战，中国人民粉碎了侵略者陈兵国门、进而将新中国扼杀在摇篮之中的图谋，可谓"打得一拳开，免得百拳来"，帝国主义再也不敢作出武力进犯新中国的尝试，新中国真正站稳了脚跟。这一战，拼来了山河无恙、家国安宁，充分展示了中国人民不畏强暴的钢铁意志！

经此一战，中国人民彻底扫除了近代以来任人宰割、仰人鼻息的百年耻辱，彻底扔掉了"东亚病夫"的帽子，中国人民真正扬眉吐气了。这一战，打出了中国人民的精气神，充分展示了中国人民万众一心的顽强品格！

经此一战，中国人民打败了侵略者，震动了全世界，奠定了新中国在亚洲和国际事务中的重要地位，彰显了新中国的大国地位。这一战，让全世界对中国刮目相看，充分展示了中国人民维护世界和平的坚定决心！

经此一战，人民军队在战争中学习战争，愈战愈勇，越打越强，取得了重要军事经验，实现了由单一军种向诸军兵种合成军队转变，极大促进了国防和军队现代化。这一战，人民军队战斗力威震世界，充分展示了敢打必胜的血性铁骨！

经此一战，第二次世界大战结束后亚洲乃至世界的战略格局得到深刻塑造，全世界被压迫民族和人民争取民族独立和人民解放的正义事业受到极大鼓舞，有力推动了世界和平与人类进步事业。它用铁一般的事实告诉世人，任何一个国家、任何一支军队，不论多么强大，如果站在世界发展潮流的对立面，恃强凌弱、倒行逆施、侵略扩张，必然会碰得头破血流。这一战，再次证明正义必定战胜强权，和平发展是不可阻挡的历史潮流！

同志们、朋友们！

在波澜壮阔的抗美援朝战争中，英雄的中国人民志愿军始终发扬祖国和人民利益高于一切、为了祖国和民族的尊严而奋不顾身的爱国主义精神，英勇顽强、舍生忘死的革命英雄主义精神，不畏艰难困苦、始终保持高昂士气的革命乐观主义精神，为完成祖国和人民赋予的使命、慷慨奉献自己一切的革命忠诚精神，为了人类和平与正义事业而奋斗的国际主义精神，锻造了伟大抗美援朝精神。

伟大抗美援朝精神跨越时空、历久弥新，必须永续传承、世代发扬。

——无论时代如何发展，我们都要砥砺不畏强暴、反抗强权的民族风骨。70 年前，帝国主义侵略者将战火烧到了新中国的家门口。中国人民深知，对待侵略者，就得用他们听得懂的语言同他们对话，这就是以战止战、以武止戈，用胜利赢得和平、赢得尊重。中国人民不惹事也不怕事，在任何困难和风险面前，腿肚子不会抖，腰杆子不会弯，中华民族是吓不倒、压不垮的！

——无论时代如何发展，我们都要汇聚万众一心、勠力同心的民族力量。在抗美援朝战争中，中国人民在爱国主义旗帜感召下，同仇敌忾、同心协力，让世界见证了蕴含在中国人民之中的磅礴力量，让世界知道了"现在中国人民已经组织起来了，是惹不得的。如果惹翻了，是不好办的"！

——无论时代如何发展，我们都要锻造舍生忘死、向死而生的民族血性。在朝鲜战场上，志愿军将士面对强大而凶狠的作战对手，身处恶劣而残酷的战场环境，抛头颅、洒热血，以"钢少气多"力克"钢多气少"，谱写了惊天地、泣鬼神的雄壮史诗。志愿军将士冒着枪林弹雨勇敢冲锋，顶着狂轰滥炸坚守阵地，用胸膛堵枪眼，以身躯作人梯，抱起炸药包、手握爆破筒冲入敌群，忍饥受冻绝不退缩，烈火烧身岿然不动，敢于"空中拼刺刀"。在他们中涌现出杨根思、黄继光、邱少云等30多万名英雄功臣和近6000个功臣集体。英雄们说：我们的身后就是祖国，为了祖国人民的和平，我们不能后退一步！这种血性令敌人胆寒，让天地动容！

——无论时代如何发展，我们都要激发守正创新、奋勇向前的民族智慧。勇于创新者进，善于创造者胜。志愿军将士面对陌生的战场、陌生的敌人，坚持"你打你的，我打我的，你打原子弹，我打手榴弹"，把灵活机动战略战术发挥得淋漓尽致。面对来自各方面的风险挑战，面对各种阻力压力，中国人民总能逢山开路、遇水架桥，总能展现大智大勇、锐意开拓进取，"杀出一条血路"！

同志们、朋友们！

抗美援朝战争胜利60多年来，在中国共产党坚强领导下，中国发生了前所未有的历史巨变，中国特色社会主义进入了新时代，中华民族迎来了从站起来、富起来到强起来的伟大飞跃。

今天，我们正站在实现"两个一百年"奋斗目标的历史交汇点上，全面建成小康社会胜利在望，全面建设社会主义现代化国家前景光明。前进道路不会一帆风顺。我们要铭记抗美援朝战争的艰辛历程和伟大胜利，敢于斗争、善于斗争，知难而进、坚韧向前，把新时代中国特色社会主义伟大事业不断推向前进。

——铭记伟大胜利，推进伟大事业，必须坚持中国共产党领导，把党锻造得更加坚强有力。抗美援朝战争伟大胜利再次证明，没有任何一支政治力量能像中国共产党这样，为了民族复兴、人民幸福，不惜流血牺牲，不懈努力奋斗，团结凝聚亿万群众不断走向胜利。只要我们不忘初心、牢记使命，以自我革命精神全面推进党的建设新的伟大工程，不断增强党的政治领导力、思想引领力、群众组织力、社会号召力，就一定能够使党始终成为中国人民最可靠、最坚强的主心骨！

——铭记伟大胜利，推进伟大事业，必须坚持以人民为中心，一切为了人民、一切依靠人民。历史是人民创造的。中国共产党的力量，人民军队的力量，根基在人民。我们要坚持全心全意为人民服务的根本宗旨，为民谋利，为民尽责，为民担当，把人民对美好生活的向往作为始终不渝的奋斗目标，始终保持党同人民群众的血肉联系。只要我们始终坚持人民立场、人民至上，就一定能够激发出无往而不胜的强大力量，就一定能够不断书写中华民族伟大复兴的精彩华章！

——铭记伟大胜利，推进伟大事业，必须坚持推进经济社会发展，不断壮大我国综合国力。落后就要挨打，发展才能自强。新中国成立70多年来，我国用几十年时间走完了发达国家几百年走过的发展历程，创造了举世瞩目的发展奇迹。当前，我国将进入新发展阶段，面对新机遇新挑战，只要我们统筹推进"五位一体"总体布局、协调推进"四个全面"战略布局，坚定不移贯彻新发展理念，构建新发展格局，就一定能够实现更高质量、更有效率、更加公平、更可持续、更为安全的发展，不断创造让世界惊叹的更大奇迹！

——铭记伟大胜利，推进伟大事业，必须加快推进国防和军队现代化，把人民军队全面建成世界一流军队。没有一支强大的军队，就不可能有强大的祖国。坚持和发展中国特色社会主义，必须统筹发展和安全、富国和强军。要贯彻新时代党的强军思想，贯彻新时代军事战略方针，毫不动摇坚持党对人民军队的绝对领导，坚持政治建军、改革强军、科技强军、人才强军、依法治军，全面提高捍卫国家主权、安全、发展利益的战略能力，更好履行新时代人民军队使命任务。只要我们与时俱进加强国防和军队建设，向着党在新时代的强军目标阔步前行，就一定能够为实现中华民族伟大复兴提供更为坚强的战略支撑！

——铭记伟大胜利，推进伟大事业，必须维护世界和平和正义，推动构建人类命运共同体。中华民族历来秉持"亲仁善邻"的理念。作为负责任大国，中国坚守和平、发展、公平、正义、民主、自由的全人类共同价值，坚持共商共建共享的全球治理观，坚定不移走和平发展、开放发展、合作发展、共同发展道路。只要坚持走和平发展道路，同各国人民一道推动构建人类命运共同体，就一定能够迎来人类和平与发展的美好未来！

同志们、朋友们！

世界是各国人民的世界，世界面临的困难和挑战需要各国人民同舟共济、携手应对，和平发展、合作共赢才是人间正道。当今世界，任何单边主义、保护主义、极端利己主义，都是根本行不通的！任何讹诈、封锁、极限施压的方式，都是根本行不通的！任何我行我素、唯我独尊的行径，任何搞霸权、霸道、霸凌的行径，都是根本行不通的！不仅根本行不通，最终必然是死路一条！

中国一贯奉行防御性国防政策，中国军队始终是维护世界和平的坚定力量。中国永远不称霸、不扩张，坚决反对霸权主义和强权政治。我们决不会坐视国家主权、安全、发展利益受损，决不会允许任何人任何势力侵犯和分裂祖国的神圣领土。一旦发生这样的严重情况，中国人民必将予以迎头痛击！

同志们、朋友们！

回望70年前伟大的抗美援朝战争，进行具有许多新的历史特点的伟大斗争，瞻望中华民族伟大复兴的光明前景，我们无比坚定、无比自信。让我们更加紧密地团结在党中央周围，弘扬伟大抗美援朝精神，雄赳赳、气昂昂，向着全面建设社会主义现代化国家新征程，向着实现中华民族伟大复兴的中国梦，继续奋勇前进！

阅读推荐

1. 费正清，等. 剑桥中华人民共和国史：革命的中国的兴起（1949—1965年）［M］. 北京：中国社会科学出版社，1990.

2. 胡绳. 中国共产党的七十年［M］. 北京：中共党史出版社，2018.

3. 毛泽东. 论十大关系［M］//中共中央文献研究室. 建国以来重要文献选编：第八册. 北京：中央文献出版社，1994.

4. 毛泽东. 关于正确处理人民内部矛盾的问题［M］//中共中央文献研究室. 建国以来重要文献选编：第十册. 北京：中央文献出版社，1994.

5. 邓小平. 答意大利记者奥琳埃娜·法拉奇问［M］//邓小平. 邓小平文选：第二卷. 北京：人民出版社，1994.

6. 中共中央. 关于建国以来党的若干历史问题的决议［M］//中共中央文献研究室. 三中全会以来重要文献选编：（下）. 北京：人民出版社，1982.

五、知识训练

（一）单选题

1. 对资本主义工商企业进行社会主义改造，对民族资产阶级实行的政策是（　　）

   A. 抢夺　　　　　　　　　　B. 赎买

   C. 供销　　　　　　　　　　D. 发展

2. 中华人民共和国成立初期的社会性质是（　　）

   A. 半殖民地半封建社会　　　　B. 资本主义社会

   C. 社会主义社会　　　　　　　D. 新民主主义社会

3. 中共八大对社会主义改造完成后，我国社会主要矛盾的定位是（　　）

   A. 资产阶级和无产阶级之间的矛盾

   B. 地主阶级和农民阶级之间的矛盾

   C. 人民对经济文化迅速发展的需求与当前经济文化不能满足人民需求的矛盾

   D. 帝国主义与中华民族之间的矛盾

4. 标志着 20 世纪中国第二次历史性巨变的重大事件是（　　）

A. 辛亥革命的胜利和中华民国的成立

B. 新民主主义革命的胜利

C. 中华人民共和国的成立和社会主义制度的建立

D. 全面建设社会主义的开始

5. 党的过渡时期总路线最显著的特点是（　　）

A. 社会主义工业化和社会主义改造同时并举

B. "一化三改""一体两翼"的辩证统一

C. 以实现社会主义工业化为最主要目标

D. 符合当时的基本国情，反映了新民主主义向社会主义转变的历史必然性

6. 标志着我国两千多年的封建剥削土地制度被彻底废除的是（　　）

A. 西藏的和平解放　　　　　　　B. 土地改革的完成

C. 抗美援朝的胜利　　　　　　　D. 对农业社会主义改造的完成

7. 农民走向社会主义的几种过渡性经济组织形式中，具有半社会主义性质的是（　　）

A. 国有经济　　　　　　　　　　B. 公有经济

C. 小农经济　　　　　　　　　　D. 初级农业生产合作社

8. 中国共产党开始探索中国自己的社会主义建设道路的标志是（　　）

A.《论十大关系》　　　　　　　　B.《矛盾论》

C.《实践论》　　　　　　　　　　D.《解放思想，实事求是》

9. 私人资本主义经济向国有经济过渡的形式是（　　）

A. 半社会主义性质的合作社经济　　B. 社会主义性质的国有经济

C. 农民和手工业者的个体经济　　　D. 国家资本主义经济

10. "文化大革命"的导火线是（　　）

A. 吴晗发表《海瑞罢官》

B.《评新编历史剧〈海瑞罢官〉》发表

C. 中共中央发出"五一六通知"

D.《炮打司令部——我的一张大字报》发表

答案：BDCCA，BDADB

（二）多选题

1. 中华人民共和国的成立，标志着（　　）

A. 半殖民地半封建社会结束

B. 中国进入新民主主义社会

C. 中国进入社会主义社会

D. 新民主主义革命基本胜利

2. 新中国成立初期的新民主主义经济成分有（　　　）

A. 国营经济　　　　　　　　　　　B. 合作社经济

C. 公私合营经济　　　　　　　　　D. 个体经济

3. 1954 年 9 月，第一届全国人民代表大会第一次会议在北京召开，标志着人民代表大会制度在全国范围内建立起来，人民代表大会制度是中国人民当家作主的根本政治制度，这一制度是（　　　）

A. 中国共产党把马克思主义与中国实际相结合的伟大创造

B. 中国共产党带领全国人民长期奋斗的重要成果

C. 全国各族人民的共同利益和共同愿望的反映

D. 近代以来中国社会发展的必然选择

4. 毛泽东提出社会主义的基本矛盾是（　　　）

A. 生产关系和生产力之间的矛盾

B. 上层建筑和经济基础之间的矛盾

C. 无产阶级和资产阶级之间的矛盾

D. 人民内部的矛盾

5. 中共八大的主要贡献是（　　　）

A. 正确分析了国内主要矛盾

B. 坚持既反保守又反冒进的经济建设方针

C. 强调健全党内民主集中制

D. 提出正确处理人民内部矛盾

答案：ABD、ABCD、ABCD、AB、ABC

（三）思考题

1. 如何理解中华人民共和国成立的伟大意义？

第一，中华人民共和国的成立，彻底结束了旧中国半殖民地半封建社会的历史，彻底结束了旧中国一盘散沙的局面，彻底废除了列强强加给中国的不平等条约和帝国主义在中国的一切特权，实现了中国从几千年封建专制政治向人民民主的伟大飞跃，实现了中国高度统一和各民族空前团结。

第二，中华人民共和国的成立，是具有世界意义的伟大胜利。它冲破了帝国主义的东方战线，极大地改变了世界的政治格局，壮大了世界和平民主和社会主义的力量，对世界历史进程产生了深远的影响。

第三，中华人民共和国的成立，是马克思列宁主义在中国的胜利，是马克思列宁主义基本原理和中国革命具体实际相结合的思想——毛泽东思想的胜利。这个胜利，使马克思列宁主义、毛泽东思想在中国人民中获得很高的威信、被接受为人民共和国各项事业的指导思想，在世界范围内也扩大了它的影响。

2. 怎样理解我国社会主义改造的国内外条件？

近代以来，中国面临着争取民族独立、人民解放和实现国家的繁荣富强即实现国家经济的现代化这样两项根本性的历史任务。1949 年中华人民共和国的成立，标志着第一项历史任务的基本实现。随着民主革命遗留任务的完成和国民经济的恢复，集中力量进行经济建设即为实现第二项历史任务而奋斗，被突出地提上了党和国家的议事日程。中国必须走社会主义道路，新民主主义社会要过渡到社会主义社会，这是新民主主义革命胜利后我党的既定目标。我国在 20 世纪 50 年代选择过渡到社会主义，充分考虑了其实现的客观可能性：

第一，社会主义性质的国有经济力量相对来说比较强大，它是实现国家工业化的主要基础。国家的社会主义工业化，是国家独立和富强的必然要求和必要条件。发展工业，一方面是要充分利用原有的工业，另一方面是要建设新的工业。充分利用原有的工业，首先和主要的就是要办好原有的国营工业，并依据需要和可能改建、扩建这些工业。建设新的工业，首先和主要的也是要发展国营工业。这就意味着社会主义性质的国营经济的发展和它在整个国民经济中的比重的增加是中国选择社会主义的一个基本因素。

第二，民族资本主义缺少重工业的基础，并且规模小、技术设备落后、劳动生产力很低，不可能使中国发展成为先进的工业国。为改变这种情况，就必须在这些企业中改变经营管理，提高产品的质量，必须对这些企业逐步实行社会主义改造。国家在利用和限制资本主义工商业的过程中所积累的经验，成为对资本主义经济进行社会主义改造的最初步骤。这也成为我党提出向社会主义逐步过渡的总路线的又一个重要因素。

第三，对个体农业进行社会主义改造，是保证工业发展、实现国家工业化的一个必要条件。在土改以后，许多地区的农民从发展生产的需要出发，已经在探索组织起来的各种途径，开始有了实行互助合作的实践。这为对个体农业进行社会主义改造积累了初步的经验。通过实行农业合作化来增产粮食和其他农产品以满足日益增长的人民生活和工业发展的需要，这也是中国选择社会主义的因素之一。

第四，当时的国际形势也有利于中国选择社会主义。新中国成立以后，美国等西方国家长期在经济上、外交上和军事上对我们进行严密封锁和遏制。当时只有苏联能够援助中国，苏联社会主义的发展已经显示出对于资本主义的优越性，对我国有重要的借鉴作用。另外，朝鲜战争的停战使国际形势趋向缓和，这也为实行过渡时期总路线提供了有利的国际环境。

总之，通过这一历史性选择，中国共产党创造性地完成了由新民主主义到社会主义的过渡，实现了中国历史上最伟大、最深刻的社会变革，社会主义经济制度在中国全面建立起来，从而开始了在社会主义道路上实现中华民族伟大复兴的历史征程，并为新中国此后的一切进步和发展奠定了基础。

（四）实践题

新中国成立初期，你的家乡曾面临哪些考验？请同学们踏访家乡相关历史遗迹、纪念馆、博物馆、档案馆，以当地真实材料为素材，重温革命历史，完成一篇实践调查报告。报告完成后，以小组为单位，相互交流讨论。

第九章

改革开放与中国特色社会主义的开创与发展

一、教学目的和要求

1. 通过了解改革开放这一具有深远意义的伟大转折，进而理解改革开放是我们党的一次伟大觉醒，正是这个伟大觉醒孕育了我们党从理论到实践的伟大创造，理解改革开放是中国人民和中华民族发展史上的一次伟大革命，正是这个伟大革命推动了中国特色社会主义事业的伟大飞跃。

2. 通过对改革开放和社会主义现代化建设新时期历史的了解，深刻理解改革开放是决定当代中国前途命运的关键一招，中国特色社会主义道路是指引中国发展繁荣的正确道路，中国大踏步赶上了时代。

3. 通过对中国特色社会主义理论体系的形成过程进行梳理，了解坚持把马克思主义基本原理同中国具体实际相结合、同中华优秀传统文化相结合，用马克思主义观察时代、把握时代、引领时代，继续发展当代中国马克思主义、21世纪马克思主义的重要意义。

二、知识点和重点导读

主要知识点

邓小平理论　"三个代表"重要思想　科学发展观　改革开放　中国特色社会主义　全面建设小康社会　四项基本原则　社会主义初级阶段　《关于建国以来党的若干历史问题的决议》　社会主义初级阶段理论　真理标准大讨论　全国科学大会　经济体制改革　十一届三中全会　家庭联产承包责任制　经济特区　特区精神　经济体制改革　对外开放新格局　一国两制　南方谈话　社会主义市场经济　"三步走"发展战略　可持续发展战略　西部大开发战略　"引进来"和"走出去"战略　和谐社会

重点导读

改革开放是党的一次伟大觉醒①

党的十九届六中全会通过的《中共中央关于党的百年奋斗重大成就和历史经验的决议》指出："改革开放是党的一次伟大觉醒。"深刻认识、准确把握我们党作出的这个重大历史结论和重要政治论断，对我们深刻理解党的十一届三中全会是划时代的、党的十八届三中全会也是划时代的，学习好党在改革开放和社会主义现代化建设新时期的历史经验，继续解放思想、锐意进取，具有重要指导意义。

伟大觉醒基于对党和国家前途命运的深刻把握

党的这次伟大觉醒是如何发生的？改革开放历史性决策是怎样作出的？任何一个历史事件和历史现象的出现都不是偶然的，在其背后都有着深刻的经济、政治、社会、历史等原因。"文化大革命"是我们党在探索中国自己的社会主义道路过程中出现的严重挫折，党依靠自己的力量，团结带领人民群众，最终纠正了这一严重错误。历史证明，中国人民是伟大的人民，中国共产党有能力靠自己的力量纠正错误，中国共产党和社会主义制度具有强大的生命力。但是，持续 10 年之久的"文化大革命"，暴露出当时党和国家在体制、政策、工作等方面存在的严重缺陷。正如邓小平同志在总结 1957 年以后 20 年历史经验时所指出的："二十年的经验尤其是'文化大革命'的教训告诉我们，不改革不行，不制定新的政治的、经济的、社会的政策不行。"

面对当时存在的大量问题，邓小平同志尖锐地指出："如果现在再不实行改革，我们的现代化事业和社会主义事业就会被葬送。"当时摆在党和人民面前的有三条路：一条是走封闭僵化的老路；一条是走改旗易帜的邪路；一条是开辟新的发展道路。在这个重大历史关头，邓小平同志领导全党全国各族人民勇敢地面对现实，从实际出发，总结经验，纠正错误，毅然决然地作出改革开放的历史性决策，团结带领全党全国各族人民，从困境中重新奋起，在新中国成立以来国家建设和发展的基础上，开创了中国特色社会主义道路。

伟大觉醒基于对社会主义革命和建设实践的深刻总结

社会主义基本制度的建立，为当代中国一切发展进步奠定了根本政治前提

---

① 曲青山. 改革开放是党的一次伟大觉醒［N］. 人民日报，2021-12-09（9）.

和制度基础。如何在中国建设社会主义，是我们党执政后面临的一个崭新课题。在探索过程中，虽然经历了严重曲折，但党在社会主义革命和建设中取得的独创性理论成果和巨大成就，为在新的历史时期开创中国特色社会主义提供了宝贵经验、理论准备、物质基础。

党的十一届三中全会以后，以邓小平同志为主要代表的中国共产党人，团结带领全党全国各族人民，深刻总结新中国成立以来正反两方面经验，围绕什么是社会主义、怎样建设社会主义这一根本问题，借鉴世界社会主义历史经验，创立了邓小平理论，解放思想，实事求是，作出把党和国家工作重心转移到经济建设上来、实行改革开放的历史性决策，深刻揭示社会主义本质，确立社会主义初级阶段基本路线，明确提出走自己的路、建设中国特色社会主义，科学回答了建设中国特色社会主义的一系列基本问题，制定了到二十一世纪中叶分三步走、基本实现社会主义现代化的发展战略，成功开创了中国特色社会主义。

党的十三届四中全会以后，以江泽民同志为主要代表的中国共产党人，团结带领全党全国各族人民，坚持党的基本理论、基本路线，加深了对什么是社会主义、怎样建设社会主义和建设什么样的党、怎样建设党的认识，形成了"三个代表"重要思想，在国内外形势十分复杂、世界社会主义出现严重曲折的严峻考验面前捍卫了中国特色社会主义，确立了社会主义市场经济体制的改革目标和基本框架，确立了社会主义初级阶段公有制为主体、多种所有制经济共同发展的基本经济制度和按劳分配为主体、多种分配方式并存的分配制度，开创全面改革开放新局面，推进党的建设新的伟大工程，成功把中国特色社会主义推向二十一世纪。

党的十六大以后，以胡锦涛同志为主要代表的中国共产党人，团结带领全党全国各族人民，在全面建设小康社会进程中推进实践创新、理论创新、制度创新，深刻认识和回答了新形势下实现什么样的发展、怎样发展等重大问题，形成了科学发展观，抓住重要战略机遇期，聚精会神搞建设，一心一意谋发展，强调坚持以人为本、全面协调可持续发展，着力保障和改善民生，促进社会公平正义，推进党的执政能力建设和先进性建设，成功在新形势下坚持和发展了中国特色社会主义。

伟大觉醒基于对时代潮流的深刻洞察

20世纪70年代末80年代初，世界形势发生了重大变化。邓小平同志深刻洞察世界形势，指出："现在世界上真正大的问题，带全球性的战略问题，一个是和平问题，一个是经济问题或者说发展问题。"同时，他还强调，"大战打不起来，不要怕，不存在什么冒险的问题"，我们要抓住这个机遇，一心一意搞建设，加快发展自己。经过长期观察和综合分析，我们党明确提出了和平与发展是当今时代的主题。这个判断准确把握了东西方关系有所缓和、世界战争危险逐渐减弱、科技革命浪潮不断兴起、各国争先抢占战略发展制高点的趋势和特征，为作出对外开放的重大决策，制定新时期我国的外交方针政策提供了重要依据。

对时代潮流的深刻洞察，同追赶时代步伐是相辅相成的。对当时世界经济发展进程的深入了解，增强了我们党推进改革开放和加快发展的现实紧迫感、责任感。因此，邓小平同志强调："我们要赶上时代，这是改革要达到的目的。"我们党顺应时代潮流，把握历史规律，果断实行改革开放，由此赢得了主动，赢得了发展，赢得了未来。

伟大觉醒基于对人民群众期盼和需要的深刻体悟

为中国人民谋幸福，为中华民族谋复兴，是中国共产党自成立以来就确立的初心使命。我们党来自人民、扎根人民、造福人民，一切工作以最广大人民的根本利益为出发点和落脚点。我们党团结带领人民干革命、搞建设、抓改革，目的都是让人民过上幸福的生活。新中国成立后，党团结带领全国各族人民自力更生、发愤图强，建立起独立的比较完整的工业体系和国民经济体系，初步满足和解决了人民吃饭穿衣的基本生活需要。由于探索过程经历严重曲折，社会主义的优越性没有充分发挥出来，我们的发展还比较落后，人民群众生活的改善还比较缓慢。

邓小平同志深刻指出："贫穷不是社会主义，社会主义要消灭贫穷。不发展生产力，不提高人民的生活水平，不能说是符合社会主义要求的。"为了满足人民群众的愿望，我们党制定了一系列对外开放和对内搞活的政策。人心所向的改革开放，在中国的广袤大地全面展开了。

伟大觉醒是由党的性质宗旨和理想信念所决定的

马克思恩格斯在《共产党宣言》中指出："共产党人为工人阶级的最近的目的和利益而斗争，但是他们在当前的运动中同时代表运动的未来。"中国共产党是中国工人阶级的先锋队，同时是中国人民和中华民族的先锋队。党的宗旨是全心全意为人民服务。党的最高理想和最终目标是实现共产主义。党在社会主义初级阶段的共同理想是建设中国特色社会主义。

我们党作为马克思主义政党，除了工人阶级和最广大人民群众的利益，没有自己特殊的利益。因此，党就能够摆脱以往一切政治力量只追求自身特殊利益的局限，无私无畏，敢作敢为，勇于做、能够做其他政治力量不能做不想做也做不了的事。忠诚老实、实事求是，光明磊落、襟怀坦白，坚持真理、修正错误，铸就了中国共产党人的优良传统和优秀品质。这也正是中国共产党在历史上遭受挫折，却又能够迅速纠错、走出困境，扭转危局、化险为夷，开创新局的根本原因。

伟大觉醒是在马克思主义的科学指引下进行的

马克思主义认为，人类的生产活动是最基本的实践活动，是决定其他一切活动的东西。一切主观的东西都必须经受实践的检验。我们党团结带领人民实现的伟大觉醒，正是从 1978 年进行的那场关于"实践是检验真理的唯一标准"的大讨论开始的。真理标准问题的大讨论，广泛展开，如火如荼，深入人心，影响深远，拉开了中国大地上一场解放思想的帷幕。

通过真理标准问题的大讨论，党坚持和发展了马克思主义，恢复和重新确立了实事求是的思想路线，把人们的思想从长期"左"的禁锢和教条主义的束缚下解放出来。解放思想同改革开放相互激荡、观念创新和实践探索相互促进，充分显示了思想引领的强大伟力。在改革开放中，马克思主义给了中国共产党和中国人民能够觉醒、敢于觉醒、持续觉醒的强大思想武器。

伟大觉醒展现了人民群众创造历史的生动实践

改革开放中的许多新生事物都是人民群众创造的。改革开放中许许多多的东西，都是由群众在实践中提出来的，是群众发明的。邓小平同志指出："党只有紧紧地依靠群众，密切地联系群众，随时听取群众的呼声，了解群众的情绪，代表群众的利益，才能形成强大的力量，顺利地完成自己的各项任务。"

波澜壮阔的改革开放历史进程，是从农村到城市、从沿海到内地、从局部到整体渐次展开和推进的。在这个历史进程中，人民群众始终是改革开放的实践者、推动者、参与者。改革开放中出现的每一个新突破、新事物、新成就，都凝结着人民群众的智慧、心血和汗水。历史表明，人民群众是历史的创造者，是社会变革的决定力量，是我们党的根基、血脉和力量源泉。

党的伟大觉醒孕育的伟大创造深刻改变了中国

伟大觉醒催生了改革开放，我们党团结带领全国各族人民进行的改革开放这场新的伟大革命，极大地激发了广大人民群众的积极性、主动性、创造性，极大地解放和发展了社会生产力，极大地增强了社会发展活力，人民生活显著改善，综合国力显著增强，国际地位显著提高。我国快速发展成为世界第二大经济体、第一大出口国，成为"世界工厂"。我国于 1999 年跨入下中等收入国家行列，于 2010 年跨入上中等收入国家行列。

我们党团结带领中国人民创造了改革开放和社会主义现代化建设的伟大成就，我国实现了从生产力相对落后的状况到经济总量跃居世界第二的历史性突破，实现了人民生活从温饱不足到总体小康、奔向全面小康的历史性跨越，推进了中华民族从站起来到富起来的伟大飞跃。历史雄辩地证明，改革开放是党和人民大踏步赶上时代的重要法宝，是坚持和发展中国特色社会主义的必由之路，是决定当代中国前途命运的关键一招，也是决定实现"两个一百年"奋斗目标、实现中华民族伟大复兴的关键一招。

三、案例解析

案例 1

小岗村大包干拉开了我国农村改革序幕①

安徽省凤阳县小岗村，是"中国农村改革第一村"。40 多年前，发轫于小岗村的大包干拉开了我国农村改革的序幕。

大包干纪念馆内的一尊雕塑，再现了当年的一幕：一间破旧茅草屋内，18 户村民聚在一起，有的眉头紧锁，有的沉着冷静，在一张事先拟好的契约上按下红手印。

2016 年 4 月 25 日，习近平总书记在小岗村主持召开的农村改革座谈会上指出："小岗村是农村改革的主要发源地。在小岗村大包干等农业生产责任制基础上形成的以家庭承包经营为基础、统分结合的双层经营体制，是我们党农村政策的重要基石。"

从大包干纪念馆到签下契约的 18 名大包干带头人，见证了那段波澜壮阔的农村改革历程。

包产到户，极大地调动了农民积极性

"当年的小岗村，是出了名的'三靠村'——吃粮靠返销，生产靠贷款，生活靠救济。泥巴房，泥巴床，泥巴锅里没有粮……"大包干纪念馆讲解员的一段讲述，把人们的思绪带回 20 世纪 70 年代末。

小岗村的贫困，是当时中国的缩影。党的十一届三中全会提出："总的看

---

① 朱思雄，高云才，常钦，等. 小岗村大包干拉开了我国农村改革序幕［N］. 人民日报，2021-03-17（5）.

来，我国农业近20年来的发展速度不快，它同人民的需要和四个现代化的需要之间存在着极其尖锐的矛盾。""政社合一"的人民公社体制，不利于调动农民积极性，所以当时农业生产发展和农民生活改善都比较缓慢。

穷则思变，可出路在哪儿

1978年12月的一个冬夜，小岗村人凭着"敢为天下先"的勇气，毅然做出决定——"包干到户"。

大包干纪念馆里展出的那份放大版契约，寥寥数语，却字字千钧："我们分田到户，每户户主签字盖章，如以后能干，每户保证完成每户的全年上交和公粮不在（再）向国家伸手要钱要粮……"

年近八旬的大包干带头人关友江至今还记得："契约签订当晚，生产队的土地、耕牛、农具，都按人头分到了各家各户。再往后，每天天不亮，家家户户就下地干活了，不用操一户的心。"

生产关系一经理顺，极大地解放了生产力。实行大包干后的第一年，小岗村迎来大丰收，整个生产队粮食总产量达13.3万斤，相当于1955年至1970年产量的总和，一举结束20多年吃国家救济粮的历史，并首次归还国家贷款800元。

一些地方先行先试。安徽省从1979年1月起，在较早实行生产责任制的凤阳县、肥西县，允许生产队打破土地管理使用上的"禁区"，实行"分地到组，以产计工"的责任制。有些生产队则继续进行包产到户或包干到户（简称"双包"）责任制的试验。

改革唤醒沉睡的土地。在最早实行"双包"生产责任制的凤阳县，1980年粮食总产量比历史最高水平的1979年又增长14.2%，许多生产队和农户实现了"一季翻身""一年翻身"。

顺应时代，家庭联产承包责任制推开

人民是改革的创造者，党是人民的领路人。

小岗村的大包干，在当时一石激起千层浪。对于农村出现的包产到户、包干到户等责任制形式，很多人心存疑虑。

"关键时刻，离不开党的指引，党中央和咱农民连着心呢！"关友江感慨。

在小岗村村民文化广场上，一尊摊开的《邓小平文选》雕塑上刻着这样一句话：""凤阳花鼓'中唱的那个凤阳县，绝大多数生产队搞了大包干，也是一年翻身，改变面貌。有的同志担心，这样搞会影响集体经济。我看这种担心是不必要的。"

党的政策顺应时代发展，尊重人民首创精神。1982年1月1日，党中央以一号文件的形式批转《全国农村工作会议纪要》，其中明确指出，"目前实行的各种责任制，包括小段包工定额计酬，专业承包联产计酬，联产到劳，包产到户、到组，包干到户、到组，等等，都是社会主义集体经济的生产责任制"。

之后的1983年、1984年，党中央又连续下发一号文件，肯定了包干到户和包产到户为主要形式的家庭联产承包责任制，从此，这一中国农民的伟大创造在全国推行开来。

小岗村的星星之火，迅速燎原。在中央政策支持和推动下，实行包产到户和包干到户的生产队由1980年占全国生产队的50%，迅速上升到1982年6月的86.7%。到1984年年底，全国569万个生产队中99%以上实行了家庭联产承包责任制。

中央财经领导小组办公室原副主任段应碧说，家庭联产承包责任制把农民的责、权、利紧密结合起来，克服了以往分配中的平均主义、"吃大锅饭"等弊病，纠正了管理过分集中、经营方式过分单一等缺点，做到了有统有分、统分结合，既发挥集体经济的优越性，又发挥农民家庭经营的积极性。

亿万农民的积极性充分调动起来后，迅速扭转了农业生产长期徘徊不前的局面。从1979年至1984年，全国农业总产值年均增速达3%；1984年，全国人均粮食拥有量达到393公斤，基本解决温饱问题。广大农民利用剩余劳动力和资金发展多种经营，涌现出一大批专业户、重点户。我国农村开始向专业化、商品化、社会化生产转变。

深化改革，农村基本经营制度充满活力

改革大潮奔腾不息，农村基本经营制度始终充满活力。通过顶层设计和基层探索的有机结合，我国农村经营体制实现了根本性转变，以家庭承包经营为基础、统分结合的双层经营体制逐步确立，并不断得到巩固和完善。

1984年，中央一号文件提出"土地承包期一般应在15年以上"；

1993年，针对农村土地第一轮承包陆续到期情况，中央及时提出"在原定的耕地承包期到期之后，再延长30年不变"的政策；

1998年，党的十五届三中全会决定指出，"长期稳定以家庭承包经营为基础、统分结合的双层经营体制"；

2017年，党的十九大报告明确提出，"保持土地承包关系稳定并长久不变，第二轮土地承包到期后再延长30年"。

习近平总书记强调，新形势下深化农村改革，主线仍然是处理好农民和土

地的关系。最大的政策，就是必须坚持和完善农村基本经营制度，坚持农村土地集体所有，坚持家庭经营基础性地位，坚持稳定土地承包关系。

"不改革难发展，大改革大发展。"小岗村党委第一书记李锦柱感叹："从大包干的'红手印'，到确权颁证的'红本本'，再到集体股份合作的'分红利'，小岗村的实践证明，承包关系越稳定，农民发展生产的信心就越坚定，农村基本经营制度的生命力就越强！"

走过千山万水，仍要跋山涉水。农村改革再出发，亿万农民正阔步走在乡村振兴的大路上。

评析与思考

1978 年 11 月，安徽省凤阳县梨园公社小岗村 18 个农民将集体耕地承包到户，在一张纸上按下红指印。农民冲破"一大二公"集体化禁区的壮举得到当时中共安徽省委的大力支持。这种以家庭联产承包责任制为主的农村经营形式迅速在全国推广，为农村经济体制的改革迈出了重要的一步，极大地调动了广大农民的生产积极性，一场深刻而有历史意义的农村变革从此开始。

请大家思考以下问题：

1. 实行农业大包干，从此拉开了我国农村改革的序幕，对此你怎么看？

2. 如何认识农村改革的历史意义？

案例 2

章华妹："纽扣姑娘"①

1978 年改革开放伊始，个体经济还是经济禁区。1979 年 4 月 9 日，国务院批转工商行政管理总局关于全国工商行政管理局长会议的报告中，首次提出了恢复和发展个体经济，同意对从事修理、服务和手工业的个体劳动者发放营业执照。

1980 年 12 月 11 日，20 岁的章华妹从浙江省温州市工商行政管理局领到了一张特殊的营业执照——工商证字第 10101 号，成为中国"个体户第一人"。

1960 年，章华妹出生在温州一个普通的工人家庭，在兄弟姐妹中排行老七。上完初一后，她就辍学回家。1978 年，18 岁的章华妹去地下市场买回纽扣、钥匙扣等小商品，学着邻居，偷偷摸摸在家门口摆摊销售。章华妹回忆说："家门口摆摊的好处是，打击投机倒把的人一来，可以马上收摊进屋。"由于当时整个

---

① 孟红．勇立改革开放潮头的女性［J］．党史纵览，2018（12）：4-8.

温州只有解放北路形成了地下交易市场，小摊生意很好，一颗纽扣大约有 5 厘钱的利润，平均每天能收入一至两元的纯利润。她笑着说："那时候我们一家 9 口人，一天买米、肉和菜总共要花一元钱。而我摆摊一天能赚回一两元，感觉赚大了。"

1979 的一天，正在家门口摆摊的章华妹一抬头，猛然看见一位工作人员朝她走来。她慌忙收拾货物准备进屋，却被来人叫住："现在国家政策放开了，允许私人销售货品，你们来工商局登记领证，就可以合法经营了。"

原来，党的十一届三中全会召开后，允许各地可以批准一些有正式户口的闲散劳动力从事修理、服务和手工业个体劳动。章华妹向父亲说了此事，父亲建议她去办一个证。章华妹回忆："第二天我就去鼓楼工商所，没有交钱，就是填写了个人信息、经营内容，然后提交了两张照片。当时来填表格的只有 3 个人，还有许多人对于领取营业执照持观望态度，害怕政策变化，给自己带来麻烦。但我觉得既然做生意就要正大光明，领个证，不会吃亏。"

一年后的 1980 年 12 月，章华妹从鼓楼工商所拿到了由毛笔书写的"温州市工商行政管理局个体工商业营业执照"，证号为"10101 号"。章华妹没有想到，她拿到的是中国第一张个体工商户营业执照。"持证上岗"后，章华妹不再摆地摊。她把家里自建的房屋一楼改成门面，找木工做了展示柜，开起了小百货商店，主营纽扣、钥匙扣。两年下来存了不少钱。1982 年年底，她把生意交给三嫂，回家相夫教子。

1985 年，章华妹和丈夫在市区花 9000 多元买下一套房子。由于丈夫每月工资才 50 多元，买房欠下一笔债，章华妹决定重出江湖，继续做生意。她和丈夫在解放北路一家旧房里租下一个铺面。"那时候也不知道什么赚钱，就是看周围做西服拉链、西服装饰品的比较少，我就让丈夫到广州去进些货来试试。"由于刚好选到了市场需要的商品，章华妹的生意很快好起来，一年多时间，两人就把买房的钱全部还上。

1986 年，章华妹看中了羊毛衫市场，代理羊毛衫的珠片装饰物。不到一年时间，她便成为温州解放北路市场最大的珠片销售商。到 1990 年前后，她和丈夫已经拥有了十余万元存款。皮鞋流行起来后，章华妹改做皮鞋批发。不料，由于对市场又不熟悉，不到两年时间，将做珠片赚的钱全部亏完，还欠下几万元外债。

为了摆脱窘境，章华妹决定重操旧业，继续做服装辅料生意。1994 年，她和丈夫在温州妙果寺租下一间 20 余平方米的铺面，专心做纽扣批发。此时，温州的大型服装市场正在兴起，全国各地的经销商都来温州批发服装回去卖。两年后，章华妹便还完外债，又存下一笔钱。

2007 年，章华妹成立了温州市华妹服装辅料有限责任公司，自己出任总经理。公司目前每年的营业额有好几百万。从个体户到私营企业主，"现在的生活是那个时候不敢想象的，如果不是改革开放的话，可能我还在小胡同里卖日用品，过着提心吊胆的生活。"章华妹坐在自己的公司里笑着说。

2016 年 12 月 5 日，56 岁的章华妹作为全国先进个体工商户代表，受到李克强总理的接见。"你们不少人是第一批吃螃蟹的'个体工商户'，如今很多人已经成了大'企业家'。"会见时，李克强认真地说："我们就是需要源源不断的个体工商户在中国的土地上成长起来。你们的作用不可替代！"

评析与思考

温州被誉为"中国改革开放的试验田"，还有另一个称谓是"中国民营经济的风向标"，这与温州人具有"敢为天下先"的改革精神是分不开的。章华妹从 18 岁开始摆摊做小生意，到拿到"中国第一个个体户"营业执照，最后自己创办了公司，变成一位在党的十一届三中全会后在温州这片土地上成长起来的中国个体户的代表性人物，她的人生经历不仅精彩，而且是中国改革开放 40 多年来发生巨变的缩影。

请大家思考以下问题：

1. "个体户"的产生对于我国经济发展有什么意义？

2. 如何评价"以公有制为主体、多种经济共同发展"的基本经济制度？

四、知识拓展

经典文论

关于坚持和发展中国特色社会主义的几个问题①

2013 年 1 月 5 日，新进中央委员会的委员、候补委员学习贯彻党的十八大精神研讨班在中央党校开班。中共中央总书记、中共中央军委主席习近平在开班式上发表重要讲话。

1956 年 9 月 15 日至 27 日，中国共产党第八次全国代表大会在北京举行。大会提出的党和国家主要任务是集中力量发展生产力的思想，对于社会主义事

---

① 习近平. 关于坚持和发展中国特色社会主义的几个问题 [J]. 求是，2019 (7)：4-12.

业的发展和党的建设具有长远的重要的意义。

1982 年 9 月 1 日至 11 日，中国共产党第十二次全国代表大会在北京举行。邓小平致开幕词。他在开幕词中明确提出了"建设有中国特色的社会主义"的重大命题。

第一，中国特色社会主义是社会主义而不是其他什么主义，科学社会主义基本原则不能丢，丢了就不是社会主义。我们党始终强调，中国特色社会主义，既坚持了科学社会主义基本原则，又根据时代条件赋予其鲜明的中国特色。这就是说，中国特色社会主义是社会主义，不是别的什么主义。一个国家实行什么样的主义，关键要看这个主义能否解决这个国家面临的历史性课题。在中华民族积贫积弱、任人宰割的时期，各种主义和思潮都进行过尝试，资本主义道路没有走通，改良主义、自由主义、社会达尔文主义、无政府主义、实用主义、民粹主义、工团主义等也都"你方唱罢我登场"，但都没能解决中国的前途和命运问题。是马克思列宁主义、毛泽东思想引导中国人民走出了漫漫长夜、建立了新中国，是中国特色社会主义使中国快速发展起来了。不说更早的时期，就从改革开放开始，特别是苏联解体、东欧剧变以后，唱衰中国的舆论在国际上不绝于耳，各式各样的"中国崩溃论"从来没有中断过。但是，中国非但没有崩溃，反而综合国力与日俱增，人民生活水平不断提高，"风景这边独好"。历史和现实都告诉我们，只有社会主义才能救中国，只有中国特色社会主义才能发展中国，这是历史的结论、人民的选择。

近些年来，国内外有些舆论提出中国现在搞的究竟还是不是社会主义的疑问，有人说是"资本社会主义"，还有人干脆说是"国家资本主义""新官僚资本主义"。这些都是完全错误的。我们说中国特色社会主义是社会主义，那就是不论怎么改革、怎么开放，我们都始终要坚持中国特色社会主义道路、中国特色社会主义理论体系、中国特色社会主义制度，坚持党的十八大提出的夺取中国特色社会主义新胜利的基本要求。这就包括在中国共产党领导下，立足基本国情，以经济建设为中心，坚持四项基本原则，坚持改革开放，解放和发展社会生产力，建设社会主义市场经济、社会主义民主政治、社会主义先进文化、社会主义和谐社会、社会主义生态文明，促进人的全面发展，逐步实现全体人民共同富裕，建设富强民主文明和谐的社会主义现代化国家；包括坚持人民代表大会制度的根本政治制度，中国共产党领导的多党合作和政治协商制度、民族区域自治制度以及基层群众自治制度等基本政治制度，中国特色社会主义法律体系，公有制为主体、多种所有制经济共同发展的基本经济制度。这些都是在新的历史条件下体现科学社会主义基本原则的内容，如果丢掉了这些，那就不称其为社会主义了。

邓小平同志曾经深刻地、总结性地指出:"我们的现代化建设,必须从中国的实际出发。无论是革命还是建设,都要注意学习和借鉴外国经验。但是,照抄照搬别国经验、别国模式,从来不能得到成功。这方面我们有过不少教训。"过去不能搞全盘苏化,现在也不能搞全盘西化或者其他什么化。冷战结束后,不少发展中国家被迫采纳了西方模式,结果党争纷起、社会动荡、人民流离失所,至今都难以稳定下来。《庄子·秋水》中写道:"且子独不闻夫寿陵余子之学行于邯郸与?未得国能,又失其故行矣,直匍匐而归耳。"我们千万不能"邯郸学步,失其故行"。我们就是把马克思主义中国化,就是搞中国特色社会主义。近年来,随着我国综合国力和国际地位上升,国际上关于"北京共识""中国模式""中国道路"等议论和研究也多了起来,其中不乏赞扬者。一些外国学者认为,中国的快速发展,导致一些西方理论正在被质疑,一种新版的马克思主义理论正在颠覆西方的传统理论。我们始终认为,各国的发展道路应由各国人民选择。所谓的"中国模式"是中国人民在自己的奋斗实践中创造的中国特色社会主义道路。我们坚信,随着中国特色社会主义不断发展,我们的制度必将越来越成熟,我国社会主义制度的优越性必将进一步显现,我们的道路必将越走越宽广,我国发展道路对世界的影响必将越来越大。我们就是要有这样的道路自信、理论自信、制度自信,真正做到"千磨万击还坚劲,任尔东西南北风"。

第二,我们党领导人民进行社会主义建设,有改革开放前和改革开放后两个历史时期,这是两个相互联系又有重大区别的时期,但本质上都是我们党领导人民进行社会主义建设的实践探索。中国特色社会主义是在改革开放历史新时期开创的,但也是在新中国已经建立起社会主义基本制度并进行了20多年建设的基础上开创的。正确认识这个问题,要把握3个方面。一是,如果没有1978年我们党果断决定实行改革开放,并坚定不移推进改革开放,坚定不移把握改革开放的正确方向,社会主义中国就不可能有今天这样的大好局面,就可能面临严重危机,就可能遇到像苏联、东欧国家那样的亡党亡国危机。同时,如果没有1949年建立新中国并进行社会主义革命和建设,积累了重要的思想、物质、制度条件,积累了正反两方面经验,改革开放也很难顺利推进。二是,虽然这两个历史时期在进行社会主义建设的思想指导、方针政策、实际工作上有很大差别,但两者决不是彼此割裂的,更不是根本对立的。我们党在社会主义建设实践中提出了许多正确主张,当时没有真正落实,改革开放后得到了真正贯彻,将来也还是要坚持和发展的。马克思早就说过:"人们自己创造自己的历史,但是他们并不是随心所欲地创造,并不是在他们自己选定的条件下创造,而是在直接碰到的、既定的、从过去承继下来的条件下创造。"三是，对改革开放前的历史时期要正确评价，不能用改革开放后的历史时期否定改革开放前的历史时期，也不能用改革开放前的历史时期否定改革开放后的历史时期。改革开放前的社会主义实践探索为改革开放后的社会主义实践探索积累了条件，改革开放后的社会主义实践探索是对前一个时期的坚持、改革、发展。对改革开放前的社会主义实践探索，要坚持实事求是的思想路线，分清主流和支流，坚持真理，修正错误，发扬经验，吸取教训，在这个基础上把党和人民事业继续推向前进。

我之所以强调这个问题，是因为这个重大政治问题处理不好，就会产生严重政治后果。古人说："灭人之国，必先去其史。"国内外敌对势力往往就是拿中国革命史、新中国历史来做文章，竭尽攻击、丑化、污蔑之能事，根本目的就是要搞乱人心，煽动推翻中国共产党的领导和我国社会主义制度。苏联为什么解体？苏共为什么垮台？一个重要原因就是意识形态领域的斗争十分激烈，全面否定苏联历史、苏共历史，否定列宁，否定斯大林，搞历史虚无主义，思想搞乱了，各级党组织几乎没任何作用了，军队都不在党的领导之下了。最后，苏联共产党偌大一个党就作鸟兽散了，苏联偌大一个社会主义国家就分崩离析了。这是前车之鉴啊！邓小平同志指出："毛泽东思想这个旗帜丢不得。丢掉了这个旗帜，实际上就否定了我们党的光辉历史。总的来说，我们党的历史还是光辉的历史。虽然我们党在历史上，包括建国以后的30年中，犯过一些大错误，甚至犯过搞'文化大革命'这样的大错误，但是我们党终究把革命搞成功了。中国在世界上的地位，是在中华人民共和国成立以后才大大提高的。只有中华人民共和国的成立，才使我们这个人口占世界总人口近1/4的大国，在世界上站起来，而且站住了。"他还强调："对毛泽东同志的评价，对毛泽东思想的阐述，不是仅仅涉及毛泽东同志个人的问题，这同我们党、我们国家的整个历史是分不开的。要看到这个全局。""这不只是个理论问题，尤其是个政治问题，是国际国内的很大的政治问题。"这就是一个伟大马克思主义政治家的眼界和胸怀。试想一下，如果当时全盘否定了毛泽东同志，那我们党还能站得住吗？我们国家的社会主义制度还能站得住吗？那就站不住了，站不住就会天下大乱。所以，正确处理改革开放前后的社会主义实践探索的关系，不只是一个历史问题，更主要的是一个政治问题。建议大家把《关于建国以来党的若干历史问题的决议》找出来再看看。

第三，马克思主义必定随着时代、实践和科学的发展而不断发展，不可能一成不变，社会主义从来都是在开拓中前进的。坚持和发展中国特色社会主义是一篇大文章，邓小平同志为它确定了基本思路和基本原则，以江泽民同志为核心的党的第三代中央领导集体、以胡锦涛同志为总书记的党中央在这篇大文章上都写下了精彩的篇章。现在，我们这一代共产党人的任务，就是继续把这篇大文章写下去。30多年来，中国特色社会主义取得了巨大成就，加之新中国成立以后打下的基础，这是它得以站得住、行得远的重要基础。我们对社会主义的认识，对中国特色社会主义规律的把握，已经达到了一个前所未有的新的高度，这一点不容置疑。同时，也要看到，我国社会主义还处在初级阶段，我们还面临很多没有弄清楚的问题和待解的难题，对许多重大问题的认识和处理都还处在不断深化的过程之中，这一点也不容置疑。对事物的认识是需要一个过程的，而对社会主义这个我们只搞了几十年的东西，我们的认识和把握也还是非常有限的，还需要在实践中不断深化和发展。

坚持马克思主义，坚持社会主义，一定要有发展的观点，一定要以我国改革开放和现代化建设的实际问题、以我们正在做的事情为中心，着眼于马克思主义理论的运用，着眼于对实际问题的理论思考，着眼于新的实践和新的发展。我们说过，世界上没有放之四海而皆准的发展道路和发展模式，也没有一成不变的发展道路和发展模式。我们过去取得的实践和理论成果，能够帮助我们更好面对和解决前进中的问题，但不能成为我们骄傲自满的理由，更不能成为我们继续前进的包袱。我们的事业越前进、越发展，新情况新问题就会越多，面临的风险和挑战就会越多，面对的不可预料的事情就会越多。我们必须增强忧患意识，做到居安思危。解放思想、实事求是、与时俱进，是马克思主义活的灵魂，是我们适应新形势、认识新事物、完成新任务的根本思想武器。全党同志首先是各级领导干部必须坚持马克思主义的发展观点，坚持实践是检验真理的唯一标准，发挥历史的主动性和创造性，清醒认识世情、国情、党情的变和不变，永远要有逢山开路、遇河架桥的精神，锐意进取，大胆探索，敢于和善于分析回答现实生活中和群众思想上迫切需要解决的问题，不断深化改革开放，不断有所发现、有所创造、有所前进，不断推进理论创新、实践创新、制度创新。

第四，我们党始终坚持共产主义远大理想，共产党员特别是党员领导干部要做共产主义远大理想和中国特色社会主义共同理想的坚定信仰者和忠实践行者。对马克思主义的信仰，对社会主义和共产主义的信念，是共产党人的政治灵魂，是共产党人经受住任何考验的精神支柱。党章明确规定，党的最高理想和最终目标是实现共产主义。党章同时明确规定，中国共产党人追求的共产主义最高理想，只有在社会主义社会充分发展和高度发达的基础上才能实现。想一下子、两下子就进入共产主义，那是不切实际的。邓小平同志说，巩固和发展社会主义制度，还需要一个很长的历史阶段，需要我们几代人、十几代人、甚至几十代人坚持不懈地努力奋斗。几十代人，那是多么长啊！从孔老夫子到现在也不过七十几代人。这样看问题，充分说明了我们中国共产党人政治上的清醒。必须认识到，我们现在的努力以及将来多少代人的持续努力，都是朝着最终实现共产主义这个大目标前进的。同时，必须认识到，实现共产主义是一个非常漫长的历史过程，我们必须立足党在现阶段的奋斗目标，脚踏实地推进我们的事业。如果丢失了我们共产党人的远大目标，就会迷失方向，变成功利主义、实用主义。中国特色社会主义是党的最高纲领和基本纲领的统一。中国特色社会主义的基本纲领，概言之，就是建立富强民主文明和谐的社会主义现代化国家。这既是从我国正处于并将长期处于社会主义初级阶段的基本国情出发的，也没有脱离党的最高理想。我们既要坚定走中国特色社会主义道路的信念，也要胸怀共产主义的崇高理想，矢志不移贯彻执行党在社会主义初级阶段的基本路线和基本纲领，做好当前每一项工作。

革命理想高于天。没有远大理想，不是合格的共产党员；离开现实工作而空谈远大理想，也不是合格的共产党员。在我们党90多年的历史中，一代又一代共产党人为了追求民族独立和人民解放，不惜流血牺牲，靠的就是一种信仰，为的就是一个理想。尽管他们也知道，自己追求的理想并不会在自己手中实现，但他们坚信，只要一代又一代人为之持续努力，一代又一代人为此作出牺牲，崇高的理想就一定能实现，正所谓"砍头不要紧，只要主义真"。今天，衡量一名共产党员、一名领导干部是否具有共产主义远大理想，是有客观标准的，那就要看他能否坚持全心全意为人民服务的根本宗旨，能否吃苦在前、享受在后，能否勤奋工作、廉洁奉公，能否为理想而奋不顾身去拼搏、去奋斗、去献出自己的全部精力乃至生命。一切迷惘迟疑的观点，一切及时行乐的思想，一切贪图私利的行为，一切无所作为的作风，都是与此格格不入的。一些人认为共产主义是可望而不可即的，甚至认为是望都望不到、看都看不见的，是虚无缥缈的。这就涉及是唯物史观还是唯心史观的世界观问题。我们一些同志之所以理想渺茫、信仰动摇，根本的就是历史唯物主义观点不牢固。要教育引导广大党员、干部把践行中国特色社会主义共同理想和坚定共产主义远大理想统一起来，做到虔诚而执着、至信而深厚。有了坚定的理想信念，站位就高了，眼界就宽了，心胸就开阔了，就能坚持正确政治方向，在胜利和顺境时不骄傲不急躁，在困难和逆境时不消沉不动摇，经受住各种风险和困难考验，自觉抵御各种腐朽思想的侵蚀，永葆共产党人政治本色。

事实一再告诉我们，马克思、恩格斯关于资本主义社会基本矛盾的分析没有过时，关于资本主义必然消亡、社会主义必然胜利的历史唯物主义观点也没有过时。这是社会历史发展不可逆转的总趋势，但道路是曲折的。资本主义最终消亡、社会主义最终胜利，必然是一个很长的历史过程。我们要深刻认识资本主义社会的自我调节能力，充分估计到西方发达国家在经济科技军事方面长期占据优势的客观现实，认真做好两种社会制度长期合作和斗争的各方面准备。在相当长时期内，初级阶段的社会主义还必须同生产力更发达的资本主义长期合作和斗争，还必须认真学习和借鉴资本主义创造的有益文明成果，甚至必须面对被人们用西方发达国家的长处来比较我国社会主义发展中的不足并加以指责的现实。我们必须有很强大的战略定力，坚决抵制抛弃社会主义的各种错误主张，自觉纠正超越阶段的错误观念。最重要的，还是要集中精力办好自己的事情，不断壮大我们的综合国力，不断改善我们人民的生活，不断建设对资本主义具有优越性的社会主义，不断为我们赢得主动、赢得优势、赢得未来打下更加坚实的基础。

通过以上分析，我们可以更加深刻地认识到，道路问题是关系党的事业兴衰成败第一位的问题，道路就是党的生命。毛泽东同志指出："革命党是群众的向导，在革命中未有革命党领错了路而革命不失败的。"我们党在革命、建设、改革各个历史时期，坚持从我国国情出发，探索并形成了符合中国实际的新民主主义革命道路、社会主义改造和社会主义建设道路、中国特色社会主义道路，这种独立自主的探索精神，这种坚持走自己路的坚定决心，是我们党不断从挫折中觉醒、不断从胜利走向胜利的真谛。鲁迅先生有句名言：其实地上本没有路，走的人多了，也便成了路。中国特色社会主义，是科学社会主义理论逻辑和中国社会发展历史逻辑的辩证统一，是根植于中国大地、反映中国人民意愿、适应中国和时代发展进步要求的科学社会主义，是全面建成小康社会、加快推进社会主义现代化、实现中华民族伟大复兴的必由之路。只要我们坚持独立自主走自己的路，毫不动摇坚持和发展中国特色社会主义，我们就一定能在中国共产党成立100年时全面建成小康社会，就一定能在新中国成立100年时建成富强民主文明和谐的社会主义现代化国家。

学者新论

必须坚持和发展中国特色社会主义①

"以史为鉴、开创未来……必须坚持和发展中国特色社会主义。"这是习近平总书记在庆祝中国共产党成立100周年大会上的讲话中提出的一个重要论断。

---

① 秦宣. 必须坚持和发展中国特色社会主义［N］. 光明日报，2021-08-23（2）.

这个论断表明，坚持和发展中国特色社会主义既是我们面向未来必须始终坚持的前进方向，又是实现中华民族伟大复兴中国梦的根本途径。

回望历史，中国特色社会主义是党带领人民百年奋斗取得的根本成就。一个国家究竟是否实行某个主义，关键要看这个主义能否解决这个国家面临的历史性课题，能否带来这个国家的全面发展进步。实现中华民族伟大复兴必须坚持和发展中国特色社会主义，这是因为方向决定道路，道路决定命运。中国近代以来的历史，尤其是中国共产党成立以来的历史已经充分证明，只有社会主义才能救中国，只有中国特色社会主义才能发展中国，只有坚持和发展中国特色社会主义才能实现中华民族伟大复兴。

中国特色社会主义是改革开放新时期开创的，也是建立在我们党长期奋斗基础上的，是我们党的几代中央领导集体团结带领全党全国人民历经千辛万苦、付出各种代价、接力探索取得的根本成就，也是"过去我们为什么能够成功"的根本原因。把马克思主义基本原理与中国具体实际、中华优秀传统文化结合起来，走自己的路、建设中国特色社会主义，是中国共产党成立百年来全部理论和实践立足点，是党总结长期历史经验得出的基本结论，也是自近代以来历史和人民的选择。

在当代中国，坚持和发展中国特色社会主义，就是真正坚持社会主义。这是因为，中国特色社会主义是科学社会主义理论逻辑和中国社会发展历史逻辑的辩证统一，是根植于中国大地、反映中国人民意愿、适应中国和时代发展进步要求的科学社会主义，是加快推进社会主义现代化、实现中华民族伟大复兴的必由之路。

面向现实，中国特色社会主义是当代中国发展进步的根本方向。当今世界正经历百年未有之大变局，国际金融危机深层次影响继续显现，新冠疫情全球大流行使这个大变局加速演进。经济全球化遭遇逆流，保护主义、单边主义上升，世界经济低迷，国际贸易和投资大幅萎缩，国际经济、科技、文化、安全、政治等格局都在发生深刻调整，世界进入动荡变革期，不稳定不确定因素明显增多，人类又一次站在了十字路口，我国发展的外部环境变化之快、矛盾风险挑战之多，前所未有。要在如此复杂多变的国际环境下保持战略定力，就必须始终坚持和发展中国特色社会主义。因为中国特色社会主义是中国共产党和中国人民团结的旗帜、奋进的旗帜、胜利的旗帜，是当代中国发展进步的根本方向。

当代中国正处于中华民族伟大复兴的关键时期。经过长期奋斗，我国经济实力、科技实力、综合国力跃上新的台阶，人民生活水平显著提高，第一个百年奋斗目标如期实现，中华民族伟大复兴向前迈出了新的一大步。从现在起到本世纪中叶，是我国全面建成社会主义现代化强国的30年。当前，我国经济已由高速增长阶段转向高质量发展阶段，经济长期向好，市场空间广阔，发展韧性强大，投资需求潜力巨大，正在形成以国内大循环为主体、国内国际双循环相互促进的新发展格局。与此同时，发展不平衡不充分问题仍然突出，实现高质量发展还有许多短板弱项。在新发展阶段，改革发展稳定任务之重、复杂多变的形势对我们党治国理政考验之大，前所未有。

要实现中华民族伟大复兴，必须更好统筹国内国际两个大局，处理好开放和自主的关系。为此，必须坚持和发展中国特色社会主义，把中国发展进步的命运牢牢掌握在自己手中。中国特色社会主义道路是实现社会主义现代化的必由之路，是创造人民美好生活的必由之路；中国特色社会主义理论体系是指导党和人民沿着中国特色社会主义道路实现中华民族伟大复兴的正确理论，是立于时代前沿、与时俱进的科学理论；中国特色社会主义制度是当代中国发展进步的根本制度保障，是具有鲜明中国特色、明显制度优势、强大自我完善能力的先进制度；中国特色社会主义文化，是激励全党全国各族人民奋勇前进的强大精神力量。

展望未来，必须一以贯之地推进中国特色社会主义伟大事业。行百里者半九十。开创未来，必须弄明白未来我们怎样才能继续成功。中华民族伟大复兴，绝不是轻轻松松、敲锣打鼓就能实现的。坚持和发展中国特色社会主义是一篇大文章，需要我们一代又一代人续写新篇。

中国特色社会主义是党的最高纲领和基本纲领的统一。我们必须坚持党的基本理论、基本路线、基本方略。要全面贯彻落实习近平新时代中国特色社会主义思想，并用这一思想武装全党、教育人民；要始终坚持党的基本路线这条国家的生命线、人民的幸福线，坚持把以经济建设为中心作为兴国之要、把四项基本原则作为立国之本、把改革开放作为强国之路；要全面贯彻新时代中国特色社会主义基本方略，在新的历史起点上推进中国特色社会主义伟大事业。

坚持和发展中国特色社会主义，是一项庞大的系统工程，要紧紧围绕全面建设社会主义现代化国家这个目标，统筹推进"五位一体"总体布局，协调推进"四个全面"战略布局；要坚持以人民为中心，发挥人民主人翁精神，更好保证人民当家作主；要坚持全面依法治国，着力建设社会主义法治国家；要坚持社会主义核心价值体系，弘扬和培育社会主义核心价值观，繁荣中国特色社会主义文化，建设文化强国；要坚持在发展中保障和改善民生，不断满足人民日益增长的美好生活需要，使人民获得感、幸福感、安全感更加充实、更有保障、更可持续；要协同推进人民富裕、国家强盛、中国美丽，到本世纪中叶把我国建成富强民主文明和谐美丽的社会主义现代化强国。

阅读推荐

1. 邓小平 . 解放思想，实事求是，团结一致向前看［EB/OL］. 人民网，2018-05-31.

2. 习近平 . 在庆祝改革开放 40 周年大会上的讲话［N］. 人民日报，2018-12-18.

3. 中共中央关于党的百年奋斗重大成就和历史经验的决议［N］. 人民日报，2021-11-17.

五、知识训练

（一）单选题

1. 1978 年 5 月 1 日，《光明日报》发表了题为（   ）的特约评论员文章，从根本上、理论上否定了"两个凡是"的错误方针，揭开了真理标准问题讨论的序幕。

A. "实践是检验真理的唯一标准"

B. "一切主观世界的东西都要接受实践的检验"

C. "马克思主义的一个最基本的原则"

D. "解放思想，实事求是"

2. 在中共十一届三中全会前夕召开的中央工作会议上，邓小平作了(   )的讲话，这实际上成为党的十一届三中全会的主题报告。

A. 《高举毛泽东思想旗帜，坚持实事求是的原则》

B. 《解放思想，实事求是，团结一致向前看》

C. 《坚持党的路线，改进工作方法》

D. 《反对教条主义，坚持和发展马克思主义》

3. 中共十一届三中全会以后，率先进行经济体制改革的是（   ）

A. 农村　　　　　　　　　　　B. 城市

C. 沿海地区　　　　　　　　　D. 内地

4. 1979 年 6 月初，凤阳县委书记陈庭元在向安徽省委书记万里汇报工作时，引用了当地农民的歌谣："大包干，真正好，干部群众都想搞，只要准搞三五年，吃陈粮，烧陈草。"这首歌谣赞扬的是（   ）

A. 国有企业承包责任制　　　　B. 乡镇企业异军突起

C. 家庭联产承包责任制　　　　D. 建设社会主义新农村

5. 党的十二大首次明确提出的命题是（   ）

A. 建设有中国特色的社会主义　　　B. 社会主义商品经济

C. 社会主义市场经济　　　　　　　D. 邓小平理论

6. 将"为把我国建设成为富强、民主、文明的社会主义现代化国家而奋斗"规定为我国现代化建设目标的是（　　　）

A. 中共十一届三中全会　　　　　　B. 中共十二大

C. 中共十三大　　　　　　　　　　D. 中共十四大

7. 中共历史上第一次明确提出了建立社会主义市场经济体制的目标模式的是（　　　）

A. 中共十一届三中全会　　　　　　B. 中共十四大

C. 中共十三届四中全会　　　　　　D. 中共十五大

8. 中共十五大载入史册的标志是（　　　）

A. 在理论认识上突破姓"资"姓"社"和姓"公"姓"私"的束缚

B. 提出社会主义初级阶段的基本纲领

C. 高举邓小平理论的伟大旗帜

D. 制定跨世纪的宏伟蓝图

9. 中共十六大提出，全面建设小康社会，最根本的是坚持以（　　　）为中心，不断解放和发展生产力。

A. 经济建设　　　　　　　　　　　B. 人民的根本利益

C. 党的奋斗目标　　　　　　　　　D. 社会主义现代化建设

10. 中共十七大报告指出，经过新中国成立特别是改革开放以来的不懈努力，我国取得了举世瞩目的发展成就，从生产力到生产关系、从经济基础到上层建筑都发生了意义深远的重大变化，但我国（　　　）没有变，人民日益增长的物质文化需要同落后的社会生产之间的矛盾这一社会主要矛盾没有变。

A. 人多地少、资源不足的问题

B. 经济发展粗放、经济效益偏低的问题

C. 坚持党的领导和坚持社会主义市场经济

D. 仍处于并将长期处于社会主义初级阶段的基本国情

答案：ABACA，CBCAD

（二）多选题

1. 党的十一届三中全会，作出实行改革开放的历史性决策，是基于（　　　）

A. 对党和国家前途命运的深刻把握

B. 对社会主义革命和建设实践的深刻总结

C. 对时代潮流的深刻洞察

D. 对人民群众期盼和需要的深刻体悟

2. 1992 年，邓小平南方谈话阐发了一系列全新思想，下列属于谈话内容的是（　　）

A. 革命是解放生产力，改革也是解放生产力

B. 计划和市场都是经济手段

C. 发展才是硬道理

D. 基本路线要管一百年，动摇不得

3. 1992 年 10 月，中国共产党举行第十四次全国代表大会，大会作出了一系列具有深远意义的决策，下列表述正确的是（　　）

A. 抓住机遇，加快发展，集中精力把经济建设搞上去

B. 确定我国经济体制改革的目标是建立社会主义市场经济体制

C. 用邓小平同志建设有中国特色社会主义的理论武装全党

D. 明确概括了党在社会主义初级阶段的基本路线

4. 2000 年 5 月 14 日，江泽民在上海主持召开江苏、浙江、上海党建工作座谈会时进一步指出，做到"三个代表"，是我们党的立党之本、执政之基、力量之源。"三个代表"是指（　　）

A. 代表着中国先进生产力的发展要求

B. 代表着中国先进文化的前进方向

C. 代表着中国最广大人民的根本利益

D. 代表着中国一部分人民的利益

5. 中国特色社会主义理论体系包括（　　）

A. 毛泽东思想　　　　　　　　B. 邓小平理论

C. "三个代表"重要思想　　　　D. 科学发展观

E. 习近平新时代中国特色社会主义思想

答案：ABCD、ABCD、ABC、ABC、BCDE

（三）思考题

1. 为什么说改革开放是决定当代中国命运的关键抉择？

改革开放是决定当代中国命运的关键抉择。邓小平同志曾经指出："改革的性质同过去的革命一样，也是为了扫除发展社会生产力的障碍，使中国摆脱贫穷落后的状态。从这个意义上说，改革也可以叫革命性的变革。"改革是全面改革，是在坚持社会主义基本制度前提下，自觉调整生产关系和上层建筑的各个

方面和环节，以适应初级阶段生产力发展水平和实现现代化的历史要求。在社会主义初级阶段国情下发展中国特色社会主义，是前无古人的伟大创举，必须围绕发展社会生产力这个根本任务，把改革开放作为发展中国特色社会主义的强大动力。改革开放极大地解放和发展了社会生产力，冲破了束缚生产力发展的体制障碍，推动了社会主义市场经济体制的初步建立，形成了对外开放的全新格局。我们必须按照党的基本理论、基本路线、基本纲领、基本经验，牢固树立社会主义改革和发展的基本观点，不断增强支持改革开放、深化改革开放的自觉性和坚定性。

2. 如何坚持和发展中国特色社会主义？

第一，必须坚定对中国特色社会主义的自觉自信。中国特色社会主义包含中国特色社会主义道路、中国特色社会主义理论体系和中国特色社会主义制度，这是我们党和人民90多年奋斗、创造、积累的根本成就。中国特色社会主义来之不易，要倍加珍惜、始终坚持、不断发展。

第二，必须在习近平新时代中国特色社会主义思想的指导下坚持和发展中国特色社会主义。

第三，必须始终坚持改革开放。改革开放是推动中国特色社会主义事业发展的强大动力。

第四，必须深刻把握推进中国特色社会主义事业的重大部署，大力推进经济、政治、文化、社会建设以及生态文明建设。

第五，必须加强和改进党的建设。我们党是中国特色社会主义事业的领导核心，推进中国特色社会主义事业，必须全面推进党的建设新的伟大工程，进一步增强党的创造力、凝聚力、战斗力。

（四）实践题

中国特色社会主义是怎样接续发展的？

请以小组为单位，结合历史与现实，联系理论与实际，通过社会调查进行研究性学习，写一篇2000字左右的实践报告。

第十章

中国特色社会主义进入新时代

一、教学目的和要求

1. 了解中国特色社会主义进入新时代揭示了党和人民事业所处的历史方位和发展阶段。认识新时代是党明确阶段性中心任务、制定路线方针政策的根本依据。我国社会主要矛盾已经转化为人民日益增长的美好生活需要和不平衡不充分的发展之间的矛盾。

2. 深刻理解习近平新时代中国特色社会主义思想的历史地位，了解其核心内容"八个明确"和"十四个坚持"。

3. 了解党的十八大以来特别是"十三五"期间，面对错综复杂的国际形势、艰巨繁重的国内改革发展稳定任务，特别是新冠疫情严重的冲击，以习近平同志为核心的党中央不忘初心、牢记使命，团结带领全党全国各族人民砥砺前行、开拓创新，奋发有为推进党和国家各项事业，中国经济实力、科技实力、综合国力和人民生活水平跃上了新的大台阶，在中华大地上全面建成了小康社会。

二、知识点和重点导读

主要知识点

党的十八大　中国梦　"五位一体"总体布局　"四个全面"战略布局国防和军队现代化建设　"一带一路"　党的十九大　习近平新时代中国特色社会主义思想　中国共产党人的初心和使命　社会主要矛盾　全面建设社会主义现代化国家　新的伟大工程　坚持党对一切工作的领导　维护习近平总书记党中央的核心、全党的核心地位　坚决维护党中央权威和集中统一领导　党的政治建设　党的自我革命　国家治理体系和治理能力现代化　中国特色强军之

路　中国特色大国外交　伟大抗疫精神　第十四个五年规划　二○三五年远景目标　脱贫攻坚战　全面建成小康社会　新发展阶段　党史学习教育　庆祝中国共产党成立 100 周年大会

重点导读

中国特色社会主义进入了新时代

党的十九大报告鲜明提出：经过长期努力，中国特色社会主义进入了新时代，这是我国发展新的历史方位。这是我们党准确把握我国发展新特点新要求作出的一个重大政治判断，对于党和国家事业发展具有重大而深远的意义。

中国特色社会主义进入新时代，在中华人民共和国发展史上、中华民族发展史上具有重大意义，在世界社会主义发展史上、人类社会发展史上也具有重大意义。历史意义：意味着近代以来久经磨难的中华民族迎来了从站起来、富起来到强起来的伟大飞跃，迎来了实现中华民族伟大复兴的光明前景；时代意义：意味着科学社会主义在 21 世纪的中国焕发出强大生机活力，在世界上高高举起了中国特色社会主义伟大旗帜；世界意义：意味着中国特色社会主义道路、理论、制度、文化不断发展，拓展了发展中国家走向现代化的途径，为世界上那些既希望加快发展又希望保持自身独立性的国家和民族提供了全新选择，为解决人类问题贡献了中国智慧和中国方案。

中国特色社会主义新在哪里？一是道路方向定位。新时代是承前启后、继往开来、在新的历史条件下继续夺取中国特色社会主义伟大胜利的时代。二是国家目标定位。新时代是决胜全面建成小康社会、进而全面建设社会主义现代化强国的时代。三是人民生活定位。新时代是全国各族人民团结奋斗、不断创造美好生活、逐步实现全体人民共同富裕的时代。四是民族发展定位。新时代是全体中华儿女勠力同心、奋力实现中华民族伟大复兴中国梦的时代。五是国际地位定位。新时代是我国日益走近世界舞台中央、不断为人类作出更大贡献的时代。

中国特色社会主义进入新时代，我国社会的主要矛盾已经转化为人民日益增长的美好生活需要和不平衡不充分的发展之间的矛盾。我国稳定解决了十几亿人的温饱问题，总体上实现小康，不久将全面建成小康社会，人民美好生活需要日益广泛，不仅对物质文化生活提出了更高要求，而且在民主、法治、公平、正义、安全、环境等方面的要求日益增长。同时，我国社会生产力水平总体上显著提高，社会生产能力在很多方面进入世界前列，更加突出的问题是发展不平衡不充分，这已经成为满足人民日益增长的美好生活需要的主要制约因素。

必须认识到，我国社会主要矛盾的变化是关系全局的历史性变化，对党和国家工作提出了许多新要求。我们要在继续推动发展的基础上，着力解决好发展不平衡不充分的问题，大力提高发展质量和效益，更好满足人民在经济、政治、文化、社会、生态等方面日益增长的需要，更好推动人的全面发展、社会全面进步。

必须认识到，我国社会主要矛盾的变化，没有改变我们对我国社会主义所处历史阶段的判断，我国仍处于并将长期处于社会主义初级阶段的基本国情没有变，我国是世界最大发展中国家的国际地位没有变。全党要牢牢把握社会主义初级阶段这个基本国情，牢牢立足社会主义初级阶段这个最大实际，牢牢坚持党的基本路线这个党和国家的生命线、人民的幸福线，领导和团结全国各族人民，以经济建设为中心，坚持四项基本原则，坚持改革开放，自力更生，艰苦创业，为把我国建设成为富强民主文明和谐美丽的社会主义现代化强国而奋斗。

实现中华民族伟大复兴是近代以来中华民族最伟大的梦想。中国共产党一经成立，就把实现共产主义作为党的最高理想和最终目标，义无反顾肩负起实现中华民族伟大复兴的历史使命，团结带领人民进行了艰苦卓绝的斗争，谱写了气吞山河的壮丽史诗。在中国特色社会主义新时代，我们比历史上任何时期都更接近、更有信心和能力实现中华民族伟大复兴的目标。全党必须准备付出更艰巨、更艰苦的努力。

三、案例解析

案例 1

习近平总书记参观《复兴之路》展览[①]

2012 年 11 月 29 日，党的十八大闭幕后不久，习近平总书记就与中央政治局常委李克强、张德江、俞正声、刘云山、王岐山、张高丽等来到国家博物馆，参观《复兴之路》展览。

---

① 习近平在参观《复兴之路》展览时强调 承前启后 继往开来 继续朝着中华民族伟大复兴目标奋勇前进 [N]. 人民日报, 2012-11-30 (1).

　　国家博物馆是展示我国历史文化的庄严殿堂,《复兴之路》是国家博物馆的"基本陈列"之一。这个展览以中国近现代史为基本内容,以历史编年为脉络和线索,通过重大历史事件、重要历史人物、重要历史变迁,客观系统地反映1840年鸦片战争以来中国波澜壮阔的历史进程,深刻揭示了历史的真谛。

　　在参观过程中,习近平总书记发表了重要讲话。习近平总书记指出:《复兴之路》这个展览,回顾了中华民族的昨天,展示了中华民族的今天,宣示了中华民族的明天,给人以深刻教育和启示。中华民族的昨天,可以说是"雄关漫道真如铁"。近代以后,中华民族遭受的苦难之重、付出的牺牲之大,在世界历史上都是罕见的。但是,中国人民从不屈服,不断奋起抗争,终于掌握了自己的命运,开始建设自己国家的伟大进程,充分展示了以爱国主义为核心的伟大民族精神。中华民族的今天,正可谓"人间正道是沧桑"。改革开放以来,我们总结历史经验,不断艰辛探索,终于找到了实现中华民族伟大复兴的正确道路,取得了举世瞩目的成果。这条道路就是中国特色社会主义。中华民族的明天,可以说是"长风破浪会有时"。经过鸦片战争以来170多年的持续奋斗,中华民族伟大复兴展现出光明的前景。现在,我们比历史上任何时期都更接近中华民族伟大复兴的目标,比历史上任何时期都更有信心、更有能力实现这个目标。

　　回首过去,全党同志必须牢记,落后就要挨打,发展才能自强。审视现在,全党同志必须牢记,道路决定命运,找到一条正确的道路多么不容易,我们必须坚定不移走下去。展望未来,全党同志必须牢记,要把蓝图变为现实,还有很长的路要走,需要我们付出长期艰苦的努力。

　　每个人都有理想和追求,都有自己的梦想。现在,大家都在讨论中国梦,我以为,实现中华民族伟大复兴,就是中华民族近代以来最伟大的梦想。这个梦想,凝聚了几代中国人的夙愿,体现了中华民族和中国人民的整体利益,是每一个中华儿女的共同期盼。历史告诉我们,每个人的前途命运都与国家和民族的前途命运紧密相连,国家好,民族好,大家才会好。实现中华民族伟大复兴是一项光荣而艰巨的任务,需要一代又一代中国人共同为之努力。空谈误国,实干兴邦,我们这一代共产党人一定要承前启后、继往开来,把我们的党建设好,团结全体中华儿女把我们国家建设好,把我们民族发展好,继续朝着中华民族伟大复兴的目标奋勇前进。

　　我坚信,到中国共产党成立100周年时,全面建成小康社会的目标一定能实现;到新中国成立100周年时,建成富强民主文明和谐的社会主义现代化国家的目标一定能实现,中华民族伟大复兴的梦想一定能实现。

　　参观《复兴之路》展览是以习近平同志为核心的党中央主政后一次重要的

集体活动，寓意深刻，意味深长。习近平总书记的重要讲话，以回首昨天、审视今天、展望明天的历史纵深感，郑重向党内外、国内外宣示：中国共产党新一届中央领导集体将牢记肩负的历史使命，承前启后，继往开来，团结带领全党和全国各族人民，努力把我们的党建设好，把我们的国家建设好，把我们的民族发展好，继续朝着中华民族伟大复兴的目标奋勇前进。

《复兴之路》这个展览，充分展示了历史和人民怎样选择了马克思主义、选择了中国共产党、选择了社会主义、选择了改革开放。正如展览的结束语所说的那样：100多年来，中华民族谱写了团结奋斗、自强不息的壮丽史诗。特别是中国共产党成立90多年来，在党的坚强领导下，我们伟大的祖国相继实现了从半殖民地半封建社会到民族独立、人民当家作主新社会的历史性转变，从新民主主义革命到社会主义革命和建设的历史性转变，从高度集中的计划经济体制到充满活力的社会主义市场经济体制、从封闭半封闭到全方位开放的历史性转变。历史昭示我们：没有中国共产党就没有新中国，就没有中国特色社会主义；只有社会主义才能救中国，只有改革开放才能发展中国、发展社会主义、发展马克思主义。

评析与思考

习近平总书记提出"实现中华民族伟大复兴是近代以来中华民族最伟大的梦想"，并且表示这个梦"一定能实现"。"中国梦"的本质是国家富强、民族振兴、人民幸福。国家富强、民族振兴是人民幸福的基础和保障，人民幸福是国家富强、民族振兴的根本出发点和落脚点。中国梦归根结底是人民的梦，必须紧紧依靠人民来实现，必须不断为人民造福。"中国梦"的核心目标也可以概括为"两个一百年"的目标，即在中国共产党成立100周年时，全面建成小康社会。在此基础上，分两步走。在中华人民共和国成立100周年时建成富强民主文明和谐美丽的社会主义现代化强国。要实现中华民族伟大复兴的"中国梦"，必须坚定不移地走中国特色社会主义道路，坚持中国特色社会主义理论体系，弘扬中国精神，凝聚中国力量。

请大家思考两个问题：

1. 如何理解"实现中华民族伟大复兴是近代以来中华民族最伟大的梦想"？

2. 如何理解"今天，我们比历史上任何时期都更接近中华民族伟大复兴的目标，比历史上任何时期都更有信心、有能力实现这个目标"？

案例 2

习近平总书记的扶贫情结①

"人民对美好生活的向往就是我们的奋斗目标。"2012 年 11 月 15 日，习近平总书记同中外记者见面时，以这一极为生动、凝练的表述，对我们党全心全意为人民服务的根本宗旨作出新的时代诠释。

全面建成小康社会，最艰巨的任务是脱贫攻坚。梁家河、正定、宁德……40 多年来，从一个生产大队的党支部书记，到一个泱泱大国的最高领导人，习近平总书记始终牵挂着贫困群众，关心和思考着扶贫工作。"40 多年来，我先后在中国县、市、省、中央工作，扶贫始终是我工作的一个重要内容，我花的精力最多。我到过中国绝大部分最贫困的地区，包括陕西、甘肃、宁夏、贵州、云南、广西、西藏、新疆等地。这两年，我又去了十几个贫困地区，到乡亲们家中，同他们聊天。他们的生活存在困难，我感到揪心。他们生活每好一点，我都感到高兴。"2015 年 10 月 16 日，习近平总书记在 2015 减贫与发展高层论坛上发表主旨演讲时深情回忆，"25 年前，我在中国福建省宁德地区工作，我记住了中国古人的一句话：'善为国者，遇民如父母之爱子，兄之爱弟，闻其饥寒为之哀，见其劳苦为之悲。'至今，这句话依然在我心中"。

党的十八大以来，习近平总书记几乎走遍了我国最贫困的地区，把大量心血用在了打赢脱贫攻坚战、全面建成小康社会的伟大事业上。六盘山区、秦巴山区、武陵山区、乌蒙山区、大别山区……习近平总书记倾注精力最多的是扶贫工作，考察调研最多的是贫困地区。习近平总书记的不倦足迹，深深印刻在 14 个集中连片特困地区的山山水水；习近平总书记的殷殷之情，深深温暖着每一名贫困群众的心窝。

"扶贫始终是我工作的一个重要内容，我花的精力最多""脱贫攻坚是我心里最牵挂的一件大事""我最牵挂的还是困难群众"……习近平总书记饱含深情的话语，映照出人民领袖对人民的赤子之心，彰显着百年大党的使命与担当！

全面建成小康社会，最突出的短板在于农村贫困人口。困难群众，始终是习近平总书记最深的牵挂。"新年之际，我最牵挂的还是困难群众，他们吃得怎

---

① 习近平总书记的扶贫情结［N］. 人民日报，2017-2-24；历史性的跨越 新奋斗的起点——习近平总书记关于打赢脱贫攻坚战重要论述综述［N］. 人民日报，2021-2-24（1）.

么样、住得怎么样，能不能过好新年、过好春节。"习近平总书记 2017 年新年贺词中的这句话，让无数人动容。

2019 年 4 月 15 日，习近平总书记来到大山深处的重庆市石柱县中益乡华溪村考察。习近平总书记对乡亲们说，"脱贫攻坚是我心里最牵挂的一件大事。这次我专程来看望乡亲们，就是想实地了解'两不愁三保障'是不是真落地，还有哪些问题。小康不小康，关键看老乡，关键看脱贫攻坚工作做得怎么样"。

"让贫困人口和贫困地区同全国一道进入全面小康社会是我们党的庄严承诺。"2017 年 10 月，习近平总书记在党的十九大报告中指出，确保到 2020 年我国在现行标准下农村贫困人口实现脱贫，贫困县全部摘帽，解决区域性整体贫困，做到脱真贫、真脱贫。

"到 2020 年我国现行标准下农村贫困人口实现脱贫，是我们的庄严承诺。一诺千金。"习近平总书记在 2018 年新年贺词中指出："3 年后如期打赢脱贫攻坚战，这在中华民族几千年历史发展上将是首次整体消除绝对贫困现象，让我们一起来完成这项对中华民族、对整个人类都具有重大意义的伟业。"

"这几年，我再去一些贫困村，看到了实实在在的变化，道路平坦通畅，新房子一片连着一片，贫困群众吃穿不成问题。看到群众脸上洋溢着真诚淳朴的笑容，我心里非常高兴。"2020 年 3 月 6 日，习近平总书记在决战决胜脱贫攻坚座谈会上指出。

2021 年 2 月 25 日，习近平总书记在全国脱贫攻坚总结表彰大会上庄严宣告，经过全党全国各族人民共同努力，在迎来中国共产党成立一百周年的重要时刻，我国脱贫攻坚战取得了全面胜利，现行标准下 9899 万农村贫困人口全部脱贫，832 个贫困县全部摘帽，12.8 万个贫困村全部出列，区域性整体贫困得到解决，完成了消除绝对贫困的艰巨任务，创造了又一个彪炳史册的人间奇迹！这是中国人民的伟大光荣，是中国共产党的伟大光荣，是中华民族的伟大光荣！

对于一个 14 亿人口的大国来说，困扰千百年的绝对贫困问题历史性地画上句号，这是亘古未有的壮举，也是人类减贫史上的奇迹！8 年持续奋斗，近 1 亿贫困人口实现脱贫，如期完成了新时代脱贫攻坚目标任务，兑现了我们党向人民、向历史作出的庄严承诺，生动诠释了"人民对美好生活的向往就是我们的奋斗目标"！

评析与思考

摆脱贫困是中国人民孜孜以求的梦想，也是实现中华民族伟大复兴中国梦的重要内容。中国共产党从成立之日起，就坚持把为中国人民谋幸福、为中华民族谋复兴作为初心使命，团结带领中国人民为创造自己的美好生活进行了长期艰辛奋斗。党的十八大以来，党中央鲜明提出，全面建成小康社会最艰巨最繁重的任务在农村特别是在贫困地区，没有农村的小康特别是没有贫困地区的小康，就没有全面建成小康社会；强调贫穷不是社会主义，如果贫困地区长期贫困，面貌长期得不到改变，群众生活水平长期得不到明显提高，那就没有体现我国社会主义制度的优越性，那也不是社会主义，必须时不我待抓好脱贫攻坚工作。为此，党和人民披荆斩棘、栉风沐雨，发扬钉钉子精神，敢于啃硬骨头，攻克了一个又一个贫中之贫、坚中之坚，脱贫攻坚取得了重大历史性成就。

请大家思考两个问题：

1. 习近平总书记的扶贫情结中蕴含着怎样的精神？

2. 如何理解"人民对美好生活的向往就是我们的奋斗目标"？

四、知识拓展

经典文论

在庆祝中国共产党成立 100 周年大会上的讲话①
（2021 年 7 月 1 日）

同志们，朋友们：

今天，在中国共产党历史上，在中华民族历史上，都是一个十分重大而庄严的日子。我们在这里隆重集会，同全党全国各族人民一道，庆祝中国共产党成立一百周年，回顾中国共产党百年奋斗的光辉历程，展望中华民族伟大复兴的光明前景。

首先，我代表党中央，向全体中国共产党员致以节日的热烈祝贺！

在这里，我代表党和人民庄严宣告，经过全党全国各族人民持续奋斗，我们实现了第一个百年奋斗目标，在中华大地上全面建成了小康社会，历史性地解决了绝对贫困问题，正在意气风发向着全面建成社会主义现代化强国的第二个百年奋斗目标迈进。这是中华民族的伟大光荣！这是中国人民的伟大光荣！这是中国共产党的伟大光荣！

同志们、朋友们！

中华民族是世界上伟大的民族，有着 5000 多年源远流长的文明历史，为人

---

① 习近平. 在庆祝中国共产党成立 100 周年大会上的讲话［N］. 人民日报，2021-07-01.

类文明进步作出了不可磨灭的贡献。1840年鸦片战争以后，中国逐步成为半殖民地半封建社会，国家蒙辱、人民蒙难、文明蒙尘，中华民族遭受了前所未有的劫难。从那时起，实现中华民族伟大复兴，就成为中国人民和中华民族最伟大的梦想。

为了拯救民族危亡，中国人民奋起反抗，仁人志士奔走呐喊，太平天国运动、戊戌变法、义和团运动、辛亥革命接连而起，各种救国方案轮番出台，但都以失败而告终。中国迫切需要新的思想引领救亡运动，迫切需要新的组织凝聚革命力量。

十月革命一声炮响，给中国送来了马克思列宁主义。在中国人民和中华民族的伟大觉醒中，在马克思列宁主义同中国工人运动的紧密结合中，中国共产党应运而生。中国产生了共产党，这是开天辟地的大事变，深刻改变了近代以后中华民族发展的方向和进程，深刻改变了中国人民和中华民族的前途和命运，深刻改变了世界发展的趋势和格局。

中国共产党一经诞生，就把为中国人民谋幸福、为中华民族谋复兴确立为自己的初心使命。一百年来，中国共产党团结带领中国人民进行的一切奋斗、一切牺牲、一切创造，归结起来就是一个主题：实现中华民族伟大复兴。

——为了实现中华民族伟大复兴，中国共产党团结带领中国人民，浴血奋战、百折不挠，创造了新民主主义革命的伟大成就。我们经过北伐战争、土地革命战争、抗日战争、解放战争，以武装的革命反对武装的反革命，推翻帝国主义、封建主义、官僚资本主义三座大山，建立了人民当家作主的中华人民共和国，实现了民族独立、人民解放。新民主主义革命的胜利，彻底结束了旧中国半殖民地半封建社会的历史，彻底结束了旧中国一盘散沙的局面，彻底废除了列强强加给中国的不平等条约和帝国主义在中国的一切特权，为实现中华民族伟大复兴创造了根本社会条件。中国共产党和中国人民以英勇顽强的奋斗向世界庄严宣告，中国人民站起来了，中华民族任人宰割、饱受欺凌的时代一去不复返了！

——为了实现中华民族伟大复兴，中国共产党团结带领中国人民，自力更生、发愤图强，创造了社会主义革命和建设的伟大成就。我们进行社会主义革命，消灭在中国延续几千年的封建剥削压迫制度，确立社会主义基本制度，推进社会主义建设，战胜帝国主义、霸权主义的颠覆破坏和武装挑衅，实现了中华民族有史以来最为广泛而深刻的社会变革，实现了一穷二白、人口众多的东方大国大步迈进社会主义社会的伟大飞跃，为实现中华民族伟大复兴奠定了根本政治前提和制度基础。中国共产党和中国人民以英勇顽强的奋斗向世界庄严宣告，中国人民不但善于破坏一个旧世界、也善于建设一个新世界，只有社会主义才能救中国，只有中国特色社会主义才能发展中国！

——为了实现中华民族伟大复兴，中国共产党团结带领中国人民，解放思想、锐意进取，创造了改革开放和社会主义现代化建设的伟大成就。我们实现新中国成立以来党的历史上具有深远意义的伟大转折，确立党在社会主义初级阶段的基本路线，坚定不移推进改革开放，战胜来自各方面的风险挑战，开创、坚持、捍卫、发展中国特色社会主义，实现了从高度集中的计划经济体制到充满活力的社会主义市场经济体制、从封闭半封闭到全方位开放的历史性转变，实现了从生产力相对落后的状况到经济总量跃居世界第二的历史性突破，实现了人民生活从温饱不足到总体小康、奔向全面小康的历史性跨越，为实现中华民族伟大复兴提供了充满新的活力的体制保证和快速发展的物质条件。中国共产党和中国人民以英勇顽强的奋斗向世界庄严宣告，改革开放是决定当代中国前途命运的关键一招，中国大踏步赶上了时代！

——为了实现中华民族伟大复兴，中国共产党团结带领中国人民，自信自强、守正创新，统揽伟大斗争、伟大工程、伟大事业、伟大梦想，创造了新时代中国特色社会主义的伟大成就。党的十八大以来，中国特色社会主义进入新时代，我们坚持和加强党的全面领导，统筹推进"五位一体"总体布局、协调推进"四个全面"战略布局，坚持和完善中国特色社会主义制度、推进国家治理体系和治理能力现代化，坚持依规治党、形成比较完善的党内法规体系，战胜一系列重大风险挑战，实现第一个百年奋斗目标，明确实现第二个百年奋斗目标的战略安排，党和国家事业取得历史性成就、发生历史性变革，为实现中华民族伟大复兴提供了更为完善的制度保证、更为坚实的物质基础、更为主动的精神力量。中国共产党和中国人民以英勇顽强的奋斗向世界庄严宣告，中华民族迎来了从站起来、富起来到强起来的伟大飞跃，实现中华民族伟大复兴进入了不可逆转的历史进程！

一百年来，中国共产党团结带领中国人民，以"为有牺牲多壮志，敢教日月换新天"的大无畏气概，书写了中华民族几千年历史上最恢宏的史诗。这一百年来开辟的伟大道路、创造的伟大事业、取得的伟大成就，必将载入中华民族发展史册、人类文明发展史册！

同志们、朋友们！

一百年前，中国共产党的先驱们创建了中国共产党，形成了坚持真理、坚守理想，践行初心、担当使命，不怕牺牲、英勇斗争，对党忠诚、不负人民的伟大建党精神，这是中国共产党的精神之源。

一百年来，中国共产党弘扬伟大建党精神，在长期奋斗中构建起中国共产党人的精神谱系，锤炼出鲜明的政治品格。历史川流不息，精神代代相传。我们要继续弘扬光荣传统、赓续红色血脉，永远把伟大建党精神继承下去、发扬光大！

同志们、朋友们！

一百年来，我们取得的一切成就，是中国共产党人、中国人民、中华民族团结奋斗的结果。以毛泽东同志、邓小平同志、江泽民同志、胡锦涛同志为主要代表的中国共产党人，为中华民族伟大复兴建立了彪炳史册的伟大功勋！我们向他们表示崇高的敬意！

此时此刻，我们深切怀念为中国革命、建设、改革，为中国共产党建立、巩固、发展作出重大贡献的毛泽东、周恩来、刘少奇、朱德、邓小平、陈云同志等老一辈革命家，深切怀念为建立、捍卫、建设新中国英勇牺牲的革命先烈，深切怀念为改革开放和社会主义现代化建设英勇献身的革命烈士，深切怀念近代以来为民族独立和人民解放顽强奋斗的所有仁人志士。他们为祖国和民族建立的丰功伟绩永载史册！他们的崇高精神永远铭记在人民心中！

人民是历史的创造者，是真正的英雄。我代表党中央，向全国广大工人、农民、知识分子，向各民主党派和无党派人士、各人民团体、各界爱国人士，向人民解放军指战员、武警部队官兵、公安干警和消防救援队伍指战员，向全体社会主义劳动者，向统一战线广大成员，致以崇高的敬意！向香港特别行政区同胞、澳门特别行政区同胞和台湾同胞以及广大侨胞，致以诚挚的问候！向一切同中国人民友好相处，关心和支持中国革命、建设、改革事业的各国人民和朋友，致以衷心的谢意！

同志们、朋友们！

初心易得，始终难守。以史为鉴，可以知兴替。我们要用历史映照现实、远观未来，从中国共产党的百年奋斗中看清楚过去我们为什么能够成功、弄明白未来我们怎样才能继续成功，从而在新的征程上更加坚定、更加自觉地牢记初心使命、开创美好未来。

——以史为鉴、开创未来，必须坚持中国共产党坚强领导。办好中国的事情，关键在党。中华民族近代以来180多年的历史、中国共产党成立以来100年的历史、中华人民共和国成立以来70多年的历史都充分证明，没有中国共产党，就没有新中国，就没有中华民族伟大复兴。历史和人民选择了中国共产党。中国共产党领导是中国特色社会主义最本质的特征，是中国特色社会主义制度的最大优势，是党和国家的根本所在、命脉所在，是全国各族人民的利益所系、命运所系。

新的征程上，我们必须坚持党的全面领导，不断完善党的领导，增强"四个意识"、坚定"四个自信"、做到"两个维护"，牢记"国之大者"，不断提高党科学执政、民主执政、依法执政水平，充分发挥党总揽全局、协调各方的领导核心作用！

——以史为鉴、开创未来，必须团结带领中国人民不断为美好生活而奋斗。江山就是人民、人民就是江山，打江山、守江山，守的是人民的心。中国共产党根基在人民、血脉在人民、力量在人民。中国共产党始终代表最广大人民根本利益，与人民休戚与共、生死相依，没有任何自己特殊的利益，从来不代表任何利益集团、任何权势团体、任何特权阶层的利益。任何想把中国共产党同中国人民分割开来、对立起来的企图，都是绝不会得逞的！9500多万中国共产党人不答应！14亿多中国人民也不答应！

新的征程上，我们必须紧紧依靠人民创造历史，坚持全心全意为人民服务的根本宗旨，站稳人民立场，贯彻党的群众路线，尊重人民首创精神，践行以人民为中心的发展思想，发展全过程人民民主，维护社会公平正义，着力解决发展不平衡不充分问题和人民群众急难愁盼问题，推动人的全面发展、全体人民共同富裕取得更为明显的实质性进展！

——以史为鉴、开创未来，必须继续推进马克思主义中国化。马克思主义是我们立党立国的根本指导思想，是我们党的灵魂和旗帜。中国共产党坚持马克思主义基本原理，坚持实事求是，从中国实际出发，洞察时代大势，把握历史主动，进行艰辛探索，不断推进马克思主义中国化时代化，指导中国人民不断推进伟大社会革命。中国共产党为什么能，中国特色社会主义为什么好，归根到底是因为马克思主义行！

新的征程上，我们必须坚持马克思列宁主义、毛泽东思想、邓小平理论、"三个代表"重要思想、科学发展观，全面贯彻新时代中国特色社会主义思想，坚持把马克思主义基本原理同中国具体实际相结合、同中华优秀传统文化相结合，用马克思主义观察时代、把握时代、引领时代，继续发展当代中国马克思主义、21世纪马克思主义！

——以史为鉴、开创未来，必须坚持和发展中国特色社会主义。走自己的路，是党的全部理论和实践立足点，更是党百年奋斗得出的历史结论。中国特色社会主义是党和人民历经千辛万苦、付出巨大代价取得的根本成就，是实现中华民族伟大复兴的正确道路。我们坚持和发展中国特色社会主义，推动物质文明、政治文明、精神文明、社会文明、生态文明协调发展，创造了中国式现代化新道路，创造了人类文明新形态。

新的征程上，我们必须坚持党的基本理论、基本路线、基本方略，统筹推进"五位一体"总体布局、协调推进"四个全面"战略布局，全面深化改革开放，立足新发展阶段，完整、准确、全面贯彻新发展理念，构建新发展格局，推动高质量发展，推进科技自立自强，保证人民当家作主，坚持依法治国，坚持社会主义核心价值体系，坚持在发展中保障和改善民生，坚持人与自然和谐共生，协同推进人民富裕、国家强盛、中国美丽。

中华民族拥有在5000多年历史演进中形成的灿烂文明，中国共产党拥有百年奋斗实践和70多年执政兴国经验，我们积极学习借鉴人类文明的一切有益成果，欢迎一切有益的建议和善意的批评，但我们绝不接受"教师爷"般颐指气使的说教！中国共产党和中国人民将在自己选择的道路上昂首阔步走下去，把中国发展进步的命运牢牢掌握在自己手中！

——以史为鉴、开创未来，必须加快国防和军队现代化。强国必须强军，军强才能国安。坚持党指挥枪、建设自己的人民军队，是党在血与火的斗争中得出的颠扑不破的真理。人民军队为党和人民建立了不朽功勋，是保卫红色江山、维护民族尊严的坚强柱石，也是维护地区和世界和平的强大力量。

新的征程上，我们必须全面贯彻新时代党的强军思想，贯彻新时代军事战略方针，坚持党对人民军队的绝对领导，坚持走中国特色强军之路，全面推进政治建军、改革强军、科技强军、人才强军、依法治军，把人民军队建设成为世界一流军队，以更强大的能力、更可靠的手段捍卫国家主权、安全、发展利益！

——以史为鉴、开创未来，必须不断推动构建人类命运共同体。和平、和睦、和谐是中华民族5000多年来一直追求和传承的理念，中华民族的血液中没有侵略他人、称王称霸的基因。中国共产党关注人类前途命运，同世界上一切进步力量携手前进，中国始终是世界和平的建设者、全球发展的贡献者、国际秩序的维护者！

新的征程上，我们必须高举和平、发展、合作、共赢旗帜，奉行独立自主的和平外交政策，坚持走和平发展道路，推动建设新型国际关系，推动构建人类命运共同体，推动共建"一带一路"高质量发展，以中国的新发展为世界提供新机遇。中国共产党将继续同一切爱好和平的国家和人民一道，弘扬和平、发展、公平、正义、民主、自由的全人类共同价值，坚持合作、不搞对抗，坚持开放、不搞封闭，坚持互利共赢、不搞零和博弈，反对霸权主义和强权政治，推动历史车轮向着光明的目标前进！

　　中国人民是崇尚正义、不畏强暴的人民，中华民族是具有强烈民族自豪感和自信心的民族。中国人民从来没有欺负、压迫、奴役过其他国家人民，过去没有，现在没有，将来也不会有。同时，中国人民也绝不允许任何外来势力欺负、压迫、奴役我们，谁妄想这样干，必将在14亿多中国人民用血肉筑成的钢铁长城面前碰得头破血流！

　　——以史为鉴、开创未来，必须进行具有许多新的历史特点的伟大斗争。敢于斗争、敢于胜利，是中国共产党不可战胜的强大精神力量。实现伟大梦想就要顽强拼搏、不懈奋斗。今天，我们比历史上任何时期都更接近、更有信心和能力实现中华民族伟大复兴的目标，同时必须准备付出更为艰巨、更为艰苦的努力。

　　新的征程上，我们必须增强忧患意识、始终居安思危，贯彻总体国家安全观，统筹发展和安全，统筹中华民族伟大复兴战略全局和世界百年未有之大变局，深刻认识我国社会主要矛盾变化带来的新特征新要求，深刻认识错综复杂的国际环境带来的新矛盾新挑战，敢于斗争，善于斗争，逢山开道、遇水架桥，勇于战胜一切风险挑战！

　　——以史为鉴、开创未来，必须加强中华儿女大团结。在百年奋斗历程中，中国共产党始终把统一战线摆在重要位置，不断巩固和发展最广泛的统一战线，团结一切可以团结的力量、调动一切可以调动的积极因素，最大限度凝聚起共同奋斗的力量。爱国统一战线是中国共产党团结海内外全体中华儿女实现中华民族伟大复兴的重要法宝。

　　新的征程上，我们必须坚持大团结大联合，坚持一致性和多样性统一，加强思想政治引领，广泛凝聚共识，广聚天下英才，努力寻求最大公约数、画出最大同心圆，形成海内外全体中华儿女心往一处想、劲往一处使的生动局面，汇聚起实现民族复兴的磅礴力量！

　　——以史为鉴、开创未来，必须不断推进党的建设新的伟大工程。勇于自我革命是中国共产党区别于其他政党的显著标志。我们党历经千锤百炼而朝气蓬勃，一个很重要的原因就是我们始终坚持党要管党、全面从严治党，不断应对好自身在各个历史时期面临的风险考验，确保我们党在世界形势深刻变化的历史进程中始终走在时代前列，在应对国内外各种风险挑战的历史进程中始终成为全国人民的主心骨！

　　新的征程上，我们要牢记打铁必须自身硬的道理，增强全面从严治党永远在路上的政治自觉，以党的政治建设为统领，继续推进新时代党的建设新的伟大工程，不断严密党的组织体系，着力建设德才兼备的高素质干部队伍，坚定不移推进党风廉政建设和反腐败斗争，坚决清除一切损害党的先进性和纯洁性的因素，清除一切侵蚀党的健康肌体的病毒，确保党不变质、不变色、不变味，确保党在新时代坚持和发展中国特色社会主义的历史进程中始终成为坚强领导核心！

同志们、朋友们！

我们要全面准确贯彻"一国两制"、"港人治港"、"澳人治澳"、高度自治的方针，落实中央对香港、澳门特别行政区全面管治权，落实特别行政区维护国家安全的法律制度和执行机制，维护国家主权、安全、发展利益，维护特别行政区社会大局稳定，保持香港、澳门长期繁荣稳定。

解决台湾问题、实现祖国完全统一，是中国共产党矢志不渝的历史任务，是全体中华儿女的共同愿望。要坚持一个中国原则和"九二共识"，推进祖国和平统一进程。包括两岸同胞在内的所有中华儿女，要和衷共济、团结向前，坚决粉碎任何"台独"图谋，共创民族复兴美好未来。任何人都不要低估中国人民捍卫国家主权和领土完整的坚强决心、坚定意志、强大能力！

同志们、朋友们！

未来属于青年，希望寄予青年。一百年前，一群新青年高举马克思主义思想火炬，在风雨如晦的中国苦苦探寻民族复兴的前途。一百年来，在中国共产党的旗帜下，一代代中国青年把青春奋斗融入党和人民事业，成为实现中华民族伟大复兴的先锋力量。新时代的中国青年要以实现中华民族伟大复兴为己任，增强做中国人的志气、骨气、底气，不负时代，不负韶华，不负党和人民的殷切期望！

同志们、朋友们！

一百年前，中国共产党成立时只有50多名党员，今天已经成为拥有9500多万名党员、领导着14亿多人口大国、具有重大全球影响力的世界第一大执政党。

一百年前，中华民族呈现在世界面前的是一派衰败凋零的景象。今天，中华民族向世界展现的是一派欣欣向荣的气象，正以不可阻挡的步伐迈向伟大复兴。

过去一百年，中国共产党向人民、向历史交出了一份优异的答卷。现在，中国共产党团结带领中国人民又踏上了实现第二个百年奋斗目标新的赶考之路。

全体中国共产党员！党中央号召你们，牢记初心使命，坚定理想信念，践行党的宗旨，永远保持同人民群众的血肉联系，始终同人民想在一起、干在一起，风雨同舟、同甘共苦，继续为实现人民对美好生活的向往不懈努力，努力为党和人民争取更大光荣！

同志们、朋友们！

中国共产党立志于中华民族千秋伟业，百年恰是风华正茂！回首过去，展望未来，有中国共产党的坚强领导，有全国各族人民的紧密团结，全面建成社会主义现代化强国的目标一定能够实现，中华民族伟大复兴的中国梦一定能够实现！

伟大、光荣、正确的中国共产党万岁！

伟大、光荣、英雄的中国人民万岁！

背景知识

百年征程波澜壮阔，百年初心历久弥坚。2021年7月1日上午，庆祝中国共产党成立100周年大会在北京天安门广场隆重举行，各界代表7万余人以盛大仪式欢庆中国共产党百年华诞。上午8时，庆祝中国共产党成立100周年大会在北京天安门广场隆重举行。中共中央总书记、国家主席、中央军委主席习近平发表重要讲话，代表党和人民庄严宣告，经过全党全国各族人民持续奋斗，我们实现了第一个百年奋斗目标，在中华大地上全面建成了小康社会，历史性地解决了绝对贫困问题，正在意气风发向着全面建成社会主义现代化强国的第二个百年奋斗目标迈进。这是中华民族的伟大光荣，这是中国人民的伟大光荣，这是中国共产党的伟大光荣。

学者新论

从党百年奋斗史汲取实现伟大复兴的强大力量
——学习习近平总书记"七一"重要讲话精神①

习近平总书记在庆祝中国共产党成立100周年大会上的重要讲话（简称"七一"重要讲话），是系统梳理中国共产党百年历程及其伟大成就的光辉文献，是全面总结中国共产党百年奋斗及其成功经验的重要文献，是深刻阐述全面建成社会主义现代化强国、实现中华民族伟大复兴战略部署的行动纲领，是鲜明表达中国共产党正确主张的政治宣言。

1. 整体把握：框架—逻辑—结构——七个层次构成一个严密的逻辑框架

---

① 韩庆祥. 从党百年奋斗史汲取实现伟大复兴的强大力量——学习习近平总书记"七一"重要讲话精神［J］. 人民论坛，2021（21）：14-18.

需要从整体上理解和把握"七一"重要讲话精神，以避免碎片化理解。"七一"重要讲话，是由七个层次构成的一个严密的逻辑框架。第一个层次，是百年大党向世界作出的"五个庄严宣告"。这"五个庄严宣告"表达的是一种成功，彰显的是一种能力，体现的是一种自信，蕴含的是一种坚定。这"五个庄严宣告"不是习近平总书记在一个地方集中讲的，而是从全文概括出来的。这就是：第一，经过全党全国各族人民持续奋斗，我们实现了第一个百年奋斗目标，在中华大地上全面建成了小康社会，历史性地解决了绝对贫困问题，正在意气风发向着全面建成社会主义现代化强国的第二个百年奋斗目标迈进。第二，中国共产党和中国人民以英勇顽强的奋斗向世界庄严宣告，中国人民从此站起来了，中华民族任人宰割、饱受欺凌的时代一去不复返了！第三，中国人民不但善于破坏一个旧世界，也善于建设一个新世界，只有社会主义才能救中国，只有社会主义才能发展中国！第四，改革开放是决定当代中国前途命运的关键一招，中国大踏步赶上了时代！第五，中华民族迎来了从站起来、富起来到强起来的伟大飞跃，实现中华民族伟大复兴进入了不可逆转的历史进程！

第二个层次，是中国共产党诞生的历史必然性和必要性，即历史和人民选择了中国共产党。

第三个层次，是中国共产党成立以后"做了什么""取得了什么伟大成就"。这分别是从新民主主义革命时期、社会主义革命和建设时期、改革开放和社会主义现代化建设时期、中国特色社会主义新时代四个"历史时期"，讲中国共产党始终牢记初心使命，把实现中华民族伟大复兴作为百年奋斗主题，创造了四方面的"伟大成就"，并迎来了从站起来、富起来到强起来的伟大飞跃。

第四个层次，是中国共产党成立100年来创造了三大丰功伟绩。三大丰功伟绩即书写了中华民族几千年历史上最恢宏的史诗，必将载入中华民族发展史册，载入人类文明发展史册；形成了伟大建党精神，构建起中国共产党人的精神谱系，锤炼了中国共产党人鲜明的政治品格。中国共产党人、中国人民、中华民族共同团结奋斗，创造了伟大成就。总体来说就是一句话，由一百年前呈现的一派衰败凋零的景象到今天展现出一派欣欣向荣的气象。

第五个层次，是按照"过去—未来""经验—要求"的思路，紧紧围绕统揽推进伟大斗争、伟大工程、伟大事业、伟大梦想，来讲"以史为鉴、开创未来"，从党百年奋斗史提炼出九大"成功经验""历史启示"。这同时也是决定全面建成社会主义现代化强国、实现中华民族伟大复兴的九大根本支点。这为解答"三个为什么"提供了基本依据。这九个方面，是按照"奋斗目标—正确道路—思想引领—安全保障—和平环境—精神力量—重要法宝—领导力量"的逻辑来安排的。

第六个层次，是将实现中华民族伟大复兴的未来寄希望于青年。其核心要义是讲作为中国特色社会主义事业接班人的新时代中国青年，要增强做中国人的志气、骨气、底气，不负时代，不负韶华，不负党和人民的殷切希望。

第七个层次，是当代中国共产党人已经踏上实现第二个百年奋斗目标的"赶考"之路。

这七个层次环环相扣、步步深入，构成一个逻辑严密的有机整体。

2. 深入领会：主线—主题—论题——三大核心要义

在整体把握"七一"重要讲话精神的基础上，需要进一步深入领会其中的核心要义。可从"主线""主题""论题"三个方面，来理解和把握贯穿整个"七一"重要讲话的核心要义。

一是核心主线。贯穿整个"七一"重要讲话的核心主线，是不忘初心、牢记使命。熟知并非真知，需要全面深入理解不忘初心的内涵。概括起来，它有五层含义：不忘党对人民的赤子之心，这是不忘本质；不忘党诞生和发展历程中所处的曲折、苦难和"赶考"的历史环境，这是不忘本来；不忘中国共产党人"为了人民"迎难而上、越挫越勇、越险越进的艰苦奋斗精神，这是不忘品格；不忘实现国家富强、民族振兴、人民幸福的奋斗目标，不忘共产主义远大理想，这是不忘初衷；不忘中国共产党为中国人民过上美好生活用鲜血、汗水写就的历史，这是不忘来路。不忘初心，其实质就是要读懂中国共产党与中国人民的内在本质的血肉联系：只有读懂人民才能真正读懂中国共产党，要读懂中国共产党，首先要真正读懂人民。

所谓牢记使命，就是为民族担当，使国家强大，用生命完成使命，把一生所有努力乃至生命都用在实现中华民族伟大复兴这一伟大梦想上。

为什么习近平总书记反复强调"不忘初心、牢记使命"？可用一句话表达，就是"初心使命很重要，但被一些党员干部忘却了"。不忘初心、牢记使命，是我们党的性质和本质决定的，初心使命关乎党的立场与信念、目标与宗旨，它是我们党既不变质又不断前进的强大动力。这意味着，中国共产党在本质上是使命型政党、为民型政党与奋斗型政党。然而，在当今一些党员干部身上却存在着精神懈怠、能力不足、脱离群众、消极腐败现象，所以要强调"不忘初心、牢记使命"。

当今要把"不忘初心、牢记使命"具体落到实处，就要集中解决人民日益增长的美好生活需要和不平衡不充分的发展之间的矛盾，因为这一社会主要矛盾蕴含着影响当代中国发展命运的三大根本性问题，即人民生活"好不好"、国家"强不强"、政党自身"硬不硬"。

二是奋斗主题。贯穿中国共产党百年奋斗史的根本主题，是实现中华民族伟大复兴。"七一"重要讲话，所有内容都是围绕实现中华民族伟大复兴这一主题展开阐述的。习近平总书记指出："一百年来，中国共产党团结带领中国人民进行的一切奋斗、一切牺牲、一切创造，归结起来就是一个主题：实现中华民族伟大复兴。"这意味着我们要紧紧围绕实现中华民族伟大复兴这一主题，来理解和把握"七一"重要讲话的全部内容，理解"七一"重要讲话所涉及的历史阶段、历史发展道路、历史成就、历史经验、历史事件、历史人物、未来前景。"七一"重要讲话把中国共产党百年奋斗史分为四个历史时期，每一个历史时期都是把实现中华民族伟大复兴作为奋斗主题，强调每一个历史时期都为实现中华民族伟大复兴作出了伟大成就。不仅如此，"七一"重要讲话所讲到的"五个庄严宣告""九个必须""四个伟大"，都是围绕实现中华民族伟大复兴展开论述的。

三是重大论题。"七一"重要讲话，尤其是四个历史时期的伟大成就、基本经验与以史为鉴、开创未来的"九个必须"，可以说为解答"中国共产党为什么能""马克思主义为什么行""中国特色社会主义为什么好"这三大论题提供了基本依据……

3. 重点理解：特点—重点—亮点——六大重点和亮点

在整体把握和深入领会"七一"重要讲话的基础上，可以从中提炼概括出以下六大重点和亮点。

重点亮点之一：第一次围绕实现民族复兴，系统阐述了四个"历史时期"及其伟大成就。"七一"重要讲话把中国共产党奋斗史划分为四个历史时期，并围绕实现中华民族伟大复兴，阐述这四个历史时期的伟大成就。

一是新民主主义革命时期。其伟大成就可概括为"三个彻底"，即彻底结束了旧中国半殖民地半封建社会的历史，彻底结束了旧中国一盘散沙的局面，彻底废除了列强强加给中国的不平等条约和帝国主义在中国的一切特权。这"三个彻底"，为实现中华民族伟大复兴创造了根本社会条件。

二是社会主义革命和建设时期。其伟大成就主要是消灭了在中国延续几千年的封建剥削压迫制度，确立社会主义基本制度，实现了中华民族有史以来最为广泛而深刻的社会变革，实现了一穷二白、人口众多的东方大国迈进社会主义社会的伟大飞跃，为实现中华民族伟大复兴奠定了根本政治前提和制度基础。

三是改革开放和社会主义现代化建设时期。其伟大成就可概括为"三个实现"：实现了从高度集中的计划经济体制到充满活力的社会主义市场经济体制、从封闭半封闭到全方位开放的历史性转变；实现了从生产力相对落后的状况到经济总量跃居世界第二的历史性突破；实现了人民生活从温饱不足到总体小康、奔向全面小康的历史性跨越。这"三个实现"，为实现中华民族伟大复兴提供了充满活力的体制保证和快速发展的物质条件。

四是新时代中国特色社会主义建设时期。其伟大成就可简要概括为统揽推进伟大斗争、伟大工程、伟大事业、伟大梦想，统筹推进"两大布局"，坚持和完善中国特色社会主义制度，推进国家治理体系和治理能力现代化，实现了"第一个百年目标"，为实现中华民族伟大复兴提供了更为完善的制度保证、更为坚实的物质基础、更为主动的精神力量，中华民族伟大复兴进入了不可逆转的历史进程。

重点亮点之二：突出了统揽推进"四个伟大"这一根本密码。习近平总书记在十九大报告中明确指出，"在新的时代条件下，我们要进行伟大斗争、建设伟大工程、推进伟大事业、实现伟大梦想"。（为便于表述，可简称"四个伟大"）在庆祝中国共产党成立 100 周年大会上的讲话，再一次强调这"四个伟大"。可见，统揽推进"四个伟大"，在中国共产党发展壮大、走向辉煌的历程中，具有相当重要的地位，是解决中国一切问题的根本密码。

首先，"四个伟大"是促使中国成功的根本密码。百年大党为什么会走向成功？归根到底，就是它有伟大的奋斗目标，即实现中华民族伟大复兴的伟大梦想，这使它具有永不懈怠的精神状态和一往无前的奋斗姿态；它把坚持和发展中国特色社会主义道路作为伟大事业，这使它能既不走老路，也不走邪路，坚定不移走中国特色社会主义正确道路；它进行伟大斗争，这使它能永葆青春活力；它坚持中国共产党领导，注重建设伟大工程，这使它领导有力、组织有方，有主心骨，有"定海神针"，能保证沿着正确道路且以高昂精神状态，来实现伟大梦想。

其次，"四个伟大"是创造中国奇迹的根本密钥。中国共产党首要是具有奋斗目标的政党。中国共产党成立之初，首要抓住了影响中国发展命运的四大根本要素，即中国共产党领导（契合伟大工程）、实现中华民族伟大复兴（也就是伟大梦想）、选择正确道路（与伟大事业相一致）、革命斗志（进行伟大斗争）。自中国共产党成立以来，在所有目标追求中，实现中华民族伟大复兴即实现伟大梦想是最根本的目标追求，其他奋斗目标都聚焦于、服务于这一根本目标，由此可称之为"伟大梦想"。实现奋斗目标需要方略。在所有实现目标的方略中，选择正确道路是最根本的方略，其他方略都聚焦于、服务于这一方略，由此可称之为"伟大事业"。实现奋斗目标需要相应的精神状态，在实现奋斗目标所需要的所有精神状态中，伟大斗争是最根本最高的精神状态，其他精神状态都聚焦于这一精神状态，由此可称之为"伟大斗争"。实现奋斗目标，需要政治保证和领导力量。在所有的政治保证和领导力量中，党的领导是最高领导力量和政治保证，由此可称之为"伟大工程"。正是由于抓住了"牛鼻子"，才创造了中国奇迹。

再次，"四个伟大"是决定中华民族伟大复兴的内在基因。习近平总书记强调："党要团结带领人民进行伟大斗争、推进伟大事业、实现伟大梦想，必须毫不动摇坚持和完善党的领导，毫不动摇推进党的建设新的伟大工程，把党建设得更加坚强有力。"从中可以看出，党中央治国理政的总体框架，从根本上是围绕"四个伟大"展开的，这"四个伟大"管奋斗目标、正确道路、精神状态和领导力量等最根本的要素，所以它决定着民族复兴的命运。习近平总书记"七一"重要讲话所讲的"九个必须"，其中最为根本的，就是为实现中华民族伟大复兴（伟大梦想），必须进行伟大斗争、推进伟大事业（中国特色社会主义）、建设伟大工程。

重点亮点之三：首次提炼出伟大建党精神及其基本内涵。为什么中国共产党一直注重精神建设？这就涉及中国共产党注重精神建设的根基问题。中国共产党注重精神建设的根基，植根于中国共产党远大目标、宏大使命与道路曲折坎坷的矛盾，其远大目标、宏大使命可以概括为为人民谋幸福、为民族谋复兴、为世界谋大同、为共产主义而奋斗，但实现远大目标和宏大使命的道路是艰辛曲折坎坷的，在艰辛曲折坎坷的道路上实现远大目标和宏大使命，就必须发扬中国共产党人的精神。这些精神蕴含着中国共产党人的理想信念、对党忠诚、家国情怀、社会奉献、为民奋斗、本领提升。在中国共产党百年奋斗史中，逐渐形成了中国共产党人的精神谱系。

贯穿中国共产党人精神谱系的本体基因究竟是什么？中国共产党的精神建设有两个层次，可概括为精神谱系与精神基因。这是有哲学基础的，即从特殊到一般。从特殊，看到是由各个时期各种独特的精神构成的精神谱系。在革命时期，我们党的精神建设相对注重战胜敌人、强大自己；在建设时期，我们党的精神建设相对注重战胜艰难困苦、完成创业任务；在改革开放时期，我们党的精神建设相对注重攻坚克难、自我革命。这些精神建设都关乎我们党的执政基础、国家命运、社会风气。从一般，看到的是精神基因（本体精神），这就是伟大建党精神，即坚持真理、坚守理想，践行初心、担当使命，不怕牺牲、英勇斗争，对党忠诚、不负人民，这是中国共产党的精神之源。伟大建党精神是紧紧围绕"不忘初心、牢记使命"，从四个逻辑层次展开的，即科学认知层次（坚持真理、坚守理想）—目标追求层次（践行初心、担当使命）—钢铁意志层次（不怕牺牲、英勇斗争）—政治情怀层次（对党忠诚、不负人民）。

建党精神和精神谱系是源和流的关系、本体和具体的关系。伟大建党精神是源，精神谱系是流；伟大建党精神是本体精神，是精神谱系的共同基因，精神谱系以建党精神为基础，是建党精神在不同历史时期的具体彰显和体现。

重点亮点之四：系统提炼概括了党百年奋斗史成功的经验启示，以此为基础，也对新发展阶段全面建成社会主义现代化强国、实现中华民族伟大复兴的总体方略作出战略谋划。"七一"重要讲话提炼出了九方面成功的经验启示，这实际上也是实现中华民族伟大复兴的总体方略，为解答"三个为什么"提供了基本依据。一是领导力量：坚持党的坚强领导。强调这是党和国家的根本所在、命脉所在，是全国各族人民的利益所系、命运所系。二是根基血脉：实现人民的美好生活。指出江山就是人民、人民就是江山，打江山、守江山，守的是人民的心。中国共产党的根基在人民、血脉在人民、力量在人民。三是思想引领：继续推进马克思主义中国化，继续发展21世纪马克思主义，这有助于我们党观察时代、把握时代、引领时代。四是正确道路：坚持和发展中国特色社会主义。强调坚持和发展中国特色社会主义，走自己的路，是党的全部理论和实践的立足点，是党百年奋斗得出的历史结论，中国特色社会主义是党取得的根本成就。五是安全保障：加快国防和军队现代化。强调强军思想的内核，是政治建军、改革强军、科技强军、人才强军、依法治军，指出军强才能国安。六是和平环境：不断推动构建人类命运共同体。强调和平、和睦、和谐是中华民族5000多年一直追求和传承的理念。中国始终是世界和平的建设者、全球发展的贡献者、国际秩序的维护者。谁欺负、压迫、奴役我们，必将在14亿多中国人民用血肉筑成的钢铁长城面前碰得头破血流！七是精神力量：进行具有许多新的历史特点的伟大斗争。强调中国共产党人敢于斗争、敢于胜利，这是一种强大的精神力量。越是接近于实现中华民族伟大复兴这一目标，越要进行伟大斗争，因为我们面临的矛盾难题、障碍阻力、风险挑战会日趋复杂严峻。八是重要法宝：加强中华儿女大团结。巩固和发展最广泛的统一战线，团结一切可以团结的力量，调动一切可以调动的积极因素，凝聚共识、凝聚力量，寻求最大公约数，画出最大同心圆，心往一处想、劲往一处使，从而汇聚起实现民族复兴的磅礴力量。九是政治保证：强调要牢记打铁必须自身硬的道理，全面从严治党，把中国共产党建设得更加坚强有力，确保党在新时代坚持和发展中国特色社会主义的历史进程中始终成为坚强领导核心。

重点亮点之五：首次明确提出中国共产党创造了中国式现代化新道路，创造了人类文明新形态。"七一"重要讲话中指出："走自己的路，是党的全部理论和实践立足点，更是党百年奋斗得出的历史结论"，并进一步强调，中国共产党人创造了中国式现代化新道路。中国式现代化新道路，是符合中国国情的道路，是社会主义道路，是不断与时俱进发展的开放性道路，是坚持中国共产党领导的道路，是解放和发展社会生产力、逐步实现共同富裕、不断促进人的全面发展的道路，是整合党的领导力量、市场配置力量、人民主体力量的道路，是注重构建人类命运共同体的道路，是把动力、平衡和治理有机统一起来的道路，是把生命至上、美好生活、高质生产、保护生态有机统一起来的道路。基于中国式现代化新道路，中国共产党又创造了人类文明新形态。当代中国共产党人具有问题意识，不忘本来、吸收外来、面向未来，基于中国特色社会主义新时代的历史日趋成为世界历史，基于中国式现代化新道路，又创造了人类文明新形态。这种人类文明新形态超越了以自由主义、资本至上、西方中心论为支柱的西方文明，创造性转化和创新性发展了以家庭伦理、民为本、世界大同为理念的中华传统文明，构建起了把以人民为中心、"五大文明"协同发展、人类命运共同体作为核心内容的人类新文明。这种人类新文明蕴含着新的世界观、国家观、文明观、发展观、义利观、安全观。中国式现代化新道路是研究人类文明新形态的典型样本，是对中国特色社会主义道路的进一步发展。

重点亮点之六：进一步强调要继续推进马克思主义中国化，继续发展 21 世纪马克思主义。把马克思主义中国化作为党百年奋斗史的一条根本经验，把继续发展 21 世纪马克思主义作为实现中华民族伟大复兴总体方略的一个核心内容，表明中国化马克思主义具有战略地位和意义。"七一"重要讲话提出一个新的重大论断，即中国共产党为什么能、中国特色社会主义为什么好，归根到底是马克思主义行。为什么？因为：一是马克思主义揭示了人类历史发展的规律性和目的性、真理性和道义性。二是马克思主义是中国共产党人认识世界和改造世界的思想武器，是科学的世界观和方法论。三是马克思列宁主义与中国工人运动相结合产生了中国共产党，没有中国共产党就没有新中国，就没有改革开放，就没有社会主义在中国扎根、开花、结果。科学社会主义基本原则同中国具体实际相结合、同中华优秀传统文化相结合产生了中国特色社会主义，只有社会主义才能救中国，只有中国特色社会主义才能发展中国，只有坚持和发展中国特色社会主义，才能实现中华民族伟大复兴。四是马克思主义是我们党的指导思想、旗帜灵魂、思想引领，中国化马克思主义是实现中华民族伟大复兴的行动指南，它有助于我们观察时代、把握时代、引领时代，有助于掌握历史主动和精神主动，始终站在历史正确一边。五是十九大报告讲的"三个意味着"表明：世界社会主义运动中心转移与马克思主义发展具有内在本质联系，在21世纪，世界社会主义运动的中心转移到当代中国，当代中国共产党人应担负起发展21世纪马克思主义的神圣职责。21世纪马克思主义的历史使命，就是立足中国、面向世界，解释21世纪"两个大局"背景下社会主义与资本主义关系的演变。为解决人类问题贡献中国智慧和中国方案，用马克思主义观察时代、把握时代、引领时代。

阅读推荐

1. 习近平. 决胜全面建成小康社会 夺取新时代中国特色社会主义伟大胜利——在中国共产党第十九次全国代表大会上的报告［M］. 北京：人民出版社，2017.

2. 中华人民共和国国民经济和社会发展第十四个五年规划和2035年远景目标纲要［M］. 北京：人民出版社，2021.

3. 中共中央关于党的百年奋斗重大成就和历史经验的决议［M］. 北京：人民出版社，2021.

五、知识训练

（一）单选题

1. （　　）中国共产党第十九次全国代表大会在人民大会堂隆重开幕。

A. 2017 年 10 月 18 日　　　　　　　　B. 2017 年 9 月 18 日

C. 2017 年 10 月 28 日　　　　　　　　D. 2017 年 9 月 28 日

2. 中国特色社会主义进入新时代，我国社会主要矛盾已经转化为（　　）

A. 人民日益增长的物质生活需要和落后的社会生产之间的矛盾

B. 生产力和生产关系之间的矛盾

C. 人民日益增长的美好生活需要和不平衡不充分的发展之间的矛盾

D. 人民日益增长的美好生活需要和落后的社会生产之间的矛盾

3. 新时代我国社会主要矛盾转化的根本原因是（　　）

A. 党把人民美好生活的需要作为奋斗目标

B. 我国社会生产力水平总体上有显著提高

C. 社会主义现代化强国的新征程已经绘就

D. 中国特色社会主义制度有无比优越性

4. 习近平总书记提出的"四个自信"内涵丰富，包括道路自信、理论自信、制度自信和（　　）

A. 文化自信　　　　　　　　　　　　B. 经济自信

C. 政治自信   D. 科技自信

5. 2016 年 1 月 29 日，习近平总书记在主持第十八届中央政治局第三十次集体学习时提出了创新、（   ）、绿色、开放、共享的新发展理念。

A. 人本   B. 为民

C. 协调   D. 和谐

6. 党的十八大以来，党中央从坚持和发展中国特色社会主义全局出发，提出并形成了全面建成小康社会、全面深化改革、（   ）、全面从严治党的战略布局。

A. 全面对外开放   B. 全面依法治国

C. 全面创新   D. 全面发展

7. 党的十九大报告指出，反腐败斗争形势依然严峻复杂，巩固压倒性优势、夺取（   ）胜利的决心必须坚如磐石。

A. 最终   B. 全面性

C. 绝对性   D. 压倒性

8. 中国特色社会主义进入新时代，拓展了（   ）走向现代化的途径。

A. 新型工业化国家   B. 落后国家

C. 民族国家   D. 发展中国家

9. 习近平总书记强调，新的征程上，我们必须全面贯彻新时代党的强军思想，贯彻新时代军事战略方针，坚持党对人民军队的绝对领导，坚持走中国特色强军之路，全面推进（   ），把人民军队建设成为世界一流军队，以更强大的能力、更可靠的手段捍卫国家主权、安全、发展利益！

A. 政治建军、改革强军、科技强军、人才强军、综合治军

B. 政治建军、创新强军、科技强军、人才强军、依法治军

C. 政治建军、改革强军、人才强军、依法治军、综合治军

D. 政治建军、改革强军、科技强军、人才强军、依法治军

10. 我们经过北伐战争、土地革命战争、抗日战争、解放战争，以武装的革命反对武装的反革命，推翻了（   ）三座大山，建立了人民当家作主的中华人民共和国，实现了民族独立、人民解放。

A. 帝国主义、封建主义、官僚主义

B. 帝国主义、封建主义、资本主义

C. 帝国主义、封建主义、官僚资本主义

D. 帝国主义、霸权主义、民族主义

答案：ACBAC，BDDDC

（二）多选题

1. 全面推进依法治国的总目标是（　　）

A. 促进人的全面发展

B. 实现全体人民共同富裕

C. 建设中国特色社会主义法治体系

D. 建设社会主义法治国家

2. 全面深化改革的总目标是（　　）

A. 完善和发展中国特色社会主义制度

B. 推进国家治理体系和治理能力现代化

C. 实现社会主义现代化和中华民族伟大复兴

D. 在本世纪中叶建成富强民主文明和谐美丽的社会主义现代化强国

3. 2021 年 7 月 1 日上午，庆祝中国共产党成立 100 周年大会在北京天安门广场隆重举行，各界代表 7 万余人以盛大仪式欢庆中国共产党百年华诞。中共中央总书记、国家主席、中央军委主席习近平发表重要讲话，提到中国产生了共产党，这是开天辟地的大事变，（　　）

A. 深刻改变了近代以后中华民族发展的方向和进程

B. 深刻改变了中国人民和中华民族的前途和命运

C. 深刻改变了世界发展的趋势和格局

D. 深刻改变了新时代中国特色社会主义的巨大成就

4. 习近平总书记在庆祝中国共产党成立 100 周年大会上强调，这一百年来（　　），必将载入中华民族发展史册、人类文明发展史册！

A. 开辟的伟大道路　　　　　　　B. 创造的伟大事业

C. 取得的伟大成就　　　　　　　D. 发展的伟大精神

5. 人民军队为党和人民建立了不朽功勋，是（　　）

A. 保卫红色江山、维护民族尊严的坚强柱石

B. 维护地区和世界和平的强大力量

C. 党在血与火的斗争中得出的颠扑不破的真理

D. 人民富裕、国家强盛、中国美丽的良好开端

答案：CD、AB、ABC、ABC、AB

（三）思考题

1. 如何理解习近平新时代中国特色社会主义思想是马克思主义中国化最新

成果？

党的十八大以来，中国特色社会主义进入新时代。以习近平同志为主要代表的中国共产党人，坚持把马克思主义基本原理同中国具体实际相结合、同中华优秀传统文化相结合，坚持毛泽东思想、邓小平理论、"三个代表"重要思想、科学发展观，深刻总结并充分运用党成立以来的历史经验，从新的实际出发，创立了习近平新时代中国特色社会主义思想。

习近平新时代中国特色社会主义思想回答了新时代坚持和发展什么样的中国特色社会主义、怎样坚持和发展中国特色社会主义，建设什么样的社会主义现代化强国、怎样建设社会主义现代化强国，建设什么样的长期执政的马克思主义政党、怎样建设长期执政的马克思主义政党等重大时代课题。

习近平新时代中国特色社会主义思想是当代中国马克思主义、21世纪马克思主义，是中华文化和中国精神的时代精华，实现了马克思主义中国化新的飞跃。

2. 如何理解新时代我国社会主要矛盾的转化？

党的十九大报告提出，中国特色社会主义进入新时代，我国社会主要矛盾已经转化为人民日益增长的美好生活需要和不平衡不充分的发展之间的矛盾。

必须认识到，我国社会主要矛盾的变化，没有改变我们对我国社会主义所处历史阶段的判断，我国仍处于并将长期处于社会主义初级阶段的基本国情没有变，我国是世界最大发展中国家的国际地位没有变。全党要牢牢把握社会主义初级阶段这个基本国情，牢牢立足社会主义初级阶段这个最大实际，牢牢坚持党的基本路线这个党和国家的生命线、人民的幸福线，领导和团结全国各族人民，以经济建设为中心，坚持四项基本原则，坚持改革开放，自力更生，艰苦创业，为把我国建设成为富强民主文明和谐美丽的社会主义现代化强国而奋斗。

（四）实践题

在庆祝中国共产党成立 100 周年大会上，习近平总书记代表党和人民庄严宣告，经过全党全国各族人民持续奋斗，我们实现了第一个百年奋斗目标，在中华大地上全面建成了小康社会，历史性地解决了绝对贫困问题，正在意气风发向着全面建成社会主义现代化强国的第二个百年奋斗目标迈进。

请通过社会调查进行研究性学习，具体谈谈党的十八大以来家乡发生的变化。